»Liebste Schwester, wir müssen hier sterben oder siegen«

Marie Moutier
unter Mitarbeit von Fanny Chassain-Pichon

»*Liebste Schwester, wir müssen hier sterben oder siegen*«

Briefe deutscher Wehrmachtssoldaten 1939–45

Vorwort, Einführungstexte
und Anmerkungen aus dem Französischen
von Michael von Killisch-Horn

Weltbild

Genehmigte Lizenzausgabe für Weltbild GmbH & Co. KG,
Werner-von-Siemens-Str. 1, 86159 Augsburg
Originaltitel: Lettres de la Wehrmacht.
Originalverlag: Perrin, Paris
Copyright der Übersetzungen © 2015 by Blessing Verlag, München,
in der Verlagsgruppe Random House GmbH
Covergestaltung: Büro 18, Friedberg (Bay.)
Covermotive: akg-images|arkivi (Foto); akg-images (Handschrift)
Satz: Datagroup int. SRL, Timisoara
Druck und Bindung: CPI Moravia Books s.r.o., Pohorelice
Printed in the EU
978-3-8289-5599-8

2020   2019
Die letzte Jahreszahl gibt die aktuelle Lizenzausgabe an.

Einkaufen im Internet:
www.weltbild.de

Vorwort

Die Veröffentlichung dieser Briefe von Soldaten der Wehrmacht ist ein wichtiger Schritt für das Verständnis des Zweiten Weltkriegs. Immerhin waren diese Männer die einzigen Europäer, die an allen Fronten Europas gekämpft haben: im Osten und Westen, Norden und Süden. Sie bildeten eine große Mehrheit unter jenen Deutschen, die den Krieg außerhalb ihres Heimatlandes verbrachten, da sie die Zivilisten und die SS-Männer zahlenmäßig übertrafen. Die hier gebotene Zusammenstellung ihrer Briefe erlaubt uns, die ungeheure Bandbreite der Erfahrungen zu erfassen, welche die deutschen Soldaten über fast sechs Jahre hinweg gemacht haben.

Frankreich ist eines der Themen. Aber der Frankreichfeldzug erscheint hier weder als typisch noch als außergewöhnlich. Er ist eine Erfahrung unter anderen, die mit Sicherheit die Eroberungspolitik der Deutschen prägte, doch das galt auch für alle anderen Länder, die sie annektierten. Wenn man diese Briefe liest, stellt man fest, wie sehr die Vorstellungen, die sich die Deutschen vom Leben in Frankreich machten, ihre Beschreibungen des Alltags beeinflussten. Und das gilt auch für Polen und die Ukraine, wo die Ideologie auf heimtückischere Art der Erfahrung einer äußerst blutigen Besetzung vorausging und sie prägte.

Hannah Arendt sprach von der Banalität des Bösen. In diesen Briefen tritt das Böse der Banalität zutage. Die deutschen Soldaten waren sich der Gräuel vollkommen bewusst, deren Zeugen sie wurden oder die sie begingen, doch aus ihrer Sicht waren diese Verbrechen lediglich ein Element ihres

5

Alltags und nur selten dasjenige, das am meisten zählte. Was sie aßen, wo sie schliefen, was sie über ihre Kameraden oder über die Abwesenheit ihrer Familien dachten, beschäftigte sie weitaus mehr. Die Veröffentlichung dieser Briefe erlaubt uns, diese erschreckende Totalität des Alltagslebens zu verstehen. Und da kommt natürlich auch ein nicht unerheblicher Wahrnehmungsunterschied zwischen Verbrecher und Opfer ins Spiel. Für den Verbrecher ist das Verbrechen ein Element der Geschichte und nicht die Hauptsache. Für das Opfer ist das Verbrechen die Geschichte selbst.

Was für die deutschen Soldaten gilt, galt ebenso für die Soldaten der anderen Länder. Ihre Briefe erinnern uns durch den Platz, den sie der Intimität einräumen, sowie durch ihre Details und ihre Vielfalt daran, dass die deutschen Soldaten auch Menschen waren. Sie sprechen hier nicht zu sich selbst oder zu ihren Befehlshabern, auch nicht zu denen, die sie nach dem Krieg befragten, ja nicht einmal zur Geschichte. Sie sprechen zu den Personen, die sie lieben. Die Verbindungen, die sie zwischen dem knüpfen, was sie sehen, und dem, was sie tun, müssen auf eine Weise erklärt werden, welche die Bedeutung, die dem Krieg in Deutschland gegeben wird, ebenso berücksichtigt wie die Bedeutung, die der Intimität geschenkt wird. Die Fähigkeit der Wehrmachtssoldaten, das Böse zu tun und es den anderen und folglich sich selbst zu erklären, war nur allzu menschlich.

Deswegen ist diese Auswahl von großem Wert: Sie zwingt uns, über den Krieg in allgemeineren Begriffen nachzudenken, als uns lieb ist.

Timothy Snyder
April 2014

Einleitung

Eine feine, gedrängte Schrift auf dickem, mit der Zeit brüchig gewordenem Papier. Eine Haarlocke, aufgeklebt mithilfe einer Briefmarke mit dem Bild des Führers. Eine blaue Schrift, die sich auflöst in einem braunen Kaffee- oder Feuchtigkeitsfleck. Die mit Bleistift vollgekritzelte vergilbte Postkarte eines Loireschlosses. Ein junger Blick unter einer funkelnden Schirmmütze im Atelier eines Armeefotografen, der sich im Leeren verliert. Soldaten in Schwarzweiß, die sich kaum von einer Baumgruppe in einer Schneelandschaft unterscheiden ...

Ein repräsentatives Gebäude aus hellem Sandstein beherbergt das Museum für Kommunikation. Von den großen Fenstern der fünften Etage aus gesehen, verliert sich die Leipziger Straße in einem Gewirr von Betonhäusern aus den Sechzigerjahren und elektrischen Leitungen. In Richtung Westen befindet sich der ehemalige Flugplatz Tempelhof, wo 1936 das Flughafengebäude entstanden war. Ein gewaltiges, von Hitler befohlenes Gebäude, einer der letzten Überreste des Dritten Reiches in einer einst vom Krieg verwüsteten Stadt. Eine weitere bedeutende Hinterlassenschaft aus der Zeit des Dritten Reiches befindet sich zwischen den Sandsteinmauern des Museums für Kommunikation.

Die grauen Ordner, die auf dem großen Tisch aus Kiefernholz liegen und von der Wintersonne, die über der Stadt aufgeht, schwach beleuchtet werden, tragen alle einen Namen. Otto, Werner, Hans ... Sie enthalten die originalen Korres-

7

pondenzen der Soldaten. Ihr Umfang variiert: Die Briefwechsel sehr mitteilsamer Soldaten sind in mehreren Kartons
aufbewahrt, während von anderen nur ein Brief oder ein
Telegramm vorhanden ist. Der Umfang der Akte hängt zu
einem Gutteil von der an der Front verbrachten Zeit ab.
Nicht alle Soldaten kämpften während der ganzen fünfein-
halb Jahre des Krieges, das hing häufig vom Alter des Rekruten ab. Und Verwundung, Gefangenschaft und Tod sind
ebenfalls Faktoren, die den Austausch von Briefen abbrechen
ließen. Allerdings hatten auch nicht alle Soldaten den gleichen Bezug zum Schreiben oder zur Aufrechterhaltung des
Kontakts mit der Heimat.

Wir öffnen eine Mappe. Es ist diejenige eines gewissen
Wolfgang. Sofort gleitet eine Schwarzweißaufnahme heraus
und fällt auf den Tisch. Der Mann ist jung. Etwa zwanzig.
Seine Lippen deuten ein Lächeln an. Seine Augen, vermutlich braun, blicken offen und amüsiert in die Kamera. Eine
Spur von Stolz funkelt darin. Er sieht gut aus; man ahnt seine
frischen Wangen. Das Kinn ist vorgestreckt. Er trägt Uniform. Das Feldgrau der Armee Hitlers. Wir nehmen die Blät-
ter heraus, sorgfältig nach dem Alphabet geordnet, manche
kleben aneinander aufgrund der Zeit und der Feuchtigkeit
eines Speichers.

Diese Briefe sind Schenkungen der Familien. Mit einem
kräftigen Bindfaden zusammengebundene Pakete, gefunden
in einem Schrank zwischen zwei Stapeln Laken, zwischen den
Papieren einer verstorbenen Großmutter oder in der staubigen Schublade eines lackierten Holzbüffets, in der Truhe im
Keller inmitten von Kriegsheften und Kriegsauszeichnungen.
Hunderte von Blättern, meist vergessen – wie viele schlafen

noch auf dem Speicher eines Bauernhofs, und wie viele wurden zerstört von den Bombenangriffen, von dem Vergessen und der Gleichgültigkeit ... Das Berliner Museum für Kommunikation hat eine gewaltige Arbeit geleistet, indem es 16000 Briefe von deutschen Soldaten gesammelt hat, die am Zweiten Weltkrieg teilgenommen haben.

16 000 Briefe

Diese Sammlung ist außergewöhnlich aufgrund ihres Inhalts. Von den ersten Zeilen an sieht der Leser den Zweiten Weltkrieg durch den Blick seiner Soldaten. Diese Sicht der unmittelbar Betroffenen auf den Krieg ist nicht neutral. Sie ist angereichert durch die Erziehung und die Persönlichkeit der Briefschreiber, durch ihre Geschichte.

Mein Projekt, eine Auswahl aus diesen Feldpostbriefen zu treffen, geht auf das Jahr 2012 zurück. Ich arbeitete seit 2009 bei der Organisation Yahad-In Unum, deren Vorsitzender Pater Patrick Desbois ist, und hatte einige Zeit im Archiv des United States Holocaust Memorial Museum in Washington verbracht. Ich war auf der Suche gewesen nach Material für Forschungen, welche die Organisation über die Massaker an Juden und Zigeunern durchführte. Die Teams machten bereits seit 2004 Interviews mit Zeugen dieser Erschießungen und lokalisierten die Orte dieser Gemetzel. Damals stieß ich auf eine Dokumentensammlung aus dem Deutschen Militärarchiv in Freiburg, die meine Aufmerksamkeit erregten: Tagebücher und Briefe von Soldaten der Wehrmacht. Ich fing an, all diese Dokumente zu lesen, und wurde schnell in Bann geschlagen von diesen Worten, in denen sich Krieg und persönliche Geschichte vermischten. Es war verwirrend, den Krieg durch die Augen der deutschen Soldaten zu sehen. Die Unverblümtheit der Sprache bildete einen Kontrast zu den banalen Details des Militärlebens, die Brutalität des Krieges zu den zärtlichen Worten, die sie ihren Ehefrauen schickten. Das Schmerzlichste war die Erkenntnis, dass diese Soldaten, die die Welt in einen extrem mörderischen und völkermordenden Krieg stürzten, einfache Männer waren. Sie verkörperten ein Paradox, nämlich das einer Person, die von einer ideologischen und rassistischen Raserei beseelt und zugleich ein Ehemann sein konnte, der sich um die Daheimgebliebenen sorgte. Ich wollte mehr wissen.

Das Museum für Kommunikation in Berlin erwies sich als eines der wichtigsten Archivzentren, was die Korrespondenzen des Zweiten Weltkriegs betrifft. Wie war es möglich, eine vernünftige Auswahl aus einem so gigantischen Korpus zu treffen? Eine Reihe von Kriterien musste gefunden werden.

Zunächst einmal waren nur die deutschen Soldaten an allen Fronten Europas und Nordafrikas gewesen. Nur sie allein konnten von den verschiedenen Kriegsschauplätzen mit Ausnahme derer in Asien berichten. Neben dem Frankreichfeldzug war es uns wichtig, auch jene Fronten zu berücksichtigen, die leicht in den Hintergrund geraten: Norwegen, Griechenland, Jugoslawien, Mitteleuropa ... Ein großer Teil der Briefe wurde an der Ostfront geschrieben, was sich in der Auswahl widerspiegeln sollte. Denn 3 600 000 deutsche Soldaten, zum größten Teil Rekruten, nahmen am Unternehmen Barbarossa teil. Manche Soldaten zogen besondere Aufmerksamkeit auf sich: Ihr Einsatz an den verschiedenen Fronten zeigt sehr deutlich die Entwicklung ihrer Gesinnung und ihres Platzes innerhalb des Krieges. So diente etwa Robert W. zunächst im Afrikakorps in Libyen, bevor er 1943 an die Ostfront versetzt wurde, wo er fiel. Ebenso kann man den Weg von Heinz R. durch Frankreich, die Tschechoslowakei, die Ukraine und den Kaukasus verfolgen.

Auch die Daten spielten eine entscheidende Rolle bei der Auswahl der Briefe. Es kam uns darauf an, sie unter Berücksichtigung wichtiger militärischer Ereignisse auszuwählen wie das Unternehmen Barbarossa, Stalingrad, das Hitlerattentat, die Landung in der Normandie. Wir haben uns entschlossen, die Briefe chronologisch in drei Teilen anzuordnen: 1939–1941, 1942–1943 und 1944–1945. Diese Unterteilung ergab sich aus dem Verlauf des Krieges.

Die ersten Kriegsjahre waren geprägt von den Siegen der Wehrmacht, dem schnellen Vormarsch in Polen, in Norwegen, in Belgien, in den Niederlanden und in Frankreich. Darüber hinaus bildeten sich in diesen Jahren die wichtigsten Fronten. Die Soldaten waren damals wie elektrisiert von ihren Erfolgen, fühlten sich ihren Feinden überlegen und wurden beseelt von dem Gedanken, einen gerechten Krieg zu führen. Doch der hartnäckige Widerstand Englands und das Stocken des Vormarsches in der Sowjetunion zu Beginn des Winters 1941 versetzten ihrer Euphorie einen Dampfer.

1942/43 erlebte die Wehrmacht ihre stärkste territoriale Expansion – sie drang bis zum Kaukasus vor –, aber auch ihren Niedergang: Der Rückzug aus Nordafrika und die Niederlage von Stalingrad leiteten eine Reihe von Rückschlägen ein, welche die Armee veranlassten, sich nach und nach aus der Sowjetunion zurückzuziehen.

Aus der letzten, kürzesten Periode gibt es weniger Briefe als aus den beiden vorhergehenden. Insgesamt sind weniger Briefe aus dieser Zeit erhalten geblieben. Zahlreiche deutsche Soldaten waren gefallen oder in Kriegsgefangenschaft; logistische und Verbindungsprobleme behinderten die Weiterleitung der Briefe, und die ständigen Kämpfe schränkten die Möglichkeiten des Schreibens erheblich ein. Die Jahre 1944 und 1945 besiegelten den Niedergang der Wehrmacht, die im Osten von den Angriffen der Roten Armee empfindlich getroffen wurde und im Westen durch die Eröffnung einer neuen Front nach der Landung in der Normandie überfordert war, während die Familien der Soldaten im Reich unter den immer häufigeren und heftigeren Bombenangriffen litten.

Schließlich wurde der Vielfalt von Situationen eines jeden Soldaten Vorrang eingeräumt, um, möglichst verschiedenartige Briefinhalte sowohl über die Kämpfe als auch über das Alltagsleben der Soldaten, über ihre Eindrücke in jedem neuen Land, aber auch über Liebeserklärungen zusammenzutragen. Das Leben eines deutschen Soldaten im Zweiten Weltkrieg beschränkte sich nicht auf Kämpfe und andere Manöver. Sein Alltag war geprägt von Momenten der Untätigkeit, manchmal der Langeweile, von Feiern, Besuchen, Kameradschaft und Kontakten mit der örtlichen Bevölkerung.

Historiker der Wehrmacht wie Omer Bartov etwa haben Briefe von Wehrmachtssoldaten für ihre Untersuchungen herangezogen. In Deutschland erschienen ferner ein paar Werke mit Briefauszügen zu genau definierten Fragestellungen. So lieferte das Buch von Ortwin Buchbender und Reinhold

Sterz[*] beispielsweise Ausschnitte aus Briefen, eliminierte jedoch zahlreiche Passagen, die nichts mit dem eigentlichen Krieg zu tun hatten. Wir haben uns im Gegensatz dazu entschieden, diese Briefe in ihrem militärischen, aber auch familiären und persönlichen Kontext zu belassen. Ein Unteroffizier der Wehrmacht verfasste seine Briefe nicht auf die gleiche Weise wie ein einfacher Soldat. Man schrieb seinen Eltern anders als seiner Frau. Absicht dieses Buches ist es, mit der Idee einer deutschen Kriegsmaschinerie aufzuräumen und stattdessen die Gemütsverfassungen, die Überzeugungen, die Leiden und die Freuden der Wehrmachtssoldaten kennenzulernen. Es geht darum, sich von den im kollektiven Gedächtnis verankerten Bildern der Nürnberger Naziaufmärsche und dem rhythmischen Klang der Stiefel zu lösen, in denen alle Soldaten sich gleichen, im Stechschritt marschierend wie ein Körper. Ihnen ihre Individualität, ihre Menschlichkeit zurückzugeben, ist unabdingbar, wenn man verstehen will, was der Zweite Weltkrieg war. Diese Kämpfer Hitlers als Individuen zu sehen, mag Unbehagen auslösen. Doch auf genau dieses Unbehagen kommt es an: Indem wir sie als Menschen betrachten, wird die Katastrophe des Krieges nur noch schrecklicher. Diese Apokalypse wurde von Menschen gemacht. Die Soldaten der Wehrmacht zu entmenschlichen, wäre ein Fehler. Wie kann man diesen Krieg verstehen, wenn man von vornherein postuliert, die Soldaten und die Henker

---

[*] Ortwin Buchbender, Reinhold Sterz (Hgg.), *Das andere Gesicht des Krieges. Deutsche Feldpostbriefe 1939–1945,* München: C.H. Beck 1983. Die »Einführung« enthält indes wichtige Hinweise zum Funktionieren der Zensur und zur »Binnenpropaganda« der Feldpost.

seien nichts als Schachfiguren im Dienste einer Ideologie gewesen? Hitlers Wehrmacht, um den Titel des Buchs von Omer Bartov[*] aufzugreifen, setzte sich zusammen aus Familienvätern, Studenten, Bankiers, Künstlern, Pfarrern, Postangestellten, Arbeitern, Lehrern, die eines Morgens ihren Einberufungsbefehl bekamen. Menschen mit ihren Zweifeln, ihrem Kummer, ihrer Begeisterung, ihren Ängsten. Natürlich spielte die Naziideologie eine beträchtliche Rolle hinsichtlich ihrer Motive und der Vorstellung von ihrem Platz in diesem Krieg – was in den Briefen sehr deutlich zum Ausdruck kommt –, aber man darf darum nicht ihre persönliche Geschichte, ihre Erziehung und ihre Kultur außer Acht lassen. Christopher Browning setzte in seinem Buch über die Männer des Reserve-Polizeibataillons 101 bereits eine ausgezeichnete Reflexion über diese »ganz normalen Männer«[**] in Gang, die sich im Zentrum des Völkermords wiederfinden. Auch das vorliegende Buch möchte zu dieser Reflexion über den Menschen im Zweiten Weltkrieg beitragen mit den Stimmen derer, die ihn geführt haben.

In jüngster Zeit veröffentlichten Sönke Neitzel und Harald Welzer ihr Buch *Soldaten*[***], in dem sie die Tonaufnahmen deutscher Soldaten kommentierten, die ohne ihr Wissen in den Kriegsgefangenenlagern in Großbritannien gemacht wor-

---

[*] Omer Bartov, *Hitlers Wehrmacht. Soldaten, Fanatismus und die Brutalisierung des Krieges,* Reinbek bei Hamburg: Rowohlt 1995.

[**] Christopher Browning, *Ganz normale Männer. Das Reserve-Polizeibataillon 101 und die »Endlösung« in Polen,* übersetzt von Jürgen Peter Krause, Reinbek bei Hamburg: Rowohlt 1993.

[***] Sönke Neitzel, Harald Welzer, *Soldaten. Protokolle vom Kämpfen, Töten und Sterben,* Frankfurt/M.: S. Fischer 2011.

den waren. So wichtig diese Quelle auch ist, um die Einstellung dieser Männer zu begreifen und ihre Berichte über die Ereignissen kennenzulernen, hat sie doch den Nachteil, dass sie keine näheren Informationen über die Soldaten selbst liefert, sodass man sie nicht in ihrem persönlichen Umfeld verstehen kann. Wir haben uns im Gegensatz dazu entschlossen, Briefe zu präsentieren, die mitten im Krieg geschrieben wurden, und keine *nachträglich* verfassten Berichte. Die mit Bleistift auf einem kaum von einer Kerze erleuchteten Tisch in einer russischen Winternacht geschriebenen Zeilen versetzen den Leser sehr viel stärker in die Realität des Augenblicks.

Allerdings unterlagen diese Briefe der Zensur, während sich die Soldaten in Gefangenschaft frei ausdrücken konnten. Die zuständige Dienststellen unterstanden dem Oberkommando der Wehrmacht (OKW). Die deutsche Feldpost beförderte zwischen 1939 und 1945 um die drei Milliarden Briefe und Päckchen. Die Zensur der Nazis war eine der strengsten im Zweiten Weltkrieg und veränderte sich im Laufe des Krieges. Zunächst wurden nur alle militärischen Informationen zensiert, später dann sämtliche Passagen geschwärzt, die nicht der Ideologie entsprachen: Die Familien durften nicht allzu deutlich über die Sorgen und Zweifel ihres Alltags sprechen, und die Soldaten durften keinen Defätismus an den Tag legen. Die Wehrmacht warnte die Soldaten: keine Details über Militäroperationen, über die Position der Truppen, keine Flugblätter des Feindes, keine kodierten Aufschriften und die Abfassung der Briefe in einer europäischen Sprache – außerdem mussten Spionage und Subversion verhindert werden. Wenn ein Brief, der sich nicht an diese Anweisungen hielt, in die Hände der Zensur fiel, wurde sein Absender von da an streng überwacht. Allerdings hatten diese strikten Maßnahmen vor allem eine abschreckende Wirkung, denn die Zensur konnte nicht im Entferntesten die Gesamtheit der gewaltigen Briefmengen kontrollieren, die zwischen Front und Hinterland hin und her geschickt wurden, sondern musste sich mit Stichproben begnügen.

Logistische Gründe verhinderten, dass dieses ganze Material der Zensur in die Hände fiel. Die Soldaten, die sich dieser Gefahr bewusst waren – zumal ihnen in den »Mitteilungen für die Truppe« immer wieder eingeschärft wurde, dass Feldpost Zuversicht spenden, Zweifel zerstreuen und »wie eine Waffe« wirken könne –, zensierten sich selbst. Doch gerade diese Selbstzensur macht diese Quellen unter anderem so interessant. Wenn man seiner Familie keine Details über die Militäroperationen mitteilen darf, was schreibt man ihr dann? Im Übrigen betraf diese Zurückhaltung nicht nur die Kampfhandlungen. Es kam auch vor, dass ein Soldat sich dagegen sträubte, die Beschwerlichkeit seines Lebens zu schildern, und seine Verwundungen und die eisigen Temperaturen herunterspielte. Doch solche Schamhaftigkeit schränkt den Wert ihrer Briefe nicht ein, im Gegenteil, sie offenbart ein Stück Menschlichkeit dieser Soldaten.

Die Auswahl der Briefe wurde auch von dem Wunsch geleitet, eine möglichst große Vielfalt von Einstellungen der Soldaten zu zeigen: ideologischer Fanatismus, Überdruss, Hoffnung, Kampfgeist, Engagement, Defätismus ... Auch hier geht es nicht darum, die von der Wehrmacht begangenen Gräueltaten herauszustellen. In Deutschland wird auf diesem Gebiet gründlich geforscht und diskutiert, etwa im Zuge der Ausstellungen über die Verbrechen der Wehrmacht*, den Buchveröffentlichungen von Wolfgang Wette** und in jüngster Zeit von Neitzel und Welzer. Darin wird mit der Vorstellung einer Wehrmacht aufgeräumt, die sauber und unbefleckt dastand, während alle im besetzten Europa begangenen Verbrechen der SS zugeschrieben wurden. Im vorliegenden Buch erwähnen mehrere Briefe die Massaker an Juden oder sowjetischen Kriegsgefangenen, aus manchen spricht auch ein tiefer Antisemitismus. Doch der Akzent sollte nicht ausschließlich auf dem Fanatismus liegen, es sollte vielmehr gezeigt werden, dass die Meinungen der deutschen Soldaten durchaus unterschiedlich waren. Ihre Menschlichkeit deutlich werden zu lassen, geschieht keineswegs in der Absicht, sie sympathisch zu machen. Diese Menschlichkeit soll im Gegenteil unterstreichen, wozu ein Mensch im Krieg fähig ist.

Kurt H. befand sich in Kowel in der Ukraine, als er am 20. März 1942 seiner Frau schrieb. Juwelier im zivilen Leben, war er damals Aufsetzer in einem Lager für sowjetische Kriegsgefangene. Er beschreibt die schrecklichen Bedingungen, unter denen die Männer der Roten Armee interniert waren, und die vergeblichen Bemühungen ihrer Frauen, sie freizubekommen. In demselben Brief breitet Kurt H. Geschichten von Ehemännern aus, die während ihrer Abwesenheit betrogen worden waren, macht seiner Frau äußerst explizite Avancen und erzählt ihr überdies ein paar Details des Alltagslebens, insbe-

---

*   Zwei Ausstellungen, organisiert vom Hamburger Institut für Sozialforschung, nahmen sich dieses Themas an (1995–1999 und 2001–2004) und lockten mehr als eine Million Besucher an.

**   Wolfgang Wette, *Die Wehrmacht. Feindbilder, Vernichtungskrieg, Legenden*, Frankfurt/M.: S. Fischer 2002.

sondere hinsichtlich der Ernährung. Wir hätten von diesem Brief einfach nur den Teil abdrucken können, der das Kriegsgefangenenlager betrifft. Doch dann hätte diese Passage nicht die gleiche Wirkung, wie wenn sie in die persönliche Welt des Soldaten eingebettet bleibt. Das Lager wird so zu einem Detail im Alltag des Schreibers, der sich spürbar langweilt und sich mit seinen Kameraden über Ehebruchsgeschichten unterhält. Anliegen dieses Buches ist es nicht, Beweise für die von diesem oder jenem Soldaten begangenen Verbrechen zu liefern, sondern den Leser in die ungeschminkte Kriegsrealität eines jeden dieser Männer eintauchen zu lassen, indem es das Grauen mit Details mischt, die an sich belanglos, aber dennoch der Schlüssel sind, um zu begreifen, wie deutsche Soldaten den Krieg erlebten.

Ihre Briefe zeigen, wie sehr dieser Krieg als ein Krieg der Kulturen wahrgenommen wurde. Als Protagonisten der angeblich überlegenen germanischen Kultur fühlten sie sich mit der Mission betraut, Europa gegen die vom jüdischen Bolschewismus verkörperte Barbarei und die Dekadenz von Ländern wie Frankreich zu verteidigen. Die militärischen Erfolge der Jahre 1939 bis 1941 bestärkten die Wehrmachtssoldaten in der Richtigkeit ihres Kampfes. Die Siege in Polen und in Westeuropa und der rasche Vormarsch in der Sowjetunion bis Herbst 1941 schienen die Naziideologie, aber auch die Vorurteile hinsichtlich der betroffenen Länder zu bestätigen, die seit dem Ende des Ersten Weltkriegs en vogue waren. Diese Briefe machen uns bewusst, dass die Soldaten den Krieg, ihren Krieg, nicht nur durch das Prisma der Ideologie sahen, sondern ebenso durch das ihrer jeweiligen familiären Tradition, ihrer Lektüren, ihrer Erfahrung, ihres Verhältnisses zur Geschichte und der Art und Weise, wie sie sich selbst innerhalb der Geschichte situierten.

Vergessen wir nicht, dass die Kriegsschauplätze, auf denen die Wehrmacht kämpfte, fast die gleichen wie im Ersten Weltkrieg waren. Hitlers Soldaten kämpften mit der noch sehr lebendigen Erfahrung des Ersten Weltkriegs im Hinterkopf. Und ihre Positionierung im Zweiten Weltkrieg erfolgte entsprechend ihrer Wahrnehmung des Ersten Weltkriegs. Überlagert wurde all dies von der nationalsozialistischen Ideologie, die auf dem Nährboden der Feindbilder und der Wirtschaftskrise gedieh.

Für wen schreiben?

Wie im Ersten Weltkrieg war der Austausch von Briefen zwischen der Front und der Heimat, zwischen den Soldaten und ihren Familien von entscheidender Bedeutung, um die Moral der Truppen aufrechtzuerhalten. Im Großen und Ganzen unterscheiden sich die hier präsentierten Briefe in ihrer Art nicht von denjenigen der Soldaten des Ersten Weltkriegs. Man schreibt stets an seine Eltern, an seine Geschwister, an seine Ehefrau. Die Soldaten sind in erster Linie von dem Wunsch beseelt, die ihnen nahestehenden Personen zu beruhigen, sowie von dem Bedürfnis, ihre Erfahrungen und Entdeckungen vor Ort mit ihnen zu teilen, was zahlreiche Briefe bezeugen, die von den touristischen Aktivitäten mancher deutscher Soldaten berichten. Heinz R. beispielsweise beschreibt seiner Frau ganz genau die Gegenden, durch die er kommt. Er verstößt sogar gegen Befehle, um Prag besuchen zu können*. Im Übrigen wurden die Urlaube im Verlauf des Krieges immer seltener. Daher blieb den Soldaten und ihren Familien nichts anderes übrig, als brieflich den Kontakt aufrechtzuerhalten. Franz S. beklagt sich – wie viele seiner Kameraden – über die Unmöglichkeit, seine Familie einmal für einen längeren Zeitraum zu besuchen**. Man muss bedenken, dass die Truppen der Wehrmacht weit von zu Hause entfernt kämpften, manchmal mehrere tausend Kilometer. Der Kontakt war auch notwendig, um Päckchen hin und her zu schicken, eine weit verbreitete Praxis, die einen zentralen Platz in den Briefen einnimmt. Der Soldat schickt kleine Gegenstände, Stoff, Kleidung nach Hause, während die Familie ihn mit Lebensmitteln, Tabak und Filmen versorgte.

Allerdings wurde der Kontakt zwischen den Soldaten und ihren Familien bisweilen durch Verständigungsprobleme belastet. So ließen sich, je länger der Krieg dauerte, die unterschiedlichen Lebenserfahrungen an der Front und in der Heimat immer schwerer vermitteln. Hinzu kamen technische und logistische Hindernisse: Die Zustellung der Briefe verzögerte sich häufig, oder die Schreiben kreuzten sich, sodass ein wirklicher Gedankenaustausch kaum möglich war.

Ein Soldat schreibt überdies nicht auf die gleiche Weise an seinen Vater oder seine Mutter. In der Regel spürt er, dass die Mutter sich nicht im Geringsten für Fragen wie Ehre und Eroberung interessiert, sondern vor allem über das Schicksal ihres Sohnes besorgt ist. Mit dem Vater hingegen entwickelt

---

*   Brief von Heinz R. vom 10. September 1940.
**   Briefe von Franz S. vom 23. November 1941, vom 5. und 15. Juli 1942 und vom 15. September 1942.

sich eine Art von gegenseitigem unausgesprochenem Verständnis. Man scheut sich nicht, ihm detailliert die Waffen des Gegners zu schildern, wie Hans S. es in einem Brief vom 28. Juli 1941 von der Ostfront tut. Und als Siegfried W. seine Mutter tröstet, weil sein Vater gestorben ist, bittet er sie, jetzt ihm »der Kamerad [zu] sein, der mir Vati war«. Der Soldat braucht diese männliche Komplizenschaft, diese stillschweigende Ermutigung. Man kann sich vorstellen, dass zahlreiche Väter von Wehrmachtssoldaten im Ersten Weltkrieg gekämpft haben, wie der von Karl K.: »Heute vor dreißig Jahren sah ich den ersten Feldgrauen, einen Totenkopfhusaren, im Schein der Abendsonne auf dem Stettiner Bahnhof in Berlin. Als wir dann zu Haus ankamen, zeigte Vater Mutter seinen gelben Gestellungsbefehl. Und obwohl ich's nicht ganz begriff, ist mir auch dieser gelbe Zettel im Gedächtnis haften geblieben.«[*] Die Soldaten der Wehrmacht hatten das Bedürfnis, sich in eine militärische Tradition einzureihen. Günther S.-A. schreibt seiner Mutter einen Brief voller Vorwürfe. Man ahnt, dass sie sich große Sorgen um ihren Sohn macht, eine Sorge, die dieser vom Tisch fegt, indem er ihr einen Vortrag über die Pflicht hält: »Wir Jungen hängen doch alle am Leben, tuen trotzdem unsere Pflicht, wie es Jahrhunderte vor uns auch jeder Soldat getan hat, sollten wir schlechter sein als diese?«[**] Ähnlich erklärt Gerd seiner Mutter in seinem Brief vom 18. August 1944 das jedem Mann angeborene Pflichtgefühl, doch er beendet seine Ausführungen mit dem Satz: »Da ist aber etwas, was du liebe Mutti nie verstehen wirst.«

---

[*]   Brief von Karl K. vom 1. August 1944.
[**]   Brief von Günther S.-A. vom 7. Februar 1940.

Laut diesen Soldaten besteht die Rolle der Mutter darin, sich um die Soldaten zu kümmern. Sie schickt ihnen Lebensmittelpakete, und sie ist am besten geeignet, um die Zweifel und Ängste des Sohns anzuhören. Ludwig K. wendet sich in seinem Brief vom Januar 1945 an seine Mutter: »Dieser Brief ist insbesondere für Dich bestimmt; denn man kann ja nicht jedem seine innersten Gefühle aussprechen. Aber mich drängt es, das einem lieben Herzen auszusprechen, was mir das Herz fast zersprengt.«

Auch zwischen Eheleuten war die Kommunikation bisweilen schwierig. Die Soldaten hatten schlicht Angst, ihre Frauen könnten ihnen untreu sein. Ernst G. schreibt seiner Frau zahlreiche Liebesbriefe und verurteilt zugleich all jene, die einem anderen in die Arme sinken, während der Mann im Krieg ist[*]; in einem früheren Brief bemüht er sich, sie angesichts der Versuchung durch die französischen Frauen zu beruhigen[**]. Klaus B., damals in Russland stationiert, antwortet am 19. Juli 1941 wie folgt auf einen Brief seiner Frau: »Gestern erhielt ich von Dir das Päckchen mit dem Briefpapier. Das ist die 1. Nachricht, die ich seit 3 Wochen von Euch bekomme. Für mich war es allerdings eine große Enttäuschung. Ich hätte das Päckchen unter diesen Umständen lieber überhaupt nicht erhalten.« Der Grund für seinen Zorn ist eine vermutlich gedankenlose Bemerkung, die ein neues Briefpapier begleitet. Ihm ist es egal, ob Briefe auf schlechtem Papier geschrieben sind, er wünscht sich vor allem, Nachricht von zu Hause zu bekommen. Die Soldatenfrauen hatten häufig mit

---

[*]   Brief von Ernst G. vom 12./13. August 1944.
[**]   Brief von Ernst G. vom 18. November 1940.

einem Gefühl der Ohnmacht zu kämpfen; sie versuchten mehr schlecht als recht den Alltag ihrer Männer zu verbessern, doch ungeschicktes Vorgehen steigerte das Gefühl des Unverständnisses und vertiefte die wachsende Entfremdung zwischen Heimat und Front.

Die Eroberung Polens

Mit den Friedensverträgen des Ersten Weltkriegs fand eine weitgehende Neuordnung Mitteleuropas statt. Die verschiedenen Nationalitäten der Donaumonarchie wurden souveräne Staaten. Gleiches gilt für die baltischen Länder, die von der jungen Sowjetunion, dem Erben des russischen Zarenreichs in die Selbstständigkeit entlassen werden mussten. Die Weimarer Republik, Rechtsnachfolger des hinweggefegten Kaiserreichs, dem man im Verein mit Österreich die Alleinschuld aufbürdete, trat Elsass-Lothringen an Frankreich und Pommerellen, Posen und einen Teil Oberschlesiens an Polen ab. Dieser sogenannte Polnische oder Danziger Korridor[*] sollte dem durch erzwungene Teilungen zu einem Binnenstaat gewordenen Polen wieder einen Zugang zur Ostsee verschaffen. Während die neuen Westgrenzen des Deutschen Reiches 1925 in den Verträgen von Locarno anerkannt wurden, wollte man sich in Berlin die Zustimmung zur Ostgrenze noch vorbehalten. Spannungen blieben da nicht aus, wenngleich sich das Verhältnis zwischen den beiden Nachbarn

---

[*] Die Stadt wurde zur »Freien Stadt« unter dem Schutz des Völkerbundes erklärt. Heute trägt sie den polnischen Namen Gdansk.

durch den deutsch-polnischen Nichtangriffspakt von 1934 besserte.

Allerdings war er das Papier nicht wert, auf dem er stand, für Adolf Hitler war er ein Trick unter vielen anderen, um seine wahren Absichten zu verschleiern. Denn er war nicht zu einem Verzicht auf die verlorenen Ostgebiete bereit war, zumal dort entweder eine überwiegend deutsche Bevölkerung oder zumindest eine starke deutsche Minderheit lebte.

In seiner Expansionspolitik bestärkt nach dem Münchener Abkommen vom September 1938, das ihm das Sudetenland zugestand, schlug das Dritte Reich die Protestaktionen im Polnischen Korridor nieder. Ermutigt durch die vollständige Annexion der Tschechoslowakei, auf welche die Westmächte pflaumenweich reagierten, marschierten die Truppen der Wehrmacht am 1. September 1939 in Polen ein, ein aggressiver Akt, der den Zweiten Weltkrieg auslöste. Am 17. September marschierten von Osten ebenfalls sowjetische Truppen ein. Das Land wurde innerhalb weniger Wochen erobert. Die Unterzeichner des Hitler-Stalin-Paktes hatten sich bereits über eine Teilung Polens verständigt[*].

Polen war also das erste Land, das von den Soldaten der Wehrmacht betreten wurde. Die deutschen Ansprüche der Zwischenkriegszeit waren stärker denn je in den Köpfen lebendig. So schreibt Hellmuth H. an seine Frau: »[...] in den letzten Tagen in der Gegend der Familie Hildebrand, eine Mit-

---

[*] Die Teilungslinie zwischen den Einflusszonen sollte in etwa der 1920 ausgehandelten Curzon-Linie entsprechen. Letzten Endes besetzte Nazideutschland die Regionen von Warschau und Lublin und gestand im Gegenzug die Region von Vilnius den Sowjets zu.

tagsrast sogar in einem Dorfe, das, glaube ich, der Familie einst gehörte«*. Posen hatte natürlich einmal zu Deutschland gehört, doch hinderte das die Wehrmachtstruppen keineswegs daran, die Gegend zu plündern: »Auch gibt es meist nette Privatquartiere; gestern bei einem Webereibesitzer, wo ich gleich eine Kleinigkeit erwarb** : eine kleine Tischdecke, tiefrot-gold, ein schweres Stück, wie es als Altartuch hergestellt wird; ich denke, es paßt gut zu unseren Sachen, vielleicht fürs Radiotischchen«***, schreibt Hellmuth H., damals in Kalisch stationiert.

Die mittleren und östlichen Regionen Polens lösten dagegen größeres Staunen bei den Soldaten aus, da sie hier die Orientierungspunkte verloren, die sie aus den ehemaligen deutschen Besitzungen kannten. Günther S.-A. befindet sich im Karpatenvorland, als er diese Zeilen an seine Eltern schreibt: »Sarcyna heißt das Nest, wir haben es gleich ›Schlammbad‹ getauft. Es gibt keine feste Straße. Die einzigen Steingebäude sind die Kirche und das Pfarrhaus. Die Gegend [ist] einfach grausam eintönig. Arm die Bevölkerung, lebt durchschnittlich mit 6–10 Personen und einem Raum.«**** Die Armut der Bevölkerung und des Landes empörte manche dieser deutschen Soldaten, die sich letzten Endes darüber aufregten, dass ein ganzes Gebiet so wenig genutzt wird. »Dabei ist dies einfach fruchtbare Land überhaupt nicht ausgenutzt«, entrüstet

---

*   Brief von Hellmuth H. vom 12. September 1939.

**   Die deutschen Soldaten verfügten über eine beträchtliche Kaufkraft in den besetzten Ländern, die ihnen erlaubte, sich der Ressourcen zu bemächtigen, zu denen die lokale Bevölkerung aufgrund der Preissteigerungen keinen Zugang mehr hatte.

***   Brief von Hellmuth H. vom 11. September 1940.

****   Brief von Günther S.-A. vom 29. September 1939.

sich Günther S.-A. »[...] euer Papa schreibt euch diesen Brief aus Feindesland; seid froh, daß wir unseren Führer bekommen haben, denn die Zustände hier in Polen, da macht ihr euch keine Vorstellung [...] Heute waren wir in der Stadt; da könnt ihr was sehen; wo unsere Stukaflieger reingefunkt haben, da liegen ganze Straßen in Schutt und Asche, denn die faulen Polen räumen nichts wieder auf«*, schreibt Kurt S. an seine Frau.

Die Soldaten führten sich sehr bald schon als Herren in Polen auf. Laut Hitlers Rassenlehre galten die slawischen Polen als Untermenschen. Schon zu Beginn der Besetzung wurde die Intelligenzija Opfer der ersten Hinrichtungen. Karl-Ludwig P. lernte Polen 1942 nach seiner Militärausbildung in Deutschland kennen. Er war damals in Lublin stationiert. In seinen Beschreibungen (Brief vom 13. Oktober 1942) tritt der Kontrast zwischen den Lebensbedingungen der Bevölkerung und denen der deutschen Soldaten deutlich zutage: »Am Sonnabend habe ich wieder ordentlich und reichlich gegessen, ebenso am Sonntag. Mit einem Kameraden habe ich Sonnabendnachmittag einen kleinen Streifzug durch ein echt polnisches Stadtviertel gemacht, studienhalber. So viel Dreck, Primitivität und Abschaum der Armut und des Elends hält man in einer Großstadt einfach für unmöglich. Aber wir sind ja in Polen! Gestern, Montag, war ein schöner Tag, denn wir sind aus unseren Baracken in die Stadtwohnungen umgezogen. Hier ist es sehr schön. Jede Gruppe hat Wohn- und Schlafzimmer, Bad, fließendes Wasser und Innen-WC. Man könnte sich direkt wie zu Hause fühlen, denn es ist hier sehr wenig kasernenmäßig.«

---

* Brief von Kurt S. vom 4. September 1941.

Polen war also die erste Etappe auf dem Weg zur Eroberung von »Lebensraum«. Ein Begriff, der die Kolonisation des Ostens implizierte und sich seit dem ausgehenden 19. Jahrhundert wachsender Beliebtheit erfreute. Von den Nazis mit dem Begriff des »Herrenmenschen« verknüpft, sah er für die neu zu besiedelnden Gebiete einen Sklavenstaat vor, in dem die Arier herrschten und die Slawen und andere »minderwertige« Rassen arbeiteten.

Solchermaßen indoktriniert, hatten sich in den Köpfen vieler Wehrmachtssoldaten verhängnisvolle Klischees eingenistet. Den Polen wie den Juden gegenüber.

Bereits unmittelbar nach der Besetzung Polens wurden antijüdische Maßnahmen ergriffen. In den Briefen, über die wir verfügen, erscheinen die deutschen Soldaten mit mehr oder weniger Selbstgefälligkeit als Zuschauer der Aktionen, die gewissermaßen den Auftakt zum Holocaust bildeten. »Glaube, wenn wir aus dieser Wildnis einmal zurückkommen werden, kehren wir zurück wie in ein Wunderland, weil auch hier alle Städte angefangen bei Krakau bis Lemberg alles Drecksnester mit Juden sind.«[*] Hellmuth H. entdeckt das Ghetto von Litzmannstadt (Łódź): »Schade, dass ich nicht nach Litzmannstadt mehr gekommen bin, das Judenviertel muß da gigantisch sein; die Hauptstraße führt quer durch, aber die Juden überqueren sie auf Holzbrücken für jedes Mal 10 Pf; auf 14000 Kinder unter 14 Jahren sollen ganze 7 Milchkühe sein; die Sterblichkeit ist so hoch und der Nachwuchs so gering, daß in 10 Jahren nichts mehr leben wird.«[**]

---

[*]   Brief von Günther S.-A. vom 29. September 1939 aus Sarcyna.
[**] Brief von Hellmuth H. vom 11. September 1940.

Auch in Siedlce, wo Kurt S. im September 1941 stationiert ist, sind die Juden in ein Ghetto abgeschoben worden: »[...] die Juden haben sie alle in einen Stadtteil zusammen gedrängt; es ist mit Stacheldraht umzogen.«[*] Hans S. durchquert Polen auf dem Weg in die baltischen Länder und berichtet seiner Mutter: »Übrigens ist das russische Polen furchtbar verjudet. Von 600 Einwohnern 500 Juden. So trafen wir es in einer Stadt an.«[**]

Die deutsche Besetzung Polens und die ersten Maßnahmen zur »Vernichtung der Juden« wurden häufig als »Laboratorium der Shoa« bezeichnet, eine Art Experimentierfeld vor dem Angriff auf die Sowjetunion. Und die deutschen Soldaten hatten die besten Plätze bei diesen Völkermordoperationen.

Frankreich, der Erbfeind

Feinde seit dem Deutsch-Französischen Krieg und dem Ersten Weltkrieg, waren die Franzosen in der Zwischenkriegszeit ununterbrochen Gegenstand revanchistischer Angriffe nicht nur vonseiten der Nazipolitiker gewesen.

Der Krieg von 1870, in dem sich Frankreich und das von Bismarck geführte Preußen gegenüberstanden, war einer der Schlusssteine der deutschen Einheit. Nachdem er in Sedan besiegt worden war, dankte Kaiser Napoleon III. am 2. September 1870 ab. Die Dritte Republik, die erst am 4. September ausgerufen worden war, musste an den deutschen

---

[*]   Brief von Kurt S. vom 4. September 1941.
[**]   Brief von Hans S. vom 8. Juli 1941.

Sieger das Elsass und einen Teil Lothringens abtreten. Diese Annexion passte in das damalige Streben nach territorialer Expansion. Der deutsche Nationalismus, der sich insbesondere seit den Napoleonischen Kriegen entwickelt hatte, war von Intellektuellen wie Fichte und Schelling verteidigt und von Staatsmännern wie Bismarck politisch umgesetzt worden.

Bereits seit der Romantik hatte der Begriff »Volkstum« eine politische Komponente bekommen und wurde im Verlauf des 19. Jahrhunderts zunehmend als Legitimation für die Forderung nach einem Nationalstaat herangezogen. Die Nazis missbrauchten ihn dann für ihre Ansprüche, angeblich deutsche Gebiete »heim ins Reich« zu holen. Und sie unterlegten ihm eine biologische Bedeutung und machten ihn abhängig von Blut und Rasse. Diese neue Spielart wurde gewissermaßen zur Doktrin von Hitlers Außenpolitik. Millionen Deutsche lebten schließlich seit dem verlorenen Krieg außerhalb der Reichsgrenzen, und die galt es, wiedereinzugliedern. Und andere dazu wie etwa die Sudetendeutschen oder ganz Österreich.

Abgesehen von den Gebietsabtretungen waren die Bedingungen des Versailler Vertrags realistisch betrachtet eine Katastrophe für Deutschland. Hohe Reparationszahlungen und die Demontage vieler Industrieanlagen führten zu Arbeitslosigkeit und sozialem Elend. Revolutionäre Unruhen taten ein Übriges, um die schwache Republik von Weimar zu destabilisieren. Es war die Geburtsstunde der Dolchstoßlegende, die später der ehemalige Weltkriegsgefreite Hitler gerne und oft bemühte. Nur das »Versagen« der Heimat, die fehlende moralische Unterstützung der Truppen, habe das »im Feld unbesiegte Heer« zur Kapitulation gezwungen. Die Briefe zeigen, dass er einer ähnlichen Entwicklung im nächsten Krieg gründlich vorgebaut hatte.

Das als ungerecht empfundene »Diktat von Versailles« förderte eine revanchistische Gesinnung innerhalb der deutschen Bevölkerung, die insbesondere unter der französischen Besetzung[*] des Saarlands und später des Ruhrgebiets sowie unter der Ausblutung der Wirtschaft durch die Reparationszahlungen zu leiden hatte[**]. Hitler lechzte in *Mein Kampf* insbesondere nach einer Rache an Frankreich, dem Erbfeind. Jacques Bainville, ein der Action française nahestehender französischer Historiker und Essayist, veröffentlichte 1920 ein Buch mit dem Titel *Les Conséquences politiques de la paix*[***]. Er analysierte darin den Versailler Vertrag und seine potenziellen Auswirkungen auf die französisch-deutschen Beziehungen: Der Versailler Vertrag demütige Deutschland zwar, aber nicht genug, um ihm nicht noch Möglichkeiten zur

---

[*]   Der Versailler Vertrag gewährte Frankreich die Nutznießung der Kohlenbergwerke des Saarlandes. Um die Zahlung der Reparationen zu beschleunigen, besetzten französische und belgische Truppen ab 1923 das Ruhrgebiet. In seinem Brief vom 15. September 1940 erinnert Otto E. an die Besetzung Bonns: »Wir sind im Hotel de Paris untergebracht und wohnen wie die Fürsten. Das ist gewissermaßen eine Genugtuung, da wir doch mit erlebten, wie zur Besatzungszeit sich die Franzosen die beiden Hotels für sich genommen haben«, womit er die Beschlagnahmung der Pariser Hotels 1940 durch die Wehrmacht und ihren luxuriösen Lebensstil rechtfertigte.

[**]   Zu den von Deutschland geforderten Reparationen siehe John Maynard Keynes, *The Economic Consequences of the Peace*, London 1919, dt. *Die wirtschaftlichen Folgen des Friedensvertrages*, München 1920.

[***] Jacques Bainville, *Les Conséquences politiques de la paix*, Paris: Nouvelle Librairie Nationale 1920, dt. *Frankreichs Kriegsziel*, Hamburg: Hanseatische Verlagsanstalt 1939.

Rache zu lassen. Er hätte härter ausfallen müssen, um jedes Wiedererstarken deutscher Größe zu verhindern oder, milder, um keine Rachegelüste aufkommen zu lassen. Letztlich sei er laut Bainville grundsätzlich demütigend gewesen. Daher trügen die Friedensverträge des Ersten Weltkriegs den Keim eines neuen Krieges in sich.

Sobald sie an die Macht gekommen waren, stimmten die Nazis die Bevölkerung nach und nach darauf ein, Revanche an Frankreich zu nehmen. Zahlreiche Veteranen des Ersten Weltkriegs hatten sich zu Freikorps zusammengeschlossen, paramilitärischen ultranationalen Körperschaften, die sich besonders an den Repressionen gegen die kommunistischen Revolutionäre beteiligten. Die meisten von ihnen traten der NSDAP und der SA bei. Der Krieg mit Frankreich schien daher unvermeidlich.

Mehr als die Hälfte der Soldaten, deren Briefe wir gesichtet haben, wurden vor dem Ersten Weltkrieg geboren. Das durchschnittliche Geburtsdatum – soweit die Daten bekannt sind – liegt um 1913. Etwa 3 750 000 Männer nahmen am Ersten Weltkrieg teil; die Soldaten des Zweiten Weltkriegs hatten nahe Familienangehörige, einen Vater, einen Bruder, die zwischen 1914 und 1918 gekämpft hatten. Bei manchen von ihnen entwickelte sich daher die Vorstellung, diese beziehungsweise die Niederlage rächen zu müssen. Solche Frankophobie findet sich in den Briefen der Soldaten wieder, die am Frankreichfeldzug teilnahmen. Angesichts des Elends der Flüchtlinge von Béthune ringt Hans S. in seinem Brief vom 30. Mai 1940 mit sich selbst, um seinen Wunsch, gegen die Franzosen zu kämpfen, aufrechtzuerhalten: »Manchmal muß ich mir den Haß gegen die Franzosen aufzwingen, weil das Volk selbst so gar nicht den Krieg gewollt hat.« Otto W., der ein paar Worte Französisch radebrecht, ist weniger mitfühlend: »Die Belgier sind fast alle sehr freundlich, auch die franz. Bevölkerung bisher, nur in dieser Gegend sind sie nicht sehr entgegenkommend, aber sie werden sich noch daran gewöhnen müssen.«[*]

Neben dem durch die Auswirkungen der Friedensverträge geschürten Ressentiment zirkulierten in den deutschen Zeitungen der Zwischenkriegszeit zahllose Stereotypen über Frankreich, die sich auf den Niedergang des Landes und die Degeneration der »französischen Rasse« durch den Kontakt mit der Bevölkerung seiner vor allem afrikanischen Kolonien stützten. Hitler schrieb in *Mein Kampf*: »Dieses an sich immer mehr der Vernegerung anheimfallende Volk bedeutet in seiner Bindung an die Ziele der jüdischen Weltbeherrschung eine lauernde Gefahr für den Bestand der weißen Rasse Europas. Denn die Verpestung durch Negerblut am Rhein im Herzen Europas entspricht ebenso sehr der sadistischperversen Rachlust dieses chauvinistischen Erbfeindes unseres Volkes wie der eisig kalten Überlegung des Juden, auf diesem Weg die Bastardisierung des europäischen Kontinents im Mittelpunkte zu beginnen und der weißen Rasse durch die Infizierung mit niederem Menschentum die Grundlagen zu einer selbstherrlichen Existenz zu entziehen. [...] Das nicht nur in seiner Volkszahl, sondern besonders in seinen rassisch besten Elementen langsam absterbende Franzosentum kann sich seine Bedeutung in der Welt auf die Dauer nur erhalten bei Zertrümmerung Deutschlands.« In den Briefen der Sol-

---

[*] Brief von Otto W. vom 31. Mai 1940.

daten findet man diese ausgeprägte Feindseligkeit wieder. Besonders die Verpflichtung von Kolonialtruppen durch die Franzosen war der Wehrmacht ein Dorn im Auge – und sie griff einen Diskurs wieder auf, der bereits nach dem Ersten Weltkrieg verbreitet war: *die schwarze Schande.* Die nationalistische und rassische Propaganda beschuldigte die Kolonialarmeen aller nur erdenklicher Kriegsverbrechen: Vergewaltigung, Folter, Mord ... In einem Brief an seinen Jugendfreund Eugen schildert Hans A., der am Frankreichfeldzug teilnahm, ihm seine Eindrücke über die französische Bevölkerung und insbesondere die aus Farbigen bestehenden Truppen: »Schlimm hausen die Schwarzen. Sie hängen in den Bäumen und sind gute Schützen.«* Diese wenigen Worte lassen erkennen, wie verbreitet solche Klischees damals waren: Die Schwarzen werden mit Tieren gleichgesetzt, mit Affen, die auf Bäumen leben; aber sie stehen in dem Ruf, gute Kämpfer zu sein. Die Senegalschützen hatten sich insbesondere 1914 in der Schlacht von Ypern und 1917 in der Schlacht am Chemin des Dames ausgezeichnet. Auch in Afrika wurden diese kolonialen Gegner unterschätzt, »diese Burschen können einen mit ihrer Trägheit zur Raserei bringen«, schreibt Robert W.** Diese »Araber und Neger« wurden in den Nazikarikaturen regelmäßig als Wilde und Faulenzer dargestellt und lösten schließlich bei den deutschen Soldaten Hass und Angst aus. Hans A. fügt am Ende seines Briefes noch hinzu: »Eben sahen wir eine Menge

---

*   Brief von Hans A. an seinen Freund Eugen vom Mai 1940.
** Brief von Robert W. an seine Frau vom 31. Mai 1941. Er war damals in Afrika stationiert.

Schwarzer am Wege liegend, gräulich zerfetzt. Und überall verwesendes Vieh auf den Wiesen, auf dem Rücken liegend, die Beine in die Höhe wie hölzerne Schaukelpferde, zum Platzen aufgedunsen. Da denke ich an Deine Totentänze.« Den Zahlen des Verteidigungsministeriums zufolge wurden während des Frankreichfeldzugs 1940 in etwa 17 000 Senegalschützen[*] getötet oder verletzt. Diejenigen, die in Gefangenschaft gerieten, behandelte man nicht auf die gleiche Weise wie die französischen Soldaten aus dem Mutterland. Sie wurden von den anderen getrennt und in den Stammlagern der besetzten Zone untergebracht, wo viele von ihnen an Epidemien und Unterernährung starben. Vereinzelt gab es auch Erschießungen von Kriegsgefangenen aus den Kolonien wie in Chasselay in der Nähe von Lyon, wo 194 Senegalschützen am 20. Juni 1940 von der 3. SS-Panzer-Division Totenkopf erschossen wurden. Diese Ausschreitungen gegen die Kolonialtruppen waren sicherlich auf den Rassismus der Nazis zurückzuführen, aber auch auf den Mythos des blutrünstigen Wilden, der nach dem Ersten Weltkrieg in Deutschland entstanden war.

Letztlich erlebten die Wehrmachtssoldaten den Frankreichfeldzug also vor dem Hintergrund der Erfahrung ihrer älteren Familienangehörigen sowie der Vorurteile, die aus dem Groll über die Niederlage von 1918 entstanden waren – und die nichts mit den Nazis zu tun hatten. Diese spitzten lediglich Klischees zu, die bereits fest in den Köpfen verankert waren. Allerdings betrachteten jene deutschen Soldaten, die einen gewissen Grad an Bildung aufwiesen, Frankreich als ein Land

---

[*]   Unter diesem Namen wurden die Kolonialtruppen aus Westafrika, aber auch aus dem Maghreb und aus Südostasien zusammengefasst.

der Kultur, was das begeisterte touristische Interesse bezeugt, das sie im Frühjahr und Sommer 1940 an den Tag legten. Während Hans A. auf französischem Boden die Lektüre von Claudel und Racine genießt, macht Heinz R., protestantischer Vikar im zivilen Leben, Spritztouren nach Amiens, Paris und Chartres, um die Kathedralen Nordfrankreichs zu besuchen. Der »Blitzkrieg« hatte nach sechs Wochen mit der Unterzeichnung des Waffenstillstands von Compiègne am 22. Juni 1940 ein rasches Ende gefunden, und sehr schnell nahm die Besetzung Formen von Zerstreuung und Entspannung an. Auf Deutsch verfasste Wegweiser schossen ebenso rasch aus dem Boden wie Kinos und Nachtlokale, die den Soldaten der Wehrmacht vorbehalten waren. Otto E., Angestellter der Reichsbank, schreibt: »Freie Fahrt auf der U-Bahn I. Klasse. Freier Besuch der beiden Soldatentheater und der beiden Soldatenkinos.«[*] Die neuen Herren von Paris spazierten stolz und selbstbewusst am 14 Juli, dem Nationalfeiertag, über die Champs-Élysées. Die Soldaten, die vor dem Eiffelturm posierten, waren nicht zu zählen. Die Männer suchten die Frivolität des Pariser Nachtlebens, das auf der anderen Seite des Rheins verbreitete Klischee der Goldenen Zwanziger. La Rotonde, la Coupole, die Künstlercafés des Zwischenkriegszeit, wurden von deutschen Uniformen gestürmt. Und die französischen Frauen standen in dem Ruf, locker und flatterhaft zu sein. »Diese verfluchte Schminkerei, angestrichen diese Weiber hier, Du glaubst es einfach nicht. Wenn ich das bei meiner Frau mal feststellen müßte, ich würde auf der Stelle die Koffer packen und ausreisen«, schreibt Ernst G. seiner Frau in seinem

---

[*]   Brief von Otto E. vom 15. September 1940.

Brief vom 18. November 1940. Es folgt eine Beschreibung ihres Aussehens, das dem von Prostituierten gleicht. Maßnahmen, um seine Frau zu beruhigen, oder das Fortbestehen deutscher Klischees über Frankreich?

Die Wehrmacht achtete darauf, dass die Soldaten so wenig Kontakt wie möglich mit französischen Frauen hatten. Aufgrund ihres recht lockeren Auftretens wurden sie verdächtigt, Geschlechtskrankheiten zu übertragen, eine schreckliche Vorstellung für die Kampftruppen. Daher verpflichteten die Besatzungsbehörden ihre Soldaten, die von den Sanitätsdiensten der Armee kontrollierten Bordelle aufzusuchen. Erich D. erwägt den Besuch eines derartigen Etablissements, beklagt sich jedoch über die ziemlich unangenehme Prozedur, denn der Soldat bekommt vor und nach dem Besuch des Puffs eine Spritze[*]. Das schreckt Erich D. ab.

Das Überlegenheitsgefühl der Deutschen in dem besetzten Land kam in einem Vergleich zur lokalen Bevölkerung gehobenen Lebensstil und in einer richtiggehenden wirtschaftlichen Plünderung zum Ausdruck. Denn der Wechselkurs der Mark stieg von 12 auf 20 Francs und erlaubte den Wehrmachtstruppen, die Bestände an lebensnotwendigen Waren sowie an Luxusgütern aufzubrauchen[**]. Heinz R. profitiert von einem Abstecher nach Paris, um Einkäufe zu machen: »Im übrigen haben wir uns nach Anzugstoffen umgesehen, aber nichts für mich gefunden. Ich wollte gern einen schwarzen,

---

[*] Brief von Erich D. vom 6. Oktober 1940.

[**] Siehe Götz Aly, *Hitlers Volksstaat. Raub, Rassenkrieg und nationaler Sozialismus,* Frankfurt/M.: S. Fischer 2005. Die Kapitel 4 und 5 behandeln vor allem die Plünderungen, die die Wehrmachtssoldaten im Westen begingen.

weiß gestreift. Hier kosten 3 m soviel wie bei uns ein einziger. Also lohnt es sich schon.«*

Das Elsass und Lothringen genossen einen Sonderstatus. 1871 erobert, 1918 wieder abgetreten, wurden sie im Sommer 1940 ins Reich »heimgeholt«. Kurt M. erwartet diese Annexion mit Ungeduld und nutzt seinen Brief vom 21. Juli 1940, um die prophetische Gabe Hitlers in Sachen Eroberungspolitik zu preisen: »Ja, ja Adolf hat schon gewußt was er macht, jetzt haben wir Getreide genug und brauchen denn wohl auch nach der Ernte nichts mehr einzuführen. Das Elsass wird wohl auch zum Reich kommen dann haben wir einfach alles.« Hellmuth H. durchquert den Osten Frankreichs und sucht nach Zeichen der früheren deutschen Präsenz: »Auf dem Weitermarsch kamen wir dann übrigens bald zum ersten Ort mit französischer und deutscher Ortsbezeichnung, als wir nämlich die alte Reichsgrenze von 1914 überschritten; von da an alle Anschläge nur deutsch; die Bevölkerung aber ziemlich unfreundlich.« Sehr bald schon wurden Maßnahmen ergriffen, um diese Regionen zu germanisieren: Verpflichtung, Deutsch zu sprechen, Änderung von zu französisch klingenden Ortsnamen, Eingliederung der Jugendlichen in die Hitlerjugend ...

Der Erfolg des Frankreichfeldzugs erfüllte die deutschen Soldaten mit Stolz. Auf den Spuren ihrer Vorgänger von 1914–1918 rächten sie die demütigende Niederlage. Was die Briefe erkennen lassen, ist weniger ein echter Hass auf das französische Volk, als vielmehr der Stolz, Frankreich erobert und die deutsche Ehre wiederhergestellt zu haben.

---

* Brief von Heinz R. vom 17. Juli 1940.

Die deutschen Soldaten entdeckten ein von der Sommersonne durchflutetes Land, das ihnen als der Inbegriff eines Landes vorkam, das Zerstreuungen, Freizeitvergnügungen und Sehenswürdigkeiten zu bieten hatte. Das »Unternehmen Barbarossa« riss sie aus ihrer Kriegsidylle.

Die Sowjetunion: der jüdische Bolschewismus

Der Zweite Weltkrieg führte die Soldaten der Wehrmacht durch ganz Europa und sogar bis Nordafrika – zu einer Zeit als Reisen ins Ausland selten und einer Elite vorbehalten waren. Während die Deutschen Frankreich aufgrund der kulturellen, intellektuellen und politischen Beziehungen recht gut kannten, war Russland ein Land, das mangels näherer Kenntnisse der Fantasie reichlich Nahrung gab.

Vor dem Ersten Weltkrieg war der Informationsaustausch zwischen Deutschland und Russland auf den Adel und das deutsche Großbürgertum beschränkt geblieben. Ihr Bild von diesem riesigen Reich konzentrierte sich jedoch auf die herausragenden künstlerischen Leistungen, die Werke Tolstois, Dostojewskis, Puschkins, Tschechows sowie auf Musik und Malerei. Vom Elend in den ländlichen Gebieten wusste man kaum etwas.

Zu Beginn des Ersten Weltkriegs war die Vorstellung der Deutschen wie der Franzosen von der russischen Armee somit von einem Klischee beherrscht: dem der russischen Dampfwalze. Ein erschreckendes und furchterregendes Bild, das barbarische Horden beschwor, die aus der Tiefe Asiens über Europa hereinbrachen. Das Bild einer Armee aus des

Lesens und Schreibens unkundigen, wilden Bauern, brutalen Kerlen, die keine Angst kannten und deren Stärke vor allem in ihrer Zahl und ihrer Geschicklichkeit im Kampf lag. Dieses Bild hielt sich bis in den Zweiten Weltkrieg, trotz unrühmlicher Niederlagen und Revolution.

Dennoch blieb Letztere nicht ohne Auswirkungen. Die bolschewistische Brandungswelle traf Deutschland bereits nach dem Ende des Ersten Weltkriegs. In Bayern rief Kurt Eisner die kurzlebige Münchner Räterepublik aus. Die Auseinandersetzungen zwischen den nationalistischen Freikorps und den Spartakisten – angeführt von Karl Liebknecht und Rosa Luxemburg – blieben im Gedächtnis der Deutschen als Zeiten der Anarchie, in denen jeder jeden beschuldigte, den Untergang Deutschlands herbeigeführt zu haben. Gewalt auf den Straßen begünstigte zudem die Entstehung ultranationalistischer Bewegungen, die dem Bolschewismus zutiefst feindselig gegenüberstanden – auch Adolf Hitler beteiligte sich daran.

In den Zwanzigerjahren schottete das Sowjetreich Lenins sich ab, und nur wenige Informationen sickerten durch, was die Fantasie der deutschen Politiker aufs Prächtigste blühen ließ. Allerdings waren die Beziehungen zwischen der Weimarer Republik und dem bolschewistischen Russland nicht völlig zum Erliegen gekommen. Beiden Länder waren die Parias der internationalen Politik. Beide waren nicht Mitglied im Völkerbund, der 1919 gegründet worden war[*]. Im April 1922 unterzeichneten sie den Vertrag von Rapallo, um ihre Handelsbeziehungen wiederzubeleben. Darüber hi-

---

[*] Deutschland trat dem Völkerbund 1926 bei.

naus wurde eine geheime militärische Zusammenarbeit vereinbart: Deutschland, dem durch den Versailler Vertrag erhebliche Beschränkungen hinsichtlich der Reichswehr auferlegt worden waren, räumten die Sowjets gewisse Schulungsmöglichkeiten seiner Truppen auf russischem Territorium ein. Vor allem betraf das den heimlichen Aufbau der Luftwaffe und den Umgang mit schweren Waffen. Im Gegenzug verpflichtete Deutschland sich, der Sowjetunion moderne militärische Technologie zur Verfügung zu stellen.

Diese Zusammenarbeit endete, als die Nazis an die Macht kamen. Hitler hatte in *Mein Kampf* ausführlich seine Absicht dargelegt, das Territorium Deutschlands nach Osten auszudehnen. Den Nazitheorien zufolge war das Reich in seinen engen Grenzen eingezwängt und musste, um zu überleben, seine Ostgrenzen in Richtung der wenig bewirtschafteten, aber reichen Gebiete der Ukraine und Russlands verschieben. Eine zivilisatorische Eroberung durch die »Herrenrasse«, die in den Köpfen der Nazis einherging mit der Ausrottung des »jüdischen Bolschewismus« und der Versklavung der slawischen »Untermenschen«.

Die Unterzeichnung des deutsch-sowjetischen Nichtangriffspakts am 23. August 1939 bedeutete nur einen Aufschub vor dem brutalen Aufeinanderprallen zweier zutiefst feindlicher Ideologien. Hitler konnte auf diese Weise nach dem Einmarsch in Polen in aller Ruhe seine Armeen nach Westeuropa schicken, ohne eine zweite Front fürchten zu müssen – eine Furcht, die aus dem Ersten Weltkrieg stammte –, während die Sowjetunion Zeit gewann, um sich auf den Krieg vorzubereiten, der auf längere Sicht unvermeidlich schien.

Das Unternehmen Barbarossa wurde am 22. Juni 1941 gestartet. Obwohl die Sowjetunion langfristig mit einer kriegerischen Auseinandersetzung mit dem Reich gerechnet hatte, wurde sie von den ersten Manövern ihres Verbündeten überrascht und reagierte nicht sofort. Erinnern wir uns daran, dass manche Wehrmachtssoldaten überzeugt waren, einen Verteidigungskrieg gegen die Sowjetunion zu führen.

Georg F. war als Bomberpilot in der Nähe von Leningrad stationiert, über dem er regelmäßig Bomben abwarf. In seinem Brief an seine Schwester und seinen Schwager schreibt er: »Rußland ist eine elende Wüste. Das kann sich kein Mensch vorstellen. Und dazu dieses verkommene rohe Volk u. der Dreck. Ich möchte nicht wissen, was aus Euch u. aus Deutschland geworden wäre, wenn die Bolschewisten ins Reich gekommen wären, wie es geplant war. Aber es ist Gott sei dank umgekehrt gekommen.«[*]

Die Soldaten der Wehrmacht waren ideologisch auf diesen Krieg vorbereitet worden. Seit den Dreißigerjahren verspritzten Zeitungen wie *Der Stürmer* ihr Gift gegen die »Geißel des Bolschewismus« und der »Verjudung«, die in der Sowjetunion ihr Unwesen treibe. Nach dem Einmarsch sahen viele die Richtigkeit der von den Nazis erzeugten Klischees vom »Untermenschen« bestätigt und betrachteten dies als Legitimation für das brutale Vorgehen von Wehrmacht, SS und Einsatzgruppen.

Omer Bartov schreibt in seinem ausgezeichneten Buch: »Die Entmenschlichung des Feindes ist ein fester Bestandteil des Krieges. [...] Nur in sehr seltenen Fällen töten Soldaten

---

[*] Brief von Georg F. vom 29. September 1941.

aus Hass auf eine bestimmte Person. Wenn sie Hass oder den Wunsch nach Rache verspüren, dann gegenüber einem anonymen, gesichtslosen Wesen, das sie ›Feind‹ nennen. Meistens fällt es den Soldaten leichter, sich gegenseitig zu töten, eben weil sie den anderen nicht als menschliches Wesen wahrnehmen. [...] Die Wehrmacht führte keinen herkömmlichen Krieg, sondern einen Ausrottungs- und Vernichtungsfeldzug, bei dem alle bislang beachteten Verhaltensnormen außer Kraft gesetzt wurden. Die Schuldgefühle, die angesichts der Ermordung unschuldiger Zivilisten und unbewaffneter Soldaten unvermeidlich waren, wurden bewusst als Instrument zur weiteren Verschärfung der Barbarei benutzt, zur Bestrafung der Opfer, weil sie ihre Täter zu Monstern gemacht hatten.«[*] Manche Soldaten waren überzeugt, einen gerechten Krieg gegen den »jüdischen Bolschewismus« zu führen, wie etwa Franz S.: »[...] eines aber steht fest, dieser Krieg gegen die verbrecherische Arbeit des Bolschewismus ist der Kampf der gerechten Sache. Wehe, wenn die asiatischen Horden in unser schönes Deutschland eingedrungen wären.«[**]

Die Entmenschlichung der jüdischen Bevölkerung ging von Anfang an Hand in Hand mit Maßnahmen zu ihrer Vernichtung. Eine der ersten Aufgaben der Wehrmachtstruppen, wenn sie in einen gerade eroberten Ort kamen, bestand darin, eine örtliche Miliz zu bilden, in der sich vor allem zahlreiche vom Kommunismus Enttäuschte oder Opfer des Kommunismus befanden: »Man hat jetzt einen ukrainischen

---

[*] Omer Bartov, *Hitlers Wehrmacht,* S. 166.
[**] Brief von Franz S. vom 23. November 1941.

Selbstschutz gebildet und diese räumen unter den Juden und Komissaren so auf, daß man keine dieser Bestien, denn etwas anderes sind sie nicht, das kann ich in dieser kurzen Zeit die ich hier bin schon bestätigen, mehr sieht.«[*] Diese lokale Polizei war häufig an den Erschießungen von Juden, Zigeunern und anderen als Feinde des Reiches bezeichneten Personen beteiligt, die vor allem von den Einsatzgruppen organisiert wurden – weitgehend mit Wissen und Billigung der Wehrmacht. Entsprechend fühlten de deutschen Truppen sich häufig als Befreier vom Bolschewismus, wie Hans-Joachim S. bezeugt: »Die Bevölkerung freut sich, daß wir da sind, möchte Stalin am Galgen sehen.«[**]

Allerdings variieren die Aussagen. Manche Soldaten würdigten den Kampfgeist ihrer Feinde. Der Russlandfeldzug sollte nicht viel länger als acht Wochen dauern. Die Wehrmacht und Hitler dachten, eine massive Offensive würde ausreichen, um diesen Koloss auf tönernen Füßen niederzuzwingen. Doch daraus wurde nichts. »Es ist diesmal ein äußerst harter Kampf. Man soll sich das in der Heimat ja nicht so leicht vorstellen und den Fehler begehen, den ich beging, als ich die Russen unterschätzte«[***], betont Hans S., damals in Lettland stationiert. Ein paar hundert Kilometer von dort, in der Nähe von Smolensk, kommt Walter N. zu dem gleichen Schluss: »Die untadeligen Arbeiten der Russen erregten auch hier wieder Erstaunen und Bewunderung. Der Russe ist ein Meister im Bau von Feldstellungen und Tarnen

---

[*] Brief von Fritz P. vom 17. September 1941.
[**] Brief von Hans-Joachim S. vom 5. Juli 1941.
[***] Brief von Hans S. vom 28. Juli 1941.

und macht es uns nicht leicht, einen Erfolg an den anderen zu reihen.«[*]

Die von der Nazipropaganda verbreiteten Klischees bestanden in der ersten Zeit des Krieges jedoch fort. Bei der Lektüre der Briefe gewinnt man den Eindruck, dass die Soldaten festgestellt hatten, dass der Zustand der Sowjetunion noch schlimmer war, als er ihnen von der gleichgeschalteten Presse und in politischen Reden beschrieben worden war. Die meisten von ihnen hatten ihre Kenntnisse über Russland aus den Medien bezogen. Alle möglichen Gerüchte und Legenden waren im Umlauf über dieses riesige, unbekannte Gebiet. Ein Bild vor allem spukte in den Köpfen herum, das der »asiatischen Horden«. Es war die Vorstellung von einem bunt zusammengewürfelten Volk, das ganz gewiss nicht der »Herrenrasse« angehörte, brutal, ungehobelt, ungebildet war, und das durch seine Zahl, nicht durch seine militärische und strategische Kompetenz immensen Schaden anrichten konnte.

Auch wenn die Soldaten in dem Bewusstsein ihrer rassischen und intellektuellen Überlegenheit in die Sowjetunion einmarschierten, waren sie doch jeden Augenblick auf der Hut. Denn *eine* Angst war ganz besonders verbreitet: die vor den Partisanen. Diese Personen – Männer wie Frauen – trugen Zivilkleidung und versteckten sich in den Dörfern oder Wäldern, wo sie den deutschen Soldaten auflauerten, um sie zu töten. Georg F. schreibt, dass er nicht ohne seine Maschinenpistole auf die Toilette gehen oder schlafen könne[**]. Es

---

[*]   Brief von Walter N. vom 15. Oktober 1941.
[**]   Brief von Georg F. vom 29. September 1941.

kursierten auch Gerüchte, dass die lokale Bevölkerung die Lebensmittel der Deutschen vergiften würde.

Zahlreiche Soldaten bewahrten sich ihren Hass auf den Bolschewismus und die Juden sowie ihre Verachtung für das Leben der russischen Bevölkerung den ganzen Krieg hindurch. So schreibt etwa Heinz S. im Mai 1942, als er im Osten stationiert ist, folgende Zeilen an seine Schwester: »Wir werden und müssen siegen, denn sonst würde es uns schlecht gehen. Das ausländische Judengesindel würde sich fürchterlich am Volk rächen, denn hier sind, um der Welt endlich Ruhe + Frieden zu bringen, hunderttausende von Juden hingerichtet worden. Vor unserer Stadt sind auch 2 Massengräber. In einem liegen 20 000 Juden + und dem anderen 40 000 Russen. Zuerst ist man zwar davon erschüttert, aber wenn man an die große Idee denkt, dann muß man ja selbst sagen, daß es nötig war. Jedenfalls hat die SS ganze Arbeit geleistet, und man hat ihr viel zu verdanken.« Immer wieder findet sich diese Idee einer »vorbeugenden« Vernichtung, um zu verhindern, was der Feind den Deutschen möglicherweise antun könnte.

Dennoch sympathisierten manche Soldaten mit der Bevölkerung. Während des harten Winters 1941/42 und des folgenden Frühlings bewegte sich die Front nicht, und die Truppen hatten Zeit, die Orte und die Menschen kennenzulernen. Zumal zahlreiche Soldaten privat untergebracht waren, da es nicht genügend Unterkünfte gab. Karl N. befand sich im Januar 1942 in Donbass, in der Ukraine – an die 500 000 Wehrmachtssoldaten waren damals in dieser Region stationiert. Er erklärt seinen Eltern, wie er Jungen und Mädchen der Stadt kennengelernt hat: »Am ersten Tage waren die Mädels etwas ängstlich vor uns, da man ihnen erzählt hatte, wir würden überall hausen wie die Wilden, aber jetzt ist das Zusammensein schon eine Selbstverständlichkeit geworden. Wenn ich heute Abend noch hier bin, kommen sie wieder alle hierher, dann wird wieder erzählt und gesungen bei Gitarren und Balalaikamusik.«[*] Und Georg S. schildert seiner Frau das Mitgefühl, das er für die Mutter der Familie empfindet, die ihn aufgenommen hat[**].

Und dennoch: Die von der Nazipropaganda verbreitete hasserfüllte Ideologie hinsichtlich des bolschewistischen Russlands und der Juden hatte eine extrem brutale Kriegsführung zur Folge. Die Wehrmacht verlor 4 300 000 Mann, die Rote Armee 10 600 000 Soldaten – davon starben mehr als 3 000 000 in den deutschen Kriegsgefangenenlagern. Diese Zahlen berücksichtigen noch nicht die Millionen von Zivilisten, die in den von den Nazis besetzten sowjetischen Gebieten getötet wurden.

Die Briefe konfrontieren uns mit der Gefühlswelt der Wehrmachtssoldaten und ihrem Verhalten als Menschen. Dieser Krieg wurde von Menschen gegen Menschen geführt. Vergessen wir für einen Augenblick die Kriegsmaschinerie, um die Worte von Menschen zu lesen, die im Mittelpunkt des Krieges standen. Und daher rührt vermutlich das größte Unbehagen: Diese Männer waren an den schrecklichen Schlachten beteiligt. Kein Mensch ist gegen diese Katastrophe gefeit. Die hier vermittelte Nähe zu diesen Soldaten könnte ein Nach-

---

[*]   Brief von Karl N. vom 9. Januar 1942.
[**] Brief von Georg S. vom 9. Mai 1943.

denken über die *conditio humana* in Gang setzen und über die stets gegenwärtige Gefahr, dass ein so mörderisches Unternehmen sich wiederholen könnte. Der Krieg ist keine bürokratische Angelegenheit, er wurde, wird und wird immer von Menschen geplant.

ERSTER TEIL

Die Herren des Krieges
1939–1941

»In dem Städtchen, in dem wir liegen, haben wir's uns sehr gemütlich gemacht. Es fehlt uns gar nichts, wir leben wie die Fürsten. Schokolade in rauhen Mengen, Kaffeebohnen zentnerweise. Wein und Likör zum Schwimmen. Jeden Tag ein frisches Hemd u. Unterhose u.s.w. Also mit anderen Worten, es geht uns glänzend.«

Brief von Otto W., 31. Mai 1940

»Aber eines ist immer dasselbe: elende Hütten und unbeschreibliche Armut. Immer wieder kommt mir ein Wort in den Sinn: Arbeiterparadies! Welcher Betrug an der Menschheit ist doch mit diesem Worte oft getan worden. Mögen alle unsere bisherigen Kriege sein, wie sie wollen, gerecht oder ungerecht, mögen sie Machenschaften der Diplomaten sein, eines aber steht fest, dieser Krieg gegen die verbrecherische Arbeit des Bolschewismus ist der Kampf der gerechten Sache. Wehe, wenn die asiatischen Horden in unser schönes Deutschland eingedrungen wären.«

Brief von Franz S., 23. November 1941

1

Plünderungen

Der Einmarsch der deutschen Truppen in Polen beginnt am 1. September 1939 und beschleunigt den Ausbruch des Zweiten Weltkriegs. Die Sowjetunion marschiert am 17. September ebenfalls in das Land ein, gemäß dem deutsch-sowjetischen Nichtangriffspakt, der am 23. August 1939 unterzeichnet worden ist und der eine Teilung Polens zwischen den beiden Unterzeichnern vertraglich festlegt. Hitler will vor allem Posen und den Polnischen Korridor zurückgewinnen, Gebiete, die dem Reich nach dem Ersten Weltkrieg weggenommen worden sind. Es handelt es sich um eine erste Phase der Suche nach Lebensraum im Osten.

Hellmuth H. wird 1904 in Köln in einer protestantischen Familie geboren und ist Lehrer. 1932 tritt er in die NSDAP und den NS-Lehrerbund ein. Der Familienvater gehört zu den anderthalb Millionen deutscher Soldaten, die am Polenfeldzug teilnehmen. Seine Einheit, die 50. Infanterie-Division, befindet sich Mitte September 1939 in der Nähe von Posen, während die kämpfenden Truppen ihren raschen Vormarsch nach Osten fortsetzen und bereits die Stadt Brest-Litowsk bedrohen. Hellmuth H. schreibt hier seiner Frau und seinen Kindern.

M.l.B.!

Nachdem ich Mutti kürzlich einen Brief geschrieben habe, bist Du mal wieder dran. Es geht mir unverändert gut, da wir uns ja sozusagen auf dem Hinterhofe des Krieges befinden, wo nicht mehr geschossen wird. Nur wird die Sache jetzt schon etwas langweilig, jeden Tag ca. 15–20 km getippelt, eine »Herbstwanderung« durch ein ganz nettes Gelände; in den letzten Tagen in der Gegend der Familie Hildebrand, eine Mittagsrast sogar in einem Dorfe, das, glaube ich, der Familie einst gehörte.

Die Bevölkerung hat uns teils mit Blumen, teils mit verbissenen Gesichtern empfangen. Heute sind wir in einem Vorort am Flugplatz Posen, neben dem Sender, der ja wohl still liegt[**]. Die Verpflegung bei der Truppe ist schlechter geworden, wir sind ja auch nicht kämpfende Truppe, aber es gibt nebenbei noch allerlei Möglichkeiten; in den Bauerngärten fragen wir nicht lange, auch in den Gutsgärten; neulich aß ich Trauben wie selten; als wir in einer Zuckerfabrik in Quartier lagen ging ein 30 [Pfund]-Sack Zucker mit; auch sonst wird, was nötig, requiriert (Fachausdruck: »abgehakt«!); Mundraub

---

[*]   Posen war die Hauptstadt der Provinz Posen. Starke deutsche Minderheiten bevölkerten diese Region, die im Versailler Vertrag von Deutschland abgetrennt und Polen, das nach hundert Jahren Personalunion mit Russland seine Unabhängigkeit zurückerhielt, zugeschlagen wurde. Heute trägt diese polnische Stadt den Namen Poznan. Lowica, heute Lawica, bezeichnet den Standort des Flughafens von Poznań.

[**] Das Posener Schloß ist von hier schon zu sehen. (Anm. des Briefschreibers)

ist erlaubt und die Leute sind meist froh, wenn sie so gut wegkommen, da sie ganz anderes erwartet haben; für das Maschinengewehr hatten wir ursprünglich keinen Wagen, im ersten polnischen Dorf fand sich ein Handwagen ein, im 3. ein bespannter Kastenwagen und ab heute haben wir einen schönen gummibereiften mit schönen Pferden und hoffen auf ein Lastauto. Andere Dinge bezahlen wir redlich, da wir meist mehr Geld haben, als in den Dörfern auszugeben ist[*].

Die Zerstörungen durch die abrückenden Polen sind gering[**]: jede bessere Brücke gesprengt, die Telegraphenmasten meist umgehauen, die Eisenbahnschienen unbrauchbar gemacht. Gelegentlich eine Fabrik, die eine deutsche Fliegerbombe bekam oder Sprenglöcher deutscher Fliegerbomben an den Straßen. – Es gibt in der Kompanie eine Reihe Fußkranker, aber auch so macht mancher gelegentlich schlapp und ich freue mich, wie rüstig ich alter Wanderknecht doch bin. Jetzt habe ich es auch manchmal dadurch etwas leichter, daß ich, obgleich Gefreiter, die Dienststellung eines Unteroffiziers habe (sog. Gewehrführer, d.h. Führer eines Maschinengewehrs) und mich mit Pistole und Dienstfernglas schmücke. Mein größter Kummer ist, daß ich meinen Photo nicht mit habe, es ist zu schade, aber er ist vorderhand nicht heranzuschaffen, da 1) die Post überhaupt nicht funktioniert und 2) er schwerer als das zugelassene Gewicht ist. Ich habe noch keinerlei Post, wie auch die allermeisten, bekommen; es

---

[*] Bis hierher war weder Taschenlampe noch Hosenträger zu bekommen! (Anm. des Briefschreibers)

[**] Der Polenfeldzug dauerte fünfunddreißig Tage. Der polnischen Armee mangelte es an Erfahrung und Ausrüstung, um den gleichzeitigen Angriffen Deutschlands und der Sowjetunion standzuhalten.

soll ein Postkradfahrer* mit der Post sich kaputt gefahren haben.

Es war gut, daß ich Dich nicht neulich nach Unruhstadt** kommen ließ, denn es ging gar nicht dorthin, sondern über die Grenze.

Nun hoffe ich, auch ohne daß ich Nachricht habe, daß es Euch allen gut geht; ich habe eigentlich gar keine Angst darum. –

Wenn alles gut geht, ist mit Rückkehr in wenigen Wochen zu rechnen; aber was sich jetzt im Westen anspinnt, läßt sich ja nicht übersehen. »Unser Zuckersack wird aber wohl bis zur Westfront noch reichen«, heißt es bei uns. – Daß Hacke in Landsberg ist, wundert mich sehr, ich träumte letzte Nacht, er wäre gefallen. Über die Kollegen, besonders über Herbert, hätte ich gern laufend Nachricht; solltest Du Kollegen sehen, grüße sie schön; es ist ja wohl jetzt wieder Schule seit gestern, wie in Berlin. So, das war eine ausführlichere Schilderung, schon damit Du etwas erzählen kannst und Dir keine unnötigen Sorgen machst um Deinen Papa.

Wir haben also noch immer »Übungspostnummer«, nicht »Feldpostnummer« und zwar 20047 Abhol-Postanstalt Zielenzig.

---

* Postkraftradfahrer. Das Wort »Krad« ist ein vor allem im militärischen Kontext benutztes Kurzwort, das aus »Kraftrad« entstanden ist. Es kommt mehrmals in den Briefen vor, auch der Plural »Kräder«.

** Heute Kargowa in Polen. Vor dem Ausbruch des Zweiten Weltkriegs war Unruhstadt ein Marktflecken auf den Gebiet des Dritten Reiches unweit der damaligen polnischen Grenze.

2

Das »Schlammbad«

Günther S.-A. wird 1917 geboren. Hitler verpflichtet für den Einmarsch in Polen vor allem Berufssoldaten der Jahrgänge 1915, 1916 und 1917. Wie der Schreiber des folgenden Briefes sind sie empfänglich für die Naziideologie, die mit besonderem Nachdruck die deutschen Gebietsverluste zugunsten Polens geißelt und die unheilvolle Rolle der polnischen Intelligenz und der jüdischen Bevölkerung beschwört.

Günther S.-A. nimmt mit der 45. Infanterie-Division am Polenfeldzug teil. Er schreibt hier seinen Eltern, die in Wilhemshaven an der Nordsee leben.

Sarcyna* (San) 29.9.1939

Lieber Papa u. Mutti!

Nun bin ich schon fast 10 Tage ohne Nachricht von Euch, schreibt Ihr nicht, oder ist die Feldpost wieder einmal nicht angekommen.

Ich bin immer noch gesund und munter. Kampfhandlungen

---

* Heute der Marktflecken Nowa Sarzna in der Woiwodschaft Karpatenvorland, in der Nähe des Flusses San und weniger als hundert Kilometer von der aktuellen Grenze zur Ukraine entfernt. Er gehört zur historischen Region Galizien.

gibt es hier kaum noch. Wir befinden uns jetzt in einem ganz kleinen Dorf westlich des San, der mit den Russen vereinbarten Linie*. Sarcyna heißt das Nest, wir haben es gleich »Schlammbad« getauft.

Es gibt keine feste Straße. Die einzigen Steingebäude sind die Kirche und das Pfarrhaus. Die Gegend einfach grausam eintönig, Galizien. Arm die Bevölkerung, lebt durchschnittlich mit 6–10 Personen und einem Raum. Wovon die Leute nur leben. Es gibt kein Gasthaus in diesen ganzen Dörfern. Anspruchslos, was haben diese nur vom Leben. Ein Haufen Kinder und Arbeit, Dabei ist dies einfach fruchtbare Land überhaupt nicht ausgenutzt.

Hier sind wir hineingepflanzt. Aber trotzdem sind alle froh und voller Zuversicht, ob es auch so sein wird, wenn wir Weihnachten noch hier sitzen? Wenn nur die Post hierher klappt, dann wird es schon gehen. Jetzt wird es hier schon erbärmlich kalt und [es gibt] Regen. Eine Flaschen Rum für einen Grog täte jetzt das Nötige. Leider geht der Versand noch nicht. Glaube, wenn wir aus dieser Wildnis einmal zurückkommen werden, kehren wir zurück wie in ein Wunderland, weil hier auch alle Städte angefangen bei Krakau bis Lemberg alles Drecksnester mit Juden sind.

Juden müssen bei uns schwer arbeiten, Straßen und Brücken bauen, Fahrzeuge reinigen und Wasserschleppen. Ihr »Jahve«-Geschrei und Gezeter hört man überall. Herrliches Polen?

---

* Hitler und Stalin hatten sich im deutsch-sowjetischen Nichtangriffspakt über die Teilung Polens verständigt. Die Linie Narew-Weichsel-San diente als Demarkationslinie zwischen den beiden Zonen. Westgalizien wurde von den deutschen Truppen besetzt, während der östliche Teil am anderen Ufer der San von der Roten Armee besetzt wurde.

nein ein Land vollständig in der Hand des Klerus, erzählen werde ich Euch einmal alles ausführlich.

Nun etwas anderes, Lieber Papa, ich schickte Euch einmal 100 RM. Bezahl mit diesem Geld bitte die »Heereskleiderkasse Berlin«[*]. Heute bekam ich Post von Tante Mary und Hilde. Lisa Gütersloh und Krefeld haben noch nicht geschrieben, sonst schrieben alle sogar Hans.

Nun alles Gute, grüßt alle, bleibt gesund
Euer Günther

Wenden!!

Hat Heini die Schulterstücke bekommen?

Postsammelstelle Wien
Feldpostnummer 07233

Gerade als ich diesen Brief fertig habe, erhalte ich eine Karte vom 19.9. von Euch. Ich weiß nicht, woran es liegen kann. Ich schrieb Euch jeden 2. Tag. Entschuldigt bitte, aber an mir liegt es nicht.

An Wünschen habe ich:
Zigaretten
Streichhölzer
Taschenlampenbatterie
Schokolade

---

[*] Diese Kasse hatte ihren Sitz in Berlin, in der Budapester Straße 28. Die Soldaten konnten Uniformen und Ausrüstung nach Katalog bestellen. RM= Reichsmark.

Macht bitte, wenn es geht, mehrere Feldpäckchen. Habt recht vielen Dank für die letzte Sendung.

Hoffentlich bekommt Ihr diesen Brief, sonst bringe ich den Postfritzen um. Nochmals herzlich Euer Günther

3

Im Westen nichts Neues

Der Einmarsch in Polen hat zur Kriegserklärung der Engländer und Franzosen geführt. Der »Drôle de guere«, von den Deutschen als »Sitzkrieg« bezeichnet, dauert von September 1939 bis Mai 1940 und ist dadurch gekennzeichnet, dass im Westen praktisch keine Kampfhandlungen stattfinden. Verschanzt hinter ihren Verteidigungslinien – die Maginot-Linie für die Franzosen, der Westwall (auch Siegfried-Linie genannt) für die Deutschen –, verbringen die Gegner ihre Tage in Untätigkeit. Dieser seltsame Krieg erlaubt Hitler, den Polenfeldzug zu führen, ohne an einer Front im Westen kämpfen zu müssen.

Hugo D. und seine Kameraden der 16. Infanterie-Division können Weihnachten 1939 daher ruhig hinter dem Westwall verbringen. Er schreibt seiner Frau, die mit ihren Kindern in Frankfurt lebt. Nach dem Frankreichfeldzug wird er an die Ostfront geschickt. Bei Stalingrad verliert sich im Januar 1943 jede Spur von ihm. Er ist achtundzwanzig.

26.12.39

Liebste, kleine E.!

Jetzt ist Weihnachten auch herum. Aber wie war es denn hier draußen bei mir, so ganz weit von Frankfurt fort? Hat es Dir gefallen? Ich kann nur sagen, es war wunderschön. Ich frage mich nur, wie mag erst das Weihnachten sein, das wir zwei wirklich + wahrhaftig gemeinsam feiern. Ob das nicht zu viel Glück für mich wird? Aber wenn Du dabei bist, werde ich es schon ertragen, gelt? Was ich heute alles gemacht habe? Zu allererst mal keinen Dienst. Wir haben uns alle Mann mal richtig ausgeruht. Und ich habe den ganzen Tag gelesen. Mit dem Buch »Meine Bauern«* hast Du mir wirklich eine Freude gemacht. Das ist ganz köstlich. So was richtig Herzerfrischendes. Das mußt Du unbedingt lesen. Weißt Du, das ist auch so ein Buch, das man immer wieder mal gerne in die Hand nimmt u. darin herum liest, da es so nette Einzelgeschichten aneinanderreiht. Dafür bin ich Dir besonders dankbar. Diese Volkstumsschilderungen + Charakterdarstellungen sind so treffend u. derb gesund teilweise, daß man oft lachen muß. Ich muß wirklich die kleine E. loben + bin ihr sehr dankbar. Das andere Buch interessiert in seiner Art, umso mehr als es bereits 1920 geschrieben ist. Wenn wir wieder zusammensitzen können, dann werde ich meiner E. aus beiden Büchern vorlesen, und wir werden noch unsere gemeinsame Freude haben. Du hast mir diese Weihnacht so verschönt. Ich bin ganz glücklich u. froh + zufrieden.

Und waren wir diesmal noch getrennt. Einmal kommt der Tag, Liebes, an dem wir uns wiedersehen + uns die Hand geben und ich zu meinem Liebling sage, da bin ich wieder + jetzt gehe ich nicht mehr fort von Dir, jetzt ist Frieden, komm, lasse uns glücklich sein.

Eben hat ein Kamerad den Christbaum angesteckt. Das

---

* *Meine Bauern* ist ein Buch von Ludwig Thoma, das 1937 erschien.

Radio spielt ganz leise. Das Lametta wird von der von den Kerzen ausgestrahlten Wärme leicht bewegt. Draußen ist es ganz still. Der Franzose war die Weihnachtstage wirklich brav*. Siehst Du, deshalb hast Du auch den ganzen Tage bei mir bleiben können. Ach, war das schön. Und all das Schöne wollen wir tief in unserem Herzen einschließen. Es soll uns immer neue Freude geben & unsere Hoffnung lebendig halten. Die vielen Lichter vom Weihnachtsbaum nehmen wir auch mit, damit es immer ganz hell auf unsrem Weg ist. Und jetzt, meine Liebste, komm' lasse Dich ganz fest nehmen, ganz fest wollen wir uns an den Händen halten und mutig machen wir uns wieder auf den Weg. Wenn wir schön zusammengehen, wird alles gut werden u. jeder Schritt bringt uns dem Frieden näher, den Du und ich doch wohl sehr ersehnen. Aber, gelt, Liebes, das ist doch auch Deine Überzeugung, vom Frieden dürfen wir eigentlich erst reden, wenn der Sieg unser ist, wie der Oberbefehlshaber der Wehrmacht in seiner Weihnachtsansprache sagte. Und deshalb muß doch zunächst zu allererst unser Streben auf den Sieg gerichtet sein. Je stärker unser Wille zum Siege ist, umso eher wird er auch unser sein. Drum, Liebes, wollen wir tapfer auf dieses große Ziel lossteuern. Ist das erreicht, dann wird auch all das wahr werden, was mein Liebes sich erträumt und ersehnt. Und wenn Dein großer Junge dann heimkehrt, dann wird er Dir nicht mehr von der Seite gehen. Er wird sich bei Dir ausruhen müssen, lange, lange, lange. Denn viel müde wird er sein + ganz heißhungrig nach der Liebe seiner kleinen E., die dieser Schatz immer in so überreichem Maße für ihn bereithält.

---

*   Ironische Anspielung auf die Ruhe an der Westfront.

Siehst Du, so hast Du Deinen Mann schon verwöhnt. Was mag das noch werden! Weißt Du was? Ich glaube, Du läßt am besten einen Anhänger aus mir machen und hängst ihn Dir um den Hals. Da würde ich dann auch immer ganz weich liegen und warm. Und vor allem brauchte ich keine Sekunde von meiner E. fort.

Der Frau Kn. habe ich heute auch geschrieben und mich für ihre Bemühungen bedankt. Ich habe ihr auch den Sachverhalt mit den Päckchen geschildert + gesagt, daß Du angerufen hättest, um zu erfahren, ob etwa das Päckchen bei ihr nicht abgegeben worden sei, da Du auf Grund meines Briefes hättest annehmen müssen, daß sie Dich schon längst angerufen haben würde, wenn das Päckchen bei ihr abgegeben worden wäre. Der Regiefehler ist also auch in Ordnung.

Nun bleibe mir schön gesund, mein Liebes + lasse Dich unzählige Male küssen von Deinem H.

Viele Grüße an Deine Mutti

4

Die Pflicht des Soldaten

Nach langen Monaten in Polen (siehe seinen Brief vom 29. September 1939) befindet sich Günther S.-A. im Februar 1940 in Krumau, einer kleinen Stadt in Südböhmen, das vom Dritten Reich als Sudetenland annektiert worden ist. Diese überwiegend deutschen Siedlungsgebiete, vormals zur Donaumonarchie und seit dem Ersten Weltkrieg zur Tschechoslowakei gehörend, werden im Münchner Abkommen vom September 1938 mit der Zustimmung Englands und Frankreichs Hitlerdeutschland überlassen, um einen bewaffneten Konflikt zu vermeiden. Im März 1939 besetzen die deutschen Truppen ganz Böhmen und Mähren und gewähren der Slowakei eine Art Scheinunabhängigkeit.

Oberleutnant Günther S.-A. verschlägt es mit der 297. Infanterie-Division in die Ukraine. Er fällt am 4. Oktober 1942 bei Artemowsk im Donbass, während seine Einheit ihren Marsch auf Stalingrad fortsetzt.

Meine liebe Mutti!

Heute am 7.2. erhielt ich Deinen lieben Brief vom 2.2. Es war seit langer Zeit wieder das erste Lebenszeichen von Dir. Es freut mich, daß Du noch gesund bist. Der Bann der Kälte wird ja bei Euch jetzt auch gebrochen sein. Es war sehr schrecklich, hier in Krumau allerdings auch sehr schön, denn Krumau liegt 800 m hoch. Sonntag war ich auf dem Schöninger** 1200 m hoch. Dort lag über 1 m Schnee. Es war ganz herrliches Wetter, man konnte bis an die Alpen und im Norden bis nach Prag sehen. Aber auch jetzt ist diese Herrlichkeit wieder vorbei.

Ich bin mit dem 18.2. zur Aufklärungsfliegerschule nach Reichenberg im Sudetenland versetzt. Hier bleibe ich bis Anfang März, siedle dann nach Jüterbog*** zur Schule um. Jüterbog liegt zwischen Dresden u. Berlin, 60 km von Berlin.

Liebe Mutti, Du mußt nicht glauben, daß es mein Wille war, sondern Versetzung. Als Soldat heißt es eben Maulhalten und Pflicht erfüllen, im Kriege mehr denn je. Aber es ist ja alles kein Grund zur Besorgnis. Es ist im Kriege mal so, daß man schießt und wieder geschossen wird. Ich komme schon

---

*   Heute Cesky Krumlow in der Tschechischen Republik. Vor dem Krieg gehörte die Stadt zum mehrheitlich von Deutschen bewohnten Sudetenland und war Teil der 1918 proklamierten Tschechoslowakei

**   Der Schöninger (Klet' auf Tschechisch) ist ein Berg acht Kilometer von Český Krumlow entfernt, mit einer Höhe von 1083 Metern.

*** In der Stadt Jüterbog befanden sich Garnisonen und eine Fliegerschule der Luftwaffe.

wieder heil heraus, und wenn der Krieg aus ist, bin ich wieder bei meiner vielgeliebten Infanterie. Du weißt ja, Unkraut vergeht nicht. Mach Du Dir bitte keine Sorgen, denn dies wäre für mich schlimmer, als wenn geschossen wird. Überlege doch, es sind schon so viele gefallen, und es werden noch viel mehr fallen. Alle Mütter, Frauen tragen doch das gleiche Los. Vorläufig bin ich doch noch der einzige von uns, wie schlimm wäre es, wenn alle draußen wären. Also Du darfst nicht klagen, sondern sollst stolz sein. Denke auch einmal, wenn jeder wünschen würde, wenn nur mein Mann, mein Junge heil herauskommt, das hieße immer, daß ein anderer fallen müsste. Also, liebe Mutti, nicht klagen. Wir Jungen hängen doch alle am Leben, tun trotzdem unsere Pflicht, wie es Jahrhunderte vor uns auch jeder Soldat getan hat, sollen wir schlechter sein als diese? Glaube auch, daß Du es Dir nie vorstellen könntest, mich feige zu sehen.

Nun lebe wohl, etwas Glück gehört eben zum Soldatenberuf.

Vielleicht komme ich vor meiner Versetzung noch für 1 oder 2 Tage nach Hause. Viele liebe Grüße an alle.

Dein Junge.

5

Schätze Frankreichs

Auf den »Sitzkrieg« folgt ein »Blitzkrieg«, wie er bereits in Polen erprobt worden ist. Am 10. Mai überrollen die deutschen Panzer die Niederlande und Belgien, am 14. ist Sedan bereits in der Hand der Wehrmacht. Millionen belgischer und französischer Zivilisten fliehen. Der Frankreichfeldzug endet am 22. Juni 1940 mit der Unterzeichnung eines Waffenstillstands in Compiègne.

Mehr als 2,7 Millionen Soldaten nehmen an der Offensive im Westen teil, unter ihnen der Obergefreite Hans A. mit einer Nachrichtenabteilung, die der 6. Armee zugeteilt ist. Geboren 1918, schreibt er die meisten seiner Briefe seinem Jugendfreund Eugen, der wie er aus Gelsenkirchen-Buer stammt. Die beiden Freunde, kunst- und literaturbegeisterte Studenten, tauschen mehr als dreihundert Briefe aus. Hans A. fällt im Januar 1944 in Weißrussland.

In Frankreich, Mai 1940

Lieber Eugen!

Wo Du eigentlich steckst – eher noch in Wien oder gar vorn vor dem Feinde? Es ist auch gleich, – wenn dies zu Dir kommt, bin ich schon tausendmal wieder bei Dir gewesen – in jedem Bild, sei es gemalt oder die große Natur, bin ich flugs mit einem lebhaften Gedanken in Deiner Nähe. Ich weiß dann, daß Du gleichen Sinnes wärest, sowohl im Staunen vor der Fülle des Schönen wie auch im Grauen vor dieser fürchterlichen Passion, die unsere Soldaten, aber besonders der Franzose durchleidet.

Ich lebe hier ganz in den Zeugnissen einer besseren, fruchtbaren Zeit und übersehe den Tabellenchristen, den Schwärmer im Religiösen, der von der letzten Stärke einer großen Ahnung lebt – und diese Zeugnisse verehre ich, die Dome und Bildwerke eines starken, fähig machenden Glaubens. Die wuchernde Heiligenverehrung der ›Tochter der Kirche‹ läßt an Christi Wort denken: »Wenn ihr nicht Zeichen und Wunder seht, so glaubt ihr nicht.«[*] Und diese Wundersucht ist ein Verfallszeichen, danach riecht sie doch allzu kräftig. Überall, selbst in den Bibliotheken, wo sich Claudel[**] und Racine finden, gibt es ›Wunderliteratur‹[***] von Belgien und Frankreich, Spanien und Italien. Indessen liebe ich Claudel, der das Wunder sieht, wo es ist, im Opfer der streitenden Kirche[****].

---

[*]   Evangelium nach Johannes 4, 48.

[**] Paul Claudel (1868–1955) war ein französischer Diplomat und vom Katholizismus geprägter Schriftsteller. Zu seinen wichtigsten Theaterstücken gehören *L'Annonce faite à Marie* (*Mariä Verkündigung*, 1912) und *Le Soulier de satin* (*Der seidene Schuh*, 1929). Darüber hinaus veröffentlichte Claudel zahlreiche Gedichtbände. Hans A., ein glühender Katholik, war sehr empfänglich für diese Art von Literatur.

[***] Das Mirakel ist eine im 13. Jahrhundert verbreitete literarische Gattung, in der sich das Göttliche manifestiert in Form von Erscheinungen der Jungfrau Maria oder von Heiligen.

[****] Laut Claudel kann sich der wahre Glaube nur im Opfer erfüllen, auf die Gefahr hin, im gegenteiligen Fall nur hohles Gerede zu sein.

Wie man den Hunger fühlt nach einer einzigen Messe! Ich glaube nicht, daß die französischen Christen so von ihren Pfarrern verlassen sind wie wir, ohne Gelegenheit zur Beichte und zur Communio. Aber ich weiß nun auch, daß Claudels Musik hier keine Resonanz findet wie ja auch bei uns nicht Gertrud von le Fort[*] in ihren Hymnen, die mir ganz persönlich sagen, wofür ich eigentlich hier stehe. Unter anderem als diesem einen und heiligen Zeichen wäre dieser unser Kampf eine Gottlosigkeit.

Der Franzose ist fähig zum Haß, in ganz anderen Formen als wir ihn kennen. Er sitzt in Tiefen, dahinein wir kaum zu sehen vermögen. Die Zeugnisse dieses Hasses sind zahlreich – ich weiß oft, aber nicht oft, warum wir ihn ›verdient‹ haben. – Schlimm hausen die Schwarzen[**]. Sie hängen in den Bäumen und sind gute Schützen. Das war in der letzten Nacht auf Wache. Dies schreibe ich zwischen ganz neuen Gräben, in vorderster Linie. Meine Nerven – wenn sie nicht reißen, hat das, was nicht leiblich ist an mir, den Krieg gewonnen. Man soll die Härte loben und die Enthaltsamkeit des Johannes in der Wüste. Wie weit ist man davon entfernt.

---

[*] Gertrud von Le Fort (1876–1971), deutsche Schriftstellerin und Autorin der 1924 erschienenen *Hymnen an die Kirche*.

[**] Frankreich verpflichtete im Mai/Juni 1940 mehrere Kolonialdivisionen für die Kämpfe im Mutterland. Die Soldaten aus den Kolonien wurden von den deutschen Truppen aus rassischen Gründen besonders verfolgt. Im Juni 1940 erschoss eine Division der SS 194 schwarze Kriegsgefangene bei Chasselay in der Nähe von Lyon. Bereits nach dem Ersten Weltkrieg hatten die deutschen Rechte den rassistischen Begriff von der »schwarzen Schande« geprägt, den Hitler dann in *Mein Kampf* aufgriff.

In meinem gestrigen Quartier habe ich gelernt, was es heißt, ›sein Herz an etwas hängen‹. Kostbare Bildnisse, weiche Pastelle, prachtvolle Stiche, von Watteau[*] gezeichnet und köstlich ausgeführt und koloriert, eine alte Siensische Tafel in Gold, Gelb, venezianisch Rot und Braun. Ich bebte vor Wonne. Japanische Elfenbeinsachen, ein köstlicher Teppich aus dem 7. Jhdt. Tobias und Raphael mit dem Hunde[**] und eine ferne Stadt, eine ›Kreuzabnahme‹ aus Rubens'[***] Zeit, alte gotische Plastik, eine ganz wuchtige, einfach in ihren Maßen, einfach klassische romanische Kirche. Was ich vor Zerstörung retten konnte, tat ich und legte das Wertvollste oben auf die Schränke. Es ist alles schon sündhaft lädiert[****].

Gestern hatte ich Zeit und las Racine (mit Lexikon). Ich bin davon ganz weg. Einiges, die Übertragung (sehr frei) der monachischen [?] Tageszeiten, konnte ich fließend lesen, und das war hier vorn eine verdiente Wonne. Claudel ist mir hier zu bunt und zu farbig, auch zu schwer – aber hätte ich la

---

[*]   Antoine Watteau (1684–1721), französischer Maler des 18. Jahrhunderts.

[**] Zahlreiche klassische Gemälde stellen diese Bibelszene aus dem Buch Tobias 6,1 dar. Tobias wird von seinem Vater Tobias losgeschickt, um eine Summe Geld zu holen. Er wird begleitet vom Erzengel Raphael und seinem kleinen Hund. Das Tier kehrt als Erstes zu Tobias zurück, glücklicher Vorbote der Rückkehr seines Sohnes.

[***] Peter Paul Rubens (1577–1640) war ein flämischer Maler.

[****] Die deutsche Armee beschlagnahmte ungeniert Kunstwerke in Frankreich. Im Cour carré des Louvre wurden Möbel und andere Kunstobjekte verladen. Außerdem wurden mehr als 650000 Kunstgegenstände den in Frankreich lebenden Juden geraubt. Der NS-Ideologe Alfred Rosenberg »Beauftragter des Führers« für weltanschauliche Schulung organisierte den Raub und den Transport der wertvollen Kunstwerke nach Deutschland.

messe la bas* hier! – Sonst gibt es auch unter den neuen kath. Dichtern hier viele Schreiber. Den Reiterroman hätte ich gerne hier, überhaupt lernt man hier erst unsere neue deutsche junge Kunst schätzen, etwa die Bauten Dominikus Böhms**, Berkes*** Illustrationen – ich mache eine Pause – höchste Gäste sind eben dagewesen.

Wie soll ich Dir die Landschaft beschreiben? Van Gogh blieb hier unter jedem Baum sitzen, so saftig prall und voller unglaublicher Möglichkeiten für seinen Pinsel! Unsere Heimat hat ihre eigene Schönheit, man sieht sie nur nicht so unbefangen wie die Fremde. Nur Wasser ist knapp. Pumpen sind selten. Wir waschen uns im Fluß. Gestern, als ich Kaffeewasser aus ihm schöpfte, schwamm eine Ratte am Ufer vorbei. Über meinem Bett, im letzten Quartier ein Porträt, wie ich's mir wünsche, unbestechlich wahr, ohne ›Deutungsversuche‹. Klar, sauber gemalt (nicht glatt) und mit beständigem Herzen. Ich dachte an Wasmanns**** herrliche Kreidezeichnungen. Vier solcher Ahnenbilder gibt es im Hause, alles Profil. Verdier wurde hier sehr verehrt. Ich erfuhr erst in einem belgischen Adelshof von seinem Tod. Dort hatte man sein Bild.

---

*   Gedichtband von Paul Claudel, erschienen 1919.

**   Dominikus Böhm (1880–1955), deutscher Architekt, berühmt für seine katholischen Kirchen.

***   Antal Berkes (1874–1938) war ein ungarischer Maler, der zahlreiche Pariser Straßenszenen gemalt hat.

****   Rudolph Friedrich Wasmann, geboren 1805 in Hamburg, gestorben 1886 in Meran, war ein deutscher Maler des Biedermeier. 1835 konvertierte er zum Katholizismus. Neben Porträts und Landschaftsbildern malte er auch einige religiöse Auftragswerke im Stil der Nazarener.
          Jean Verdier, geb. 1864, war ein französischer Geistlicher, Erzbischof von Paris und starb am 9. April 1940.

Man sagt eben, es sei Sonntag. Ich weiß keinen Tag und kein Datum. – Ansonsten muß ich schweigsam sein. – Übrigens, daß Du es weißt, für zu Hause liege ich immer in der ›Etappe‹. Nicht, daß man dort was merkt. Schreibe auch an Gertrud nichts Beunruhigendes. Ich muß mich hier verziehen. Hier kommen eben ›Liebessachen‹ an. Das Finale ist so nah – wir haben nicht geträumt damals in Elbing, als es eben im Gespräch auftauchte. Schon wieder 200 m von mir ein Einschlag. Es wird hier lustig. Ob man bei den Poilus etwas merkte? Übrigens, wenn ich ... und Du nicht, nimm meine Bücher und Bilder in Obhut. Die Briefe soll man verbrennen. Aber ich weiß nichts. Vielleicht umgehen wir Freund Hein und der Hippe.

Vor mir ein rosiges Ferkel, wie bei Rubens! Ich werde auch an die ›errötenden Wangen‹ in der Glocke erinnert.[*] Die Kühe treiben durch die Gegend und die Milch läuft ihnen davon. Neben mir eine Ziege, kann kaum noch gehen, so voll die Euter! Hier fehlen sauflustige Naturen, der Busen der Natur ist prall gefüllt. Weil wir gestern Zeit hatten, haben wir Reibekuchen gebacken und alten Bordeaux dazu getrunken. Ich hatte diesmal mehr Spaß an der Farbe als an dem Getränk. Oh – Bohnenkaffee in Menge! Aber es ist Sünde, wenn ich ihn trinke, und gerade hier fällt mir die Enthaltsamkeit schwer.

Eben sahen wir eine Menge Schwarzer am Wege liegen, gräulich zerfetzt. Und überall verwesendes Vieh auf den Wiesen, auf

---

[*] Anspielung auf das Gedicht *Das Lied von der Glocke* (1799) von Schiller. Dem Knaben erscheint eine Jungfrau mit züchtigen, verschämten Wangen.

dem Rücken liegend, die Beine in die Höhe wie hölzerne Schaukelpferde, zum Platzen aufgedunsen. Da denke ich an Deine Totentänze. Es ist kein ›Thema‹ leichter als dies. Die Luft ist voll von Verwesungsgeruch, der süßlich in der Nase haften bleibt.

In einem Schlosse alte Stiche zertreten auf dem Boden. Überall die Kreuze mit den Stahlhelmen auf neuen Gräbern.

Der Prozeß ist furchtbar einfach. ›Trinkt, o Augen, was die Wimper hält‹*!

Diesen Brief habe ich in der Tasche mit mir herumgetragen, deshalb ist er so zerknittert. In medio tribulationis** ist der Ordo Gottes einfach und klar zu erkennen.

Sei gegrüßt, herzlich und froh trotz Krieg und Grauen!
Immer
Dein Hans

---

*   Zeile aus dem Gedicht »Abendlied« von Gottfried Keller (1879): »Doch noch wandl ich auf dem Abendfeld, / Nur dem sinkenden Gestirn gestellt; / Trinkt, o Augen, was die Wimper hält, / Von dem goldnen Überfluß der Welt!«
** »Mitten in der Angst« aus dem Psalm 138: »Wenn ich mitten in der Angst wandle, / so erquickest du mich / und reckst deine Hand gegen den Zorn meiner Feinde / und hilfst mir mit deiner Rechten. / Der Herr wird meine Sache hinausführen. / Herr, deine Güte ist ewig. / Das Werk deiner Hände wolltest du nicht lassen.«

6

Schönes Norwegen

Der Norwegenfeldzug, »Unternehmen Weserübung« beginnt im April 1940. Die Neutralität des Landes mit Füßen tretend, wollen die Deutschen die Häfen besetzen, insbesondere den von Narvik, um die britische Seeblockade durch die Royal Navy zu umgehen. Auf diese Weise erhält das Reich auch Zugriff auf das schwedische Eisenerz, das für seine Rüstungsindustrie unentbehrlich ist. In der Schlacht um Norvik kommt es zum ersten direkten Zusammenstoß zwischen den deutschen Streitkräften und alliierten Landungstruppen sowie zu Gefechten mit einer britischen Zerstörerflotte.

Paul S., geboren 1940, nimmt mit dem Infanterie-Regiment 50 an den Kämpfen in Norwegen teil. Hier schreibt er an seine Frau, die in Berlin lebt. Er fällt 1944 bei Babruijsk in Weißrussland, wo er mit der 296. Infanterie-Division stationiert war. Er ist dreiunddreißig.

14.5.40

Mein liebes, süßes Pummelchen,

das ist der erste Brief nach langer Zeit, den ich selbst wieder zuklebe. Ich kann Dir also alles ein bisschen ausführlicher berichten. Ich will also von vorn anfangen. Wir sind damals von

D. nach Schleswig Holstein mit der Eisenbahn gefahren bis Neumünster. Dort blieben wir über Nacht; und am anderen Tage ging es mit dem Flugzeug nach Oslo, das habe ich Dir ja schon verraten. In Oslo blieben wir vier Tage. Übrigens beim Landen bekamen wir noch Feuer von der norwegischen Flak. Ging aber alles gut. Nach vier Tagen hatten wir unser erstes Gefecht bei Askim*, das wir siegreich beendeten. Dauerte übrigens 2 Tage und 2 Nächte in Eis und Schnee. Denke nicht gern daran zurück. Ja und dann kamen wir wieder nach Oslo. Und gerade an meinem Geburtstag ging es wieder fort. Wir zogen kämpfend Nordwest, nun und jetzt ist ja alles ruhig. Wir liegen jetzt in Mittelnorwegen.

So, Pummelchen, das wäre in kurzen Worten alles, steckt allerdings mehr drin, als es sich so sagt. Daß ich zum Obersoldaten befördert bin, hast Du wohl auch schon aus meinem Absender ersehen können. Jetzt kommt nur noch eine Beförderung in Frage und das ist die Beförderung nach Hause zu Dir. Ich hoffe, daß es in drei Monaten soweit sein wird, denn im Westen die Kameraden räumen ja auch ganz gewaltig auf. Im Traum stelle ich mir schon jetzt meine Ankunft in Berlin vor. Wie schön ist das jetzt schon im Traum und um wieviel schöner wird erst die Wirklichkeit werden. Es wird ja auch Zeit, daß bald alles ein Ende hat, wenn ich nicht die Bilder hätte, ich wüßte schon gar nicht mehr, wie es zu Hause aussieht.

---

* Norwegische Stadt nahe der schwedischen Grenze.

Heute werde ich den Brief nun beenden, denn ich mußte schließen, weil wir wieder zum Aufbruch rüsten mußten. Ich habe jetzt eine Bahnfahrt von 1 $^1/_2$ Tagen und eine Nacht hinter mir. Die Fahrt war wunderschön. Es ist landschaftlich ein herrliches Land. Berge, bewaldete Berge, riesige Seen und Täler. Also wunderbar. Schöner kann eine K.d.F.* Reise auch nicht sein. Hier scheinen wir nun eine Weile zu bleiben. So schön das Land auch im Frieden ist, so bleibt die Sehnsucht nach Hause doch, wäre viel lieber mit Dir im Grunewald.

Schreibe mir, wie Du Pfingsten verlebt hast, hattest Du schönes Wetter. Hier scheint es jetzt auch Sommer zu werden, heute war es sehr warm. Heute haben wir auch wieder einen strammen Schritt vor unsern General gemacht. Für uns wird wohl jetzt auch wieder der normale Kasernendienst beginnen. Vielleicht machen wir Streifendienst. Sei wie es sei, ich halte es hier aus bis zum Kriegsende. Und nun habe ich noch einen Wunsch, daß Du mir auch einmal einen vier Seiten langen Brief schreibst, bitte. Wie geht es der Mutsch, hat Sie die Post bekommen? Schreib auch bitte immer das Datum von meinen Briefen, die Du erhältst. Und nun liebes Pummelchen, lass Dich umarmen und küssen. Werde Dich heute im Traum wieder besuchen. Tausend Grüße
Dein Paul

---

* »Kraft durch Freude« war eine politische Organisation, die die Aufgabe hatte, die Freizeit der deutschen Bevölkerung zu gestalten und gleichzuschalten, und gehörte als Unterorganisation zur Deutschen Arbeitsfront. Für die Nazis war es wichtig, die Freizeit der Bevölkerung zu überwachen. Zu den Angeboten von »Kraft durch Freude« gehörten Gymnastik, Nähkurse, Konzerte, Reisen ...

7

Die Überreste Flanderns

Im Mai 1940 überrennen die deutschen Truppen weiter die Niederlande und Belgien. Der belgische König Leopold III. bittet am 27. um einen Waffenstillstand, während die niederländische Regierung und die Königin nach einwöchigen Kämpfen ins Exil nach London gehen.

1909 in Krefeld geboren, studiert Werner L. Volkswirtschaftslehre und wurde promoviert. Der Familienvater, der der Glaubensgemeinschaft der Mennoniten angehört, dient als Offizier in verschiedenen Infanterieeinheiten in Polen, Frankreich und der Sowjetunion. Gegen Kriegsende gerät er in sowjetische Kriegsgefangenschaft und kehrt 1948 nach Deutschland zurück.

24.5.40

Mein Liebes,

wir ziehen immer weiter durch das wechselnde Land – einmal in Holland alles reich und sauber, in Belgien alles dichter und ärmer bevölkert und Menschen unfreundlicher[*]. Antwerpen

---

[*] In der Naziideologie rangierten die Holländer in der Nähe der deutschen »Herrenrasse«, während die Belgier, die mit den Franzosen verwandt waren, auf der hierarchischen Rassenskala weiter unten standen.

nächtlich durchzogen, im Kern eine alte stilvolle Stadt. Teils tiefer Friede, teils zerstörte Dörfer und Feuersbrünste, die den Nachthimmel flackernd erleuchten. Große und herrlich frühgotische Kirchenanlagen – oft weit das Land beherrschend, schwer zerstört. Zwar treffen die darauf schießende Artillerie und die Fliegerbomben hier weniger Menschen, die als Zivilisten ein Opfer werden – aber auch Geschichte kann man totschießen, meine ich. Die Flußübergänge. Die Flüsse gleichen Meeresarmen und sind sehr breit. Entsprechend sind die Passagen über Brücken oder Pontons immer ein besonderes Erlebnis. Durch schnelles Nachziehen haben wir den weichenden Feind nun bald erreicht und kommen wohl gelegentlich wieder zum Einsatz. Die sich zurückziehenden franz. und belgischen Truppen – besonders wohl nach Aussagen der Einwohner die ersten – haben sehr gehaust und sich an den armen Leuten, die schon genug Opfer beklagen, noch einmal sinnlos gerächt. Sie plündern das Land, das sie verteidigen sollten. Nun ist Tag und Ruhe. Große Rauchwolken stehen am Horizont und dumpfe Erschütterungen und Donner zeigen unsere Annäherung an die Front an.

Gestern übernachteten wir im Park eines Schlosses fast in der Stadt. Ich ging mit Taschenlampe durch das schöne und maßvolle Gebäude von Anfang des 19. Jahrhunderts, wo wunderschöne und viele wertvolle Bilder aus der großen Zeit der Niederländer hingen. Ein uralter Herr mit weißem Bart saß stumm und ohne Gruß für uns in einem Ohrensessel im Bibliothekszimmer bei einer Kerze die ganze Nacht durch. Sein alter Diener wies den Offizieren reserviert und sachlich die Quartiere an. Empire- u. Louis XV. Möbel in gelblichem Schleiflack. Das ganze stilvoll und unzerstört. Spätes Abendessen in einem kleinen Lokal, wo ein reizendes trauriges Mädchen mir Spiegeleier machte. Sie sprach französisch und hatte den ganzen Charme der Westländer. Ich unterhielt mich lange mit ihr, sie haben alle soviel Angst ausgestanden und haben sie eigentlich noch. Für heute nacht, falls wir hier bleiben, wo wir sind, habe ich ein Bett ergattert und freu mich sehr darauf. Gestern Nacht im bewußten Park. Vorgestern Nacht – soweit einige Stunden blieben zum Schlafen, zusammen mit dem Hauptmann in einem kleinen sauberen Zimmer übernachtet mit friedlichen Gesprächen. Unsere Stellung zueinander ist respektvoll und sehr nett.

Rhododendron blüht wunderbar in den alten Parks, derer es im fruchtbaren Land viele gibt, und Ginster – eine gelbe Eifelerinnerung[*], in den Teilen des Landes, die Geest[**], d.h. sandig und unfruchtbar sind. In hohen Kornfeldern stehen mittendrin alte Bäume oder Pappelreihen begrenzen Kanäle – Fabriken und kleine Schlösser, Wasser und Sand und fruchtbare Erde, Holländische und Belgische Charaktere wechseln dauernd wie wir auch ständig die Grenze hinüber und herüber wechseln. Langsam fühlte man heute beim Fahren, wie nach Zeeland[***] und dem Antwerpengebiet Flandern sich nähert, die Kirchen, die gotischen Rathäuser und die aus alten Schlachten seit der Befreiung der Niederlande und der

---

[*]   Die Eifel ist eine hügelige Landschaft, die sich vom Osten Belgiens bis in den Westen Deutschlands erstreckt.

[**]   Heide- und Torfmoorlandschaften mit sandigen Böden und ziemlich unfruchtbar, charakteristisch für die Gebiete Nordeuropas, die man vor allem in Dänemark, Niedersachsen und den Niederlanden findet.

[***] Provinz im Südwesten der Niederlande.

Geschichte Burgunds* bekannten Namen zeigen es an. Wie viele Tote hat dies Land gefressen und wie herrlich hat es sich über alle Zerstörungen hinweg erhalten. Bald geht es weiter. Straßen, Kanäle – Brücken, Pontons, große Granat- und Bombentrichter mit Umgehungen, Strohgehöfte. Ruisdael** und van Gogh und der Krieg. Darüber unsere Flieger, hin und her fliegend, abwerfend und neue Bomben holend. Lange Kolonnen Fahrzeuge und Pferde und Menschen, ab und zu Flüchtlinge mit Packen beladen. Gott sieht sehr das alles und ist uns stumm; ich liebe Dich sehr.

Dein Werner

---

*   Die Herzöge von Burgund besaßen vom 14. bis 16. Jahrhundert Gebiete in den Niederlanden, die »Burgundische Niederlande« genannt wurden.
** Jacob van Ruisdael (1628/29–1682) war ein niederländischer Maler aus Haarlem, der vor allem holländische und deutsche Landschaften malte. Dieser Künstler des Goldenen Zeitalters der Niederlande wird hier mit van Gogh (1853–1890) in Verbindung gebracht, der ebenfalls Landschaften bei Antwerpen und Den Haag malte.

8

Zigaretten

Zu dem Zeitpunkt, als Hans S., gebürtig aus Rostock, an seine Eltern schreibt, ist der Frankreichfeldzug in vollem Gange. Der junge Soldat befindet sich in Béthune. Diese nordfranzösische Stadt war im Ersten Weltkrieg teilweise zerstört worden und erhielt von Präsident Poincaré den Orden der Ehrenlegion. Seit Anfang Mai 1940 strömen Belgier, die vor dem Vormarsch der Deutschen fliehen, massenhaft in die Stadt, und Béthune wird mehrfach bombardiert. Am 24. Mai fällt die Stadt in die Hände der Wehrmacht.

Der 1920 geborene Hans S. wird mit achtzehn eingezogen, nachdem er ein Jurastudium begonnen hatte. Nach seiner Teilnahme am Polenfeldzug steht er mit der 12. Infanterie-Division in Frankreich.

Bethune 30.5.1940

Liebe Eltern!

Weiter geht die Fahrt. Wer weiß wohin. London oder Paris? Pappi, und Du rauchst? Darauf war ich nun gar nicht gefaßt. Habe mir inzwischen schon eine schöne Pfeife besorgen können. Tabak und Zigaretten waren in der letzten Zeit sehr knapp. Dank meiner Erfahrung aus Polen, habe ich irgendwo (nicht weitersagen) welchen hochgezogen. (neuer Ausdruck für besorgen). Sonst säßen wir ohne Rauchwaren da. Die französischen Zigaretten sind ein furchtbares Kraut*. Es ist immer eine große Freude, wenn wir deutsche bekommen. Wenn Du mir ab und zu Filme schicken kannst, so würde ich mich sehr freuen. Die hochgezogenen sind uns leider verregnet.

Furchtbar das Elend der Bevölkerung. Schlimmer noch als in Polen. Es ist nicht zu schildern, wie die Tausende von Refuges mit kaputten Füßen und unzulänglichem Schuhwerk sich nach Hause quälen. C'est la guerre. Manchmal muß ich mir den Haß gegen die Franzosen aufzwingen, weil das Volk selbst gar nicht so den Krieg gewollt hat. Eine Wut habe ich, daß Euch die Flugzeuge so besuchen**. Den Tommies werden wir es aber heimzahlen. Ob ich mit dabei sein kann?

Nun, liebe Eltern, laßt es Euch gut gehen. Hoffentlich merkt Ihr nicht viel vom Krieg. Gott wird uns schon zum Sieg verhelfen. Hoffentlich fallen nicht zu viel Kameraden.

Alles Gute Euer Hansi

---

* Die Rationen der französischen Soldaten enthielten vor allem Päckchen mit »Truppen«-Gauloises. Die Gesellschaft Seita (Société nationale d'exploitation industrielle des tabacs et allumettes) hatte in Frankreich das Tabakmonopol inne. 1940 waren die verbreitetsten Zigarettenmarken in Frankreich Gauloises, Gitanes und Royales.

** Im Rahmen der Schlacht um England flog die Royal Air Force mehrere Bombenangriffe auf Deutschland und besonders auf Berlin. Die Stadt Rostock, in der die Eltern des Schreibers dieses Briefes lebten, wurde vor allem zwischen 1942 und 1945 stark in Mitleidenschaft gezogen.

9

Calais in Flammen

Otto W. ist Fotograf, Familienvater, Alter und Herkunft unbe-
kannt. Während des Frankreichfeldzugs dient er in einem Pan-
zerregiment. Er befindet sich in der Nähe von Calais, als er den
folgenden Brief an seine Frau schreibt. Die Besetzung Calais
durch die Deutschen beginnt am 26. Mai 1940; die Stadt wird
der Verwaltung Belgiens unterstellt.
   Über den Verbleib von Otto W. liegen keine Angaben vor, aber
es ist zu vermuten, dass er im Krieg gefallen ist.

                                    Im Felde, 31. Mai 40

Meine Lieben!

Schon fast 8 Tage liegen wir in der Nähe von Calais, d.h.
nicht immer auf dem gleichen Platze, wir haben fast jeden
Tag unsere Stellungen gewechselt, aber doch immer um Calais,
das war mal eine sehr schöne Stadt, aber unsere Stukas* haben
auch hier ganze Arbeit geleistet.
   Die Stadt brennt heute noch an vielen Stellen, obwohl sie

---

*   Die Stuka (Abkürzung für Sturzkampfflugzeug) war ein Junkers-Sturz-
   bomber, der im Zweiten Weltkrieg massiv von der Luftwaffe eingesetzt
   wurde.

fast schon 8 Tage in unserer Hand ist. Ebenso ist Dünkirchen schwer heimgesucht worden. Im Hafen von Calais sind Millionenwerte in unsere Hand gefallen, dieses Briefpapier ist auch davon. Es stammt aus England. Die Tommis[*] haben fluchtartig Calais verlassen und wollten sich in England in Sicherheit bringen. Aber unterwegs hat sich ja ihr Schicksal erfüllt, davon sind nicht mehr viel nach England zurückgekehrt, weil unsere Flieger eine kleine Unterredung auf hoher See mit ihnen hatten[**]. Ich habe zugesehen, wie unsere Bomber 3 englische Schiffe bombardiert haben. Das war herrlich anzusehen. Augenblicklich haben wir 3 Ruhetage, da ist heute der zweite davon. Es ist vermutlich eine Ruhe vor dem Sturm. Welche Richtung wir dann einschlagen, ist noch nicht bekannt.

Vielleicht kommt mal plötzlich eine Ansichtskarte von England bei Euch an? Dort drüben würden wir bestimmt noch anders aufräumen als in Frankreich. – In dieser Gegend sind alle Einwohner zu Hause geblieben, wir liegen z. Zt. in einem kleinen Städtchen Guines (Fiennes) da sind viele

---

[*] »Tommy« ist ein Spitzname für die englischen Soldaten, der auch in Deutschland seit dem Ersten Weltkrieg benutzt wurde. Er geht vermutlich auf eine vom britischen Kriegsministerium verwendete Namensgebung in einem Musterformular zurück.

[**] Zwischen dem 20. Mai und dem 4. Juni 1940 evakuierten die Briten alliierte Truppen, die von der Wehrmacht eingeschlossen worden waren, von den Stränden und vom Hafen von Dünkirchen aus. Mehr als 300 000 Soldaten werden in aller Eile auf etwa 850 Schiffen über den Ärmelkanal nach England übergesetzt. Diese Episode führte zu einer Verstimmung zwischen den französischen und englischen Alliierten; die meisten Soldaten, die auf dem Festland zurückgeblieben waren, um die Nachhut zu sichern, waren Franzosen und gerieten in deutsche Kriegsgefangenschaft.

Flüchtlinge von Calais und auch viele Belgier aus der Gegend von Antwerpen. Die sind geflüchtet, weil sie Angst hatten, aber wir waren mal wieder schneller wie die Flüchtlinge. Es sind meist Flamen, wenn sie langsam sprechen verstehen wir fast jedes Wort. Auch meine Schulkenntnisse in Französisch kann ich jetzt gut gebrauchen, ich spiele manchmal den Dolmetscher. Ich verstehe noch ziemlich viel davon. Die Belgier sind fast alle sehr freundlich auch die franz. Bevölkerung bisher, nur in dieser Gegend sind sie nicht sehr entgegenkommend, aber sie werden sich noch daran gewöhnen müssen. Die Engländer werden überall gehaßt. Das konnte man bei den Gefangenenzügen feststellen, die Engländer haben von den Franzosen manche Rippenstöße bekommen.

In dem Städtchen, in dem wir liegen, haben wir's uns sehr gemütlich gemacht. Es fehlt uns gar nichts, wir leben wie die Fürsten. Schokolade* in rauhen Mengen, Kaffeebohnen zentnerweise. Wein und Likör zum Schwimmen. Jeden Tag ein frisches Hemd u. Unterhose usw. Also, mit anderen Worten, es geht uns glänzend. Zigaretten haben wir auch tausendweise, in der Hauptsache englische. Die französischen sind uns zu stark. Wir sind sehr verwöhnt und anspruchsvoll.

---

*   Die Wehrmachtssoldaten erhielten in ihren Militärrationen Schokolade. Die berühmteste Schokolade war die Scho-Ka-Kola in einer runden Dose, die von der Firma Hildebrand, Kakao- und Schokoladenfabrik GmbH in Berlin hergestellt wurden. Sie enthielt etwas Koffein, um den Soldaten im Kampf gegen die Müdigkeit zu helfen. In Frankreich waren die Schokoladetafeln von Menier, Poulain oder Suchard sehr verbreitet. Diese Firmen bezogen ihren Kakao vor allem aus Westafrika. Der Import dieses Nahrungsmittels war aufgrund der Transportschwierigkeiten beschränkt. Während des Zweiten Weltkriegs blieb Schokolade eher ein Traum für die unter der Rationierung leidende Bevölkerung und die Soldaten.

Eure zwei Päckchen mit Photo u. Schlafanzug usw.. habe ich vorgestern erhalten. Da haben wir den richtigen Zeitpunkt erwischt. Wenn ich's früher mal mitgenommen hätte, dann hätte ich es wieder nach Hause schicken können. So muß ich es eben immer mit herumschleppen. Ich hatte schon gehofft, daß Ihr's nicht weggeschickt habt, weil es so lange gedauert hat. Paketpost können wir leider keine zurückschicken. Ist ja auch ganz gut, sonst würden wir nur den ganzen Tag Pakete zurechtmachen.

Jetzt muß ich allmählich Schluß machen, habe noch viel zu schreiben. Ein andermal mehr, natürlich kann ich nicht immer 6 Seiten schreiben, weil nicht alle Tage Ruhetage sind. Also Päckchen braucht Ihr keines zu schicken. Es geht uns besser wie Euch. Lebt alle wohl und seid recht herzlich gegrüßt von

Eurem Otto

Bald wird der Krieg zu Ende sein. Es geht bestimmt keine 4 Jahre.

10

Tourismus in Frankreich

Seit dem 22. Juni 1940 besteht ein Waffenstillstandsabkommen zwischen dem Dritten Reich und der Regierung Pátoin, demzufolge Frankreich aufgeteilt wird, in die deutsche Besatzungszone im Norden und die sogenannte freie Zone im Süden, die von Vichy aus verwaltet wird. Als die deutschen Truppen nach Paris kommen, sind zwei Drittel der Einwohner auf der Flucht. Die Soldaten der Wehrmacht brennen nicht anders als Nazigrößen wie Adolf Hitler oder Albert Speer darauf, die Stadt zu besichtigen. Zahlreiche Fotos verewigen die ersten Schritte der Sieger. Die Vergnügungsstätten öffnen nach und nach wieder ihre Pforten – sehr zur Freude der deutschen Soldaten. Die Nachtlokale, wie das Alcazar oder das Shéhérazade in der Rue de Liège haben mit dem Segen des Oberkommandos der Wehrmacht Hochkonjunktur.

Heinz R. allerdings reizt das nicht, wie seinem Brief zu entnehmen ist. Der Feldwebel im Infanterie-Regiment 93 widmet sich lieber dem Besuch der Kathedralen Nordfrankreichs. Geboren 1912, nahe Wolfsburg, ist er vor dem Krieg evangelischer Pfarrer gewesen, jedoch auch Mitglied der SA.

Meine geliebte Ursula!

Wie ich höre, fährt heute mittag ein Fahrzeug nach Deutschland. Da will ich doch schnell noch einen Brief mitgeben.

Vorgestern war ich vormittags zum zweiten Male in Paris, allerdings nur für kurze Zeit. Wir fuhren an der Place de la concorde vor, dann besichtigte ich die Madeleine-Kirche, einen klassizistischen Tempel gewaltigen Ausmaßes. Von außen wirkt die Kirche ganz imposant, im Innern ist sie denkbar kalt. Drei hohe Kuppeln überwölben das Schiff und lassen nur wenig Licht in das Innere. Der Altar besteht aus Marmorfiguren gewaltigen Ausmaßes. Ganz schön ist der Blick, wenn man die Kirche verläßt. Dann sieht man durch die Straße hindurch auf die Place de la concorde und zur Deputiertenkammer hin, die ebenfalls ein klassizistisches Bauwerk ist.

Im übrigen haben wir uns nach Anzugstoffen umgesehen, aber nichts für mich gefunden. Ich wollte gern einen schwarzen, weiß gestreift. Hier kosten 3 m soviel wie bei uns ein einziger. Also es lohnt sich schon. Sonst habe ich nichts Neues gesehen. Gern wollte ich nachmittags nochmal mitfahren, das wurde mir jedoch abgeschlagen, worüber ich sehr verärgert war. Die übrigen Herren sind schon an zwei Nachmittagen bis zum Abend in der Stadt gewesen und haben sich dort amüsiert, während ich hier einhüten durfte. Nun konnte ich wieder nicht mitfahren. Was sie sich allerdings am Sonntag angesehen haben, wäre für mich wohl kaum etwas gewesen. Eine Revue mit Nacktvorführungen und -tänzen gehört wohl nicht zu dem von mir Ersehnten. Als sie am Sonntagabend zurückgekehrt waren, ging ich hinüber, weil ich mir sagte, daß ich auch mal Geselligkeit pflegen müßte. Wir saßen in dem vornehmen chinesischen Zimmer bzw. in dem Separee, das sehr klein und »intim« ist, und tranken bei der matten Beleuchtung einige Flaschen guten Rotspons[*]. Bald kam das Gespräch auf Paris und dann folgten Witze ganz eindeutiger Art. Solange ich Feldwebel war, habe ich dergleichen fast immer aus dem Wege gehen können. Jetzt aber durfte ich mir das alles anhören. Du kannst Dir denken, daß ich mich denkbar unglücklich fühlte in dieser schwülen Atmosphäre, ohne die Möglichkeit, etwas an dem Gespräch ändern zu können. Der Hauptanstifter war der Baron, der fast platzt vor Sinnlichkeit. Er ist zwar verheiratet, aber das legt ihm wohl nicht allzu viele Hemmungen auf. Er ist jetzt so lange hier im Bataillon, wie ich befördert bin, aber in dieser kurzen Zeit ist er schon zu einer sehr gewichtigen Persönlichkeit geworden, während ich eine völlig zu ignorierende Größe bin. Das liegt zum Teil natürlich auch an mir. Gestern sagte mir ein Leutnant, ob ich mich nicht einmal bei den anderen Herren sehen lassen wolle, teilweise sei ich ihnen noch gar nicht bekannt. Da habe ich zweifelsohne einen Fehler begangen. Das kommt aber dadurch, daß ich in meiner Kompanie bei den beiden Offizieren nicht ein kleines bißchen Kameradschaft[**] gefunden habe.

---

[*] Als Rotspon bezeichnet man im Fass eingeführte und in Lübeck bis zur Flaschenreife gelagerte und abgefüllte Bordeaux-Weine. Der Rotspon hat auch in anderen Hansestädten Tradition. *Spon* bedeutet »Span«, »Holz« auf Plattdeutsch.

[**] »Kameradschaft« war ein wichtiger Begriff in der Wehrmacht, der die Freundschaft und Brüderlichkeit zwischen den Soldaten betonte, die einander in einer nationalistischen und kriegerischen Ideologie verbunden waren.

Wie ich Dir schon schrieb, gratulierte mir der Chef, indem er mir sagte, daß ich bei ihm nicht so bald befördert wäre, und dann fragte, ob ich denn meine drei Garnituren Uniform noch nicht fertig hätte. Der andere, Leutnant v. P., stellte mich zur Rede, wieso ich mit seinen Leuten Alkohol getrunken hätte trotz seines Verbotes. Das waren die beiden mir am nächsten stehenden Offiziere. Inzwischen habe ich von unserem Adjutanten auch einen ganz gewaltigen Ansch (entschuldige den Ausdruck!) bekommen wegen meiner Vorstellung beim Oberst. Von den übrigen Herren habe ich wenig gemerkt, außer vielleicht von Leutnant Gröhling, einem Junglehrer, der ganz kameradschaftlich ist. Du kannst Dir denken, daß es mich nicht sehr zu den Herren hinzieht und daß ich ein leichtes Grauen habe, wenn ich an Garnisonsdienst und Kasinoabende denke. Darum bin ich für jeden Tag dankbar, den ich hier zubringen kann.

Als Entschädigung für Paris unternahm ich am Montag nachmittag eine kleine Spritztour nach Chartres, um mir die dortige Kathedrale anzusehen. Ich ließ mich mit dem Krad hinfahren, und zwar mit einer Mordsgeschwindigkeit. Auf den sehr guten französischen Straßen kann man getrost 80 km Geschwindigkeit fahren. Die Fahrt dorthin war ziemlich öde. Die Landschaft ist ja recht eintönig. Es gibt wenige Dörfer, und die wenigen sind recht häßlich. Als wir auf etwa 10 km an Chartres herangekommen waren, sah ich schon die Türme der Kathedrale in der Ferne. Kurz vor der Stadt genossen wir den ersten Blick auf das schöne, an einer Höhe gelegene Bauwerk. Leider sind die Fenster sämtlich entfernt und auch die schönen Portale mit Sandsäcken verbaut, aber doch nicht so sehr, daß ich nicht einige von den berühmten

»Säulenheiligen«* (s. Hamanns** Kunstgeschichte) betrachten konnte. Im Innern wirkt die Kirche öde, weil die Fenster fehlen, aber wunderbar, ja einzigartig sind die Plastiken des Chorumgangs. So etwas Schönes dieser Art habe ich noch nicht gesehen. Das beiliegende Foto gibt nur einen sehr schwachen Eindruck. Etwa 1 $^1/_2$ Stunden brauchte ich, um das Ganze der Kathedrale ein wenig in mich aufzunehmen; derweil schlief der Fahrer im Beiwagen. Dann tranken wir noch eine Tasse Kaffee, tankten, was nicht ganz leicht war, und gondelten durch die hübsche Altstadt, die äußerst eng und winklig ist und an manche schöne süddeutsche Stadt erinnert. Prächtig war der Blick über den schmalen Flußlauf*** hinweg auf die Anhöhe, auf der die Kathedrale und zwei weitere Kirchen oder Kapellen gelegen sind. Außerdem ist der Stein recht freundlich hell, so daß das Stadtbild keinen so düsteren Eindruck macht. Gegen 9 Uhr abends waren wir wieder hier. Inzwischen hatten mein Bursche und die andern vom Zugtrupp das Abendessen gerichtet. Sie hatten schön gedeckt und gekocht. Es gab Rindfleisch, das unseren berühmten Dosen entstammt, aber durch Zusatz von Salz und Pfeffer einen anderen Geschmack erhalten hatte. Dazu junge Kartoffeln, Bohnen- und Gurkensalat und als Nachtisch Johannis-

---

* Die Kathedrale von Chartres trägt den Namen »Notre-Dame du Pilier«. In diesem gotischen Juwel aus dem 12. Jahrhundert wurde 1594 Henri IV gekrönt. Als dieser Brief geschrieben wurde, war Jean Moulin, eine wichtige Führungspersönlichkeit der französischen Résistance, Präfekt des Départements Eure-et-Loire, dessen Hauptstadt Chartres ist.
** Heinrich Richard Hamann (1879–1961) war ein deutscher Kunsthistoriker, der mehrere Essays zu dem Thema geschrieben hat.
*** Die Eure.

und Himbeeren. Die Bohnen wachsen hier im Garten; sonst ist allerdings nicht viel zu ernten. Das Abendessen war ein recht netter Abschluß dieses ereignisreichen Tages.

Nun kenne ich doch drei von den bekannten französischen Kathedralen: Amiens, Paris und Chartres. Vielleicht kommt noch mal eine andere hinzu. Das richtet sich nach der Dauer unseres hiesigen Aufenthaltes, die hoffentlich noch recht lange ist aus den oben genannten Gründen.

Gleich geht ein Fahrzeug nach Stendal, um unsere Post zu holen. Danach zu urteilen, rechnen unsere Vorgesetzten doch wohl noch mit einem längeren Aufenthalt. Hoffentlich erhalte ich auf diese Weise endlich mal wieder eine gute Nachricht von Dir. Weißt Du, daß am 20. bzw. 24. dieses Monats meine Eltern Geburtstag haben? Wie gern würde ich Dir jetzt mal meine kleinen Mitbringsel überreichen. Hast Du irgendwelche Wünsche? Es können auch größere sein. Schreib sie doch bitte. Vielleicht kann ich Dir etwas besorgen.

Mit recht, recht innigen Grüßen
Dein Heinz

11

Durch Lothringen

Nach dem Waffenstillstand vom 22. Juni 1940 werden das Elsass und Lothringen wieder dem Deutschen Reich angeschlossen gemäß jenen Grenzen, die 1871 nach dem Deutsch-Französischen Krieg festgelegt wurden.

Hellmuth H. befindet sich inzwischen nicht mehr in Posen (siehe Brief vom 12. September 1939), sondern im Osten Frankreichs, wo er einerseits auf Plakatanschläge in deutscher Sprache und andrerseits auf Feindseligkeit der Bevölkerung trifft. Jetzt steht eine erneute Verlegung nach Polen an.

Saargebiet, 18.7.40

M.1.B!

Dadurch, daß wir uns Deutschland näherten und der Post entgegen gingen, gab es die letzte Zeit unendlich viel Post, manchmal ältere mit neuester gemischt, sodaß mir manches auch im Danken durcheinandergeht. Ich erhielt u. a. kürzlich eine Pralinenschachtel, einen Film, wohl schon den dritten, die größeren quadratischen Bildchen und die kleinen unvergrößerten, dazu die vielen lieben Briefe! Gestern sind wir – im Rahmen eines 52-km-Marsches über die alte Reichsgrenze ins Saargebiet gegangen und haben heute in einem noch verlassenen, aber fast heil gebliebenen Dorf des Saargebietes Ruhetag. Am 23. wird verladen und dann geht es ostwärts; ich denke Frankfurt (Main) – Berlin – Posen; aber wer weiß welche Strecke und Umwege wir fahren werden. Ob es nach Posen vielleicht auch nach Wepritz geht, weiß noch immer niemand hier; jedenfalls sind Deine Rußland-Befürchtungen Unfug aus wer weiß was für trüben Quellen. Anbei ein Schwarz-Weiß-Bild aus der farbbildlosen Zeit, ich glaube, ganz nett; eigentlich sollte es Mutti bekommen; ich verpflichte Dich, es ihr sofort zuzuschicken; ich schicke im nächsten Brief das Negativ. Meine Farbbilder sind jetzt auch alle endlich zurück bis auf die des Marsches Lahr-Stuttgart mit den Stuttgart-Bildern. Ich schicke Dir erhaltene nicht mehr, es ist sicherer, wenn ich sie behalte[*].

Blanck ist nicht verloren gegangen, sondern hat sich zum Bataillonsstab als Rechnungsführer verzogen. Rauter schrieb vor ein paar Tagen einen Brief und erhielt ausführlich Antwort.

Deine Nachreisepläne in Ehren; aber wollen erst mal sehen, ob ich nicht bald wegkomme von Preußens, man munkelt, wir würden zunächst als Erntehilfe verwendet. Anbei 1 Bilderscheck-Serie für das Pflanzenalbum zusätzlich. Warst Du bei Frau Vogel? Laß Dir das angelegen sein. Deine Gar-

---

[*] Zahlreiche Wehrmachtssoldaten hatten kleine Fotoapparate des Typs Leica erworben. Die Filme wurden von der Militärpost ins Reich zum Entwickeln geschickt. Hunderttausende von Kriegsfotos und Landschaftsaufnahmen wurden von diesen Männern gemacht. Allerdings war es ihnen verboten, Fotos heimzuschicken, auf denen zu viele militärische und strategische Elemente und Szenen von zu großer Grausamkeit zu sehen waren.

tenerfolge sind ja gewaltig. Zu den Tomaten hoffe ich zurecht zu kommen. Vor ein paar Tagen war ich in Nancy*, habe aber nichts mehr zu kaufen gekriegt. Frankreich ist restlos ausgeplündert oder ausgekauft. Mir ist rätselhaft, wo Brederlow noch Kaffee bekam; bei uns hat keiner seit langem so etwas erwischt; nur anständige Alkoholika gab es noch reichlich in Nancy, einer recht schönen Stadt. Auf dem Weitermarsch kamen wir dann übrigens bald zum ersten Ort mit französischer und deutscher Ortsbezeichnung, als wir nämlich die alte Reichsgrenze von 1914 überschritten; von da an alle Anschläge nur deutsch; die Bevölkerung aber ziemlich unfreundlich.

Es ist sonst noch viel zu erzählen, aber das dann mündlich. Wenn Du diesen Brief erhältst, bin ich bald auf der Bahn, wo man vorwärts kommen soll, ohne die Beine zu gebrauchen. Seit dem Hundsrück sind wir in 65 Tagen ca. 1100 km allein marschiert.

Viele liebe Grüße

Dein Hellmuth.

Innerhalb Lothringens waren noch Trichter von italienischen Bomben.

---

*   Die deutsche Armee marschierte am 16. Juni 1940 in Nancy ein.

12

»Hitler ist ein Glück für uns«

Kurt M. wird 1914 in Peenemünde auf der Ostseeinsel Usedom geboren. Nach dem Abitur macht er eine Ausbildung zum Zahntechniker und später noch eine Gärtnerlehre, bevor er 1936 in die Wehrmacht eintritt. Er ist verheiratet, doch den folgenden Brief schreibt er seiner Mutter, während er in Frankreich stationiert ist. Er ist Sanitäter in der 68. Infanterie-Division, in deren Gefolge er den Polen-, Frankreich- und Russlandfeldzug mitmacht. 1944 nimmt er mit der 719. Infanterie-Division an den Kämpfen in Holland teil. Seit Ende April 1945 gilt er als vermisst.

Sonntag, den 21.7.40

Liebe Mama!

Heute war erst um 7 Uhr wecken, es ist direkt herrlich, wenn man sich einmal so richtig ausschlafen kann. Wir haben Betten, die aussahen wie Särge, da wird einfach das Stroh reingeschüttet darüber die Zeltplane und fertig ist das Lager, zum Zudecken habe ich 3 Decken also reichlich. Wir hausen in einem Gymnasium, ein ganz schöner Bau, überhaupt unser Ort ist ganz nett*, viel Ansprüche darf man natürlich nicht stellen,

---

* Es ist nicht bekannt, von welcher französischen Stadt der Schreiber dieses Briefes hier spricht.

die Fahrzeuge stehen alle auf dem Schulhof, man hat es also nicht sehr weit. Falls ich nicht gerade etwas zu fahren habe, baue ich am Wagen. Du schriebst von Ärger mit dem Motor, das war nur 2–3 Tage, seitdem läuft er wie eine Biene. Damals muß irgendwie Schmutz in den Tank gekommen [sein], dadurch blieb natürlich dauernd der Motor während der Fahrt stehen, ich habe mich die Platze geärgert. Der Motor läuft sonst so leise, daß man nur am Kontrollicht erkennen kann, ob er noch in Bewegung ist. Inzwischen habe ich 2 Reifenpannen gehabt, nun lache nicht, während der Bahnfahrt. Ich habe Werner Degenkolb hier bei der Durchfahrt zweimal getroffen, er ist in einem Nebenort, ungefähr 16 km entfernt. Ein dolles Nest, 90% Juden, alles vermistete Gestalten, nur wenige sind nett gekleidet. Auch die Häuser sind unter aller Kanone, Degenkolb muß in irgend einem Lager wohnen. In Schlesien traf ich einen aus der Zahnprothese, der Radfahrer der mein Boot kaufte, er läßt Dich grüßen. Ich staune nur, wie viele Menschen ich so kenne und was man so alles trifft.

Von Dir bekam ich 2 Päckchen, vielen Dank der Kuchen schmeckt tadellos ebenso die Sahnebonbons. Ist bei Dir auch so eine Hitze, also hier knallt vielleicht die Sonne auf die Landstraße herunter, auf den Landstraßen herrscht ein Staub, daß man vorfahrende Wagen nicht erkennen kann, aber überall wird daran gearbeitet. Die Straßenbaufirmen sind allesamt aus Deutschland, vor allem aus Stuttgart, der Aufseher ist natürlich auch Deutscher. Die Juden sind auch noch viel zu wenig eingesetzt worden, ein großer Teil lungert noch in den Straßen umher. Die Felder sind tadellos bestellt und in Ordnung, das wird eine ungeheure Ernte werden. Ja, ja Adolf hat schon gewußt, was er macht, jetzt haben wir Getreide genug und brauchen denn auch wohl nach der Ernte nichts mehr einzuführen. Das Elsass wird wohl auch zum Reich kommen, dann haben wir einfach alles. Laß man erst den Krieg vorbei sein, wie dann Deutschland groß wird, das wächst denn schneller wie in Amerika auf. Jedenfalls ist ein Mann wie Adolf Hitler einmalig, ein Glück für uns, daß sich in einem anderen Land nicht auch so ein Mann befindet. Was sagst Du zu der Rede, wir waren jedenfalls sprachlos, überhaupt über das Friedensangebot, die Engländer haben ja gestern alles glatt abgelehnt. Es wird wohl in den nächsten Tagen losgehen, mir tut nur die unschuldige Bevölkerung leid, aber diesmal gibt es kein Pardon.

Gestern war ich im Kino, es gab die Wochenschau[*] von der Einnahme von Paris, von Verdun usw. zufällig waren einige Kompanieangehörige auch zu sehen. Dann der Hauptfilm »Geheimzeichen LB 17«[**] mit Willy Birgel[***], ganz nett. Das

---

[*] Die deutsche Wochenschau Nr. 27/1940 berichtete vom Vormarsch der deutschen Truppen in Frankreich, unter besonderer Berücksichtigung der Orte, die für die Nazis von symbolischem Wert waren: die Eroberung von Elsass-Lothringen, die Einnahme von Verdun, die Unterzeichnung des Waffenstillstands in Rethondes, lauter Erfolge, die auf eklatante Weise die Rache der Deutschen an seinem Feind aus dem Ersten Weltkrieg vor Augen führen.

[**] *Geheimzeichen LB 17* ist ein deutscher Kriminalfilm von Viktor Tourjansky aus dem Jahre 1938. Der Offizier Terno, gespielt von Willy Birgel, untersucht einen Attentatsversuch auf den Verteidigungsminister und versucht dabei, einen Verräter innerhalb seiner Truppen zu demaskieren.

[***] Willy Birgel (1891–1973) war ein deutscher Theater- und Filmschauspieler. Geschätzt von Propagandaminister Goebbels spielte er in zahlreichen Propagandafilmen wie *Kameraden* (1941). In den sechziger Jahren spielte der Frauenschwarm in einer Reihe von Fernsehfilmen.

Kino ist wie das Rheinschloß bei uns, sehr schön sauber und mit Balkon.

Gerade kommen die neuen Urlaubsbestimmungen, jeden Tag fahren 2 Mann und 3 Wochen, ab 1. Aug., ganz groß, unser Oberstabsarzt ist in Ordnung, das kann man wohl sagen. Nun sei herzlich gegrüßt von

Deinem Kurt

13

Spritztour nach Prag

Nach seinen Enttäuschungen in Frankreich (siehe Brief vom 17. Juli 1940) wird Heinz R. mit dem Infanterie-Regiment 93 nach Böhmen und Mähren geschickt. Es folgt ein dramatischer Marsch durch die ehemalige Tschechoslowakei. Während im Sudetenland eine starke deutschsprachige Bevölkerung lebt, leben im Zentrum Tschechiens mehrheitlich Tschechen und Mährer. Prag wird am 15 März 1939 besetzt und die Hauptstadt des Protektorats Böhmen und Mähren. An der Spitze der neuen Regierung stehen Konstantin von Neurath (erster Außenminister des Reichs) und Reinhard Heydrich (Leiter des Reichssicherheitshauptamts, dessen Aufgabe darin bestand, die Gegner des Naziregimes zu eliminieren und die Vernichtung der Juden zu organisieren).

Der Feldwebel Heinz R. schreibt hier aus dem Dorf Kaidling (heute Havraníky) in Südmähren an seine Frau Ursula. Er nutzt diese Pause, um ihr den Weg zu beschreiben, den er von Aken an der Elbe bis hierher zurückgelegt hat, mehr als 950 km.

Meine geliebte Ursula!

Nun sollst Du sofort Nachricht von mir erhalten, nachdem ich die dienstlichen Angelegenheiten – mehr schlecht als recht – erledigt habe. Doch nun will ich der Reihe nach erzählen. Unsere Abfahrt mit ihren Hemmnissen hast Du ja zur Genüge miterlebt. Ich war bis obenhin geladen, aber zum Teil habe ich selbst wohl auch einige Schuld daran gehabt, weil ich mich nicht in genügender Weise um den Transport am Vortage gekümmert hatte. Die Kunst besteht für einen Führer ja immer darin, Befehle richtig zu verteilen und etwas schnell und gut zu organisieren. Doch das interessiert Dich ja wohl nicht so übermäßig. Wir machten vor Aken*, wie vorgesehen, der erste Halt. Dabei stellte ich fest, daß schon eine Reifenpanne gewesen war. Bei dem Weitermarsch sollten sich dann die Pannen und dergleichen noch häufen. In Dessau machte ich einen kurzen Abstecher zu Frau Nehring, die ich kurz begrüßte. Ihr Mann ist bisher noch nicht fort gewesen. Herr Eggeling hatte zuletzt aus Frankreich geschrieben, und Frau Nehring war ganz die alte. Es war nur eine ganz kurze Stip[pvisite] gewesen. Frau Nehring läßt Dich natürlich recht herzlich grüßen. Sie bedauerte, daß Du sie nicht mal von Calbe** aus besucht hast.

---

*   Aken an der Elbe ist eine Stadt im Landkreis Anhalt-Bitterfeld in Sachsen-Anhalt.

** Calbe an der Milde ist eine Stadt im Altmarkkreis Salzwedel in Sachsen-Anhalt. Seit 1952 wird die Schreibweise Kalbe verwendet.

Hinter Wittenberg machten wir eine Rast von etwa $^1/_2$ Stunde und dann eine große vor Riesa*. Dort stellte ich fest, daß ein Fahrzeug ganz ausgefallen war, es mußte nach Calbe abgeschleppt werden. Außerdem kam der Tankwagen nicht ran. Nach langem Warten fuhr ich nach Riesa, um dort zu versuchen, Sprit zu bekommen. Als ich mit Aussicht auf Sprit zurückkehrte, war der Tankwagen noch gekommen. So zogen wir mit einiger Verspätung weiter über Meißen, Dresden. Inzwischen war das Wetter sehr schön geworden. In Dresden sahen wir überall die Spaziergänger, die wir voller Neid betrachteten. Kurz nach 7 Uhr landeten wir in Bautzen. Dort ließ ich halten, fuhr selbst mal kurz in die Stadt, die sehr hübsch ist. Wir gabelten uns einen Herrn auf, der uns die Ortenburg** und einen wendischen*** Friedhof mit Klosterruine sowie den Dom zeigte. Es war ja nur ein sehr kurzes Durchlaufen. Als wir nun in Görlitz ankamen, war es dunkle Nacht ($^3/_4$ 9 Uhr). Dort erlebte ich drei Pleiten. Erstens bekamen wir nichts zu essen, zum andern konnten wir nicht dort auftanken, wohin wir verwiesen waren, und drittens waren einige Fahrzeuge nicht nachgekommen. Von diesen lag eines in Dresden fest, andere trieben sich irgendwo herum. Dummerweise hatte ich den Marschweg nur bis Görlitz gegeben, so daß ein Krad bis jetzt spurlos verloren ist, was mir, wenn auch schonend, die nötige Ermahnung des Kommandeurs eingebracht hat. In Görlitz

---

*   Riesa ist eine Mittelstadt im sächsischen Landkreis Meißen.
**   Eine Burganlage in der Bautzener Altstadt auf einem Felsplateau über der Spree.
*** Wenden (auch Sorben) ist die Bezeichnung für die Westslawen, die in der Lausitz leben.

telefonierte ich eifrigst, bis es mir schließlich gelang, bei einer Kaserne Kraftstoff zugesagt zu bekommen. Natürlich habe ich dabei auch Fehler gemacht, indem ich mich nicht gleich an die höchste Stelle wandte. Man ist ja so leicht zu schüchtern, natürlich stets am falschen Platze. Bis ich das im militärischen Leben verlernt habe, mag wohl noch geraume Zeit dauern. Ich bin vielleicht doch zu lange im Mannschaftsstande gewesen, so daß ich die Scheu vor mittleren und höheren Offizieren noch nicht verloren habe. Bis nun das Auftanken erledigt war, war es bald Mitternacht. Glücklicherweise fanden wir in der dortigen Kaserne ein Strohquartier – ich sogar ein Bett, das allerdings von Flöhen bewohnt war.

Am nächsten Morgen starteten wir gegen 8 Uhr, wobei wir zwei Kräder in Reparatur geben mußten. Der Marsch ging nicht über Friedland, sondern über Zittau – D. Gabel. Die Landschaft war sehr hübsch, mir teilweise von der Fahrt mit Werner bekannt. Da ich mit Friedland gerechnet hatte, war es schwierig, den Feldwebel Niendorf, den ich am Tage zuvor als Quartiermacher weggeschickt hatte, heranzubekommen. Ich habe ihn schließlich in Prag getroffen!

Die ganze Strecke von Zittau bis Weißwasser (Protektorat) war ganz wunderhübsch. Anfangs hatte es geregnet, doch nachher wurde es heiteres Wetter, gegen Mittag sogar sonnig. Im Protektorat wurde es dann eintöniger, die Landschaft flach, es fehlten die herrlichen Wälder. Nur die Dörfer waren durchaus nicht häßlich und schmutzig, sondern meist gut in Farbe. In dieser Beziehung bin ich sehr überrascht. In Mitteldeutschland gibt es teilweise viel ungepflegtere Dörfer als in der Tschechei*. Ich habe darin einen sehr günstigen Eindruck empfangen. Kurz nach der Grenze fuhr ich vor, um in Nimburg zu telefonieren, damit ich diesmal mit dem Sprit keine Pleite erlebte. So klappte es denn auch mit der Bestellung sehr gut. Die Tankstelle lag weit von der Marschstraße, aber die Verbindung war da.

Kurz hinter Nimburg** machten wir Rast und tankten auf aus unseren Wagen. Dann beging ich den Fehler, daß ich mich von den Wegweisern wie von Magneten anlocken ließ. Ich gab die Abmarschzeit und fuhr selbst nach Prag. Das war eine große Dummheit, jedenfalls schien es so. Die 50 km fuhr ich in ziemlich scharfen Tempo. Wir kamen zunächst durch Industrievororte und sahen von Ferne im Nebel oder Stadtdunst den Hradschin*** liegen. Schließlich landeten wir auf dem Altstädter Ring****, der sehr hübsch ist in seiner baulichen Anlage. Dort ist das Rathaus, eine alte Kirche und ein schönes barockes Palais. Leider reichte die Zeit nicht, Näheres zu erforschen; denn für ganz Prag hatte ich nur eine Stunde vorgesehen. Vom Ring aus fuhren wir zur Moldau und genossen den Blick auf den Hradschin. Dann fuhren wir hinauf, stiegen aus und besichtigten den Dom. Wenn man vom

---

*   Diese Entdeckung überraschte den deutschen Soldaten, dem immer eingeredet wurde, im Osten Deutschland gäbe es keine Spuren fortgeschrittener Zivilisation.

**   Nimburg (tschechisch Nymburg) ist eine Stadt in der Mittelböhmischen Region an der Einmündung der Mrlina in die Elbe, 40 km nordöstlich von Prag.

***   Auf dem Hradschin liegt die Prager Burg, in deren Zentrum sich der Veitsdom befindet.

****   Auch Altstädter Markt, der zentrale Marktplatz der Prager Altstadt mit einer Fläche von 9000 m.

Hradschin raufkommt, liegt vorderhand das Gebäude von Neurath[*]. Dann geht man durch Tore und zwei Schloßhöfe, bis man zum Dom und einen Hof gelangt, an dessen Seite der Residenzbau Hachas[**] liegt. Er ist also wie ein Gefangener im Käfig. Der Dom ist groß und weit, im Chor liegen böhmische Könige begraben, im Chorumgang ist ein prächtiges Grabmal, in Silberarbeit, für Johann Nepomuk[***]. Sonst haben wir nicht viel mehr gesehen. Vom Hradschin aus fuhren wir über die einzig schöne Karlsbrücke und wieder in das Stadtgewühl, kreuz und quer. Die Stadt ist sehr gepflegt, hat schöne Straßen und Plätze, viele barocke Bauten und Kirchen. Nach einer Stunde suchten wir nun den Ausgang nach Iglau[****]. Wir wendeten uns an unzählige Schupos, die aber alle nur sehr wenig Deutsch verstanden und uns nun kreuz und quer durch Prag jagten. Es ist scheußlich, wenn man sich nicht verständigen kann und keine Auskunft bekommt. Ein tolles Irrfahren, das wohl eine Dreiviertelstunde dauerte! Dadurch verloren wir natürlich sehr viel Zeit, denn bis Iglau waren es 135 km. Kazmiercak fuhr gut, und ich ließ

---

[*]   Konstantin Freiherr von Neurath (1873–1956), Reichsprotektor von Böhmen und Mähren (21. März 1939 – 24. August 1943).

[**] Emil Hácha (1872–1945), tschechischer Politiker, Präsident der Tschechoslowakischen Republik und seit 1939 als »Oberhaupt« des Protektorats Böhmen und Mähren auf die Rolle eines Statisten beschränkt.

[***] Johannes Nepomuk (1340–1393) war Kanoniker am Veitsdom und katholischer Märtyrer. Er wurde zuerst selig- und dann heiliggesprochen, und im 18. Jahrhundert wurde im Veitsdom ein Hochgrab aus Silber für ihn gestaltet.

[****] Jihlava (Iglau), ist eine alte mährische Bergarbeiterstadt und war bis 1945 eine deutsche Sprachinsel.

ihn allein fahren – von Wittenberg bis Prag habe ich meist gefahren.

Bald ging es in ein Gewitter hinein. Gegen $^3/_4$ 5 Uhr mußte die Kolonne in Iglau sein, und um 5 Uhr verließen wir erst Prag! 135 km!! Ich kochte vor Fieber und Ärger. Allmählich glätteten sich die Wogen. Als wir in Iglau ankamen, hatte ich mich in das Unvermeidliche gefunden. Ich nahm an, daß die Kolonne zwei Stunden auf mich warten mußte. Ein entsetzliches Gefühl! Stell Dir vor, was die Leute denken mußten und auch dachten! Wie groß war daher meine Erleichterung, als ich bei der Kolonne ankam und erfuhr, daß der Tankwagen noch nicht da war! Nun hatten die Leute doch nicht meinetwegen warten müssen. Ich fuhr sofort zur Post zurück, um zu telefonieren. Dort hatte ich ein wenig Krach mit den Beamten, bis ich zu einer gehobenen Beamtin vorstieß, die aus Hamburg importiert war. Ich sprach sofort mit der Tankstelle und erfuhr, daß der Tankwagen unterwegs war, aber durch das Gewitter oder Sonstiges vielleicht verzögert war. Dann stellte ich die erste Berührung mit Schattau[*] her. Als ich mit den Gesprächen fertig war, gab ich den Weitermarsch auf und suchte eine Kaserne auf, deren Truppe gerade abgerückt war. Dort kamen wir ganz gut unter. Gegen 10 Uhr fuhr ich mit Niendorf und kam nochmals in die Stadt, wo wir eine Kneipe ausfindig machten, wo wir »Selchfleisch« und Rote Bete bekamen. Dazu wurde ein wohlverdienter Schoppen getrunken. Heute früh rückten wir aus Iglau ab, also Dienstag; Iglau ist eine überwiegend deutsche Stadt, sämtliche Inschriften sind nur in deutscher Sprache, während

---

[*]   Satov, eine Stadt im südlichsten Teil Tschechiens.

man im allgemeinen im Protektorat alles nur zweisprachig findet, sämtliche Schilder, Aufrufe usw. Das Städtchen Iglau ist ganz hübsch, soweit ich das gesehen habe.

Inzwischen sind 24 Stunden verstrichen. Nun will ich schleunigst meinen Bericht fortsetzen. Von Iglau fuhren wir durch Mähren nach Znaim. Hier wurden wir von zwei Krädern empfangen, die uns einwiesen. Bei der letzten Rast kam der Major und ließ sich berichten. Das war der Anfang eines Dramas, das sich, wie ich fürchte, allmählich zu einer Tragödie auswächst. Ich warte augenblicklich auf einen Anruf vom Bataillon, um vom Major eine große Zigarre in Empfang zu nehmen. Wie ich soeben hörte, weiß der Major auch schon, daß ich in Prag gewesen bin. Darüber ist er natürlich erst recht in Rage, und das nicht ohne Grund! So ist mir diese leidige Fahrt jetzt noch mehr zuwider; ich komme mir vor wie ein ertappter Sünder auf einem verbotenen Pfade. Mir kann ja wohl nichts passieren, aber es ist mir peinlich genug. Wenn ich das man erst gut überstanden hätte! Nach unserer Ankunft bin ich gestern schon zweimal beim Bataillon gewesen. Der Kommandeur hat mir beim zweiten Male eine Mahnung gegeben. – Aber nachdem er nun von der Prag-Tour weiß, wird er, fürchte ich, sehr deutlich werden. Du kannst Dir vielleicht ein kleines Bild von meinem Seelenzustand machen.

Doch nun sollst Du von hier noch ein wenig hören: Ich wohne bei einem kleinen Bauern. Die Bevölkerung hier ist sehr arm. Größere Betriebe gibt es gar nicht, es sind alles ganz kleine Landwirte. Meine Schlafstube ist ziemlich primitiv. Das Ehepaar muß immer durch meine Stube hindurch, um in sein Schlafzimmer zu gelangen. Außerdem ist da eine Küche, in der die Leute wohnen. Zum Glück scheinen sie sehr sauber zu sein. Heute wurde mein Fußboden gründlich weiß gescheuert. Ich sage »weiß«, denn Farbe oder Lack sind nicht darauf. Die Häuschen hier sind nur einstöckig und enthalten nur sehr wenig Platz. Eine Stube hier im Hause steht ganz leer, da der Schwamm in der Wand sitzt. Vielleicht mangelt es auch an Möbeln. Vielleicht kann ich Dir einen kleinen Eindruck verschaffen, indem ich Dir kurz das Anwesen beschreibe: Von der Straße gelangt man durch eine Toreinfahrt in einen kleinen Hof. Geradeaus befindet sich das wichtige Örtchen, dahinter der Dünger-Haufen und anschließend die Scheunen. Zur Linken ist die Tür zu meinem Schlafzimmer, drei Stufen hoch, durch die man zum ehelichen Schlafgemach und zu der leerstehenden Stube gelangt. Rechts neben meiner Tür, in einer Ecke, steht die Pumpe, deren Wasser jedoch nicht gut schmeckt, da die Pumpe rostig ist. Oftmals ist daher das Wasser braun. Dann kommt man in die Küche, in der ein eigenartiger, aber sauberer Herd steht. Ein Radio ist auch vorhanden. Es ist ganz entschieden das beste Möbelstück im Hause. Hinter der Küche befindet sich, glaube ich, nichts mehr. Nur zur Rechten, also zum Hofe, ist noch ein Raum mit Kannen, Gefäßen und ähnlichem, in dem jetzt ein Bett für meinen Burschen aufgeschlagen ist. Ob unter dem Dach noch irgendeine Räumlichkeit sich befindet, weiß ich nicht. Das ganze Anwesen ist sehr sauber geweißt, das Örtchen ist mustergültig sauber. Eigenartigerweise ist zwischen der Küche und den drei vorderen Räumen gar keine Verbindung. Man muß also stets über den Hof. Du siehst, es ist mehr als dürftig, was man hier vorfindet. Da ist es ja gänzlich ausgeschlossen, daß Du hierher übersiedeln kannst. So gern ich das auch sähe, es geht nicht. Das Dorf besteht fast durchweg aus ähnlichen Anwesen. Viel Platz haben sie alle nicht.

Heute ist nun schon Donnerstag, der 12. September. Wie ich höre, geht die nächste Post erst morgen weg. Damit sieht es hier natürlich auch recht dürftig aus. Man lebt hier völlig abgeschlossen. Glücklicherweise hat mich gestern der Kommandeur nicht mehr kommen lassen. Hoffentlich verraucht sein Zorn allmählich. Ich bin ja bestimmt pflichtvergessen gewesen, indem ich nach Prag gefahren bin. Das hätte ich auf keinen Fall tun dürfen. Aber man ist ja nun mal leichtsinnig. Ich habe beim Kommiß schon soviel Verbotenes getan, daß es einmal ja schief gehen muß. Du weißt davon ja auch etwas zu erzählen. Ich kann mich jetzt ja maßlos ärgern, daß ich so sehr mich beeilt habe. Wenn ich langsamer marschiert wäre, dann hätte ich den ganzen Haufen eher beisammen gehalten. All der nachfolgende Ärger wäre mir erspart geblieben, vor allem aber das peinliche Gefühl, vor dem Major als Nichtskönner und Seitenspringer dazustehen. Doch all das »hätte« nützt nun nichts mehr.

Heute vormittag haben wir einen Marsch gemacht. Für Soldaten war es wenig: 18 km. Wenn ich natürlich mit zivilen Maßstäben rechne, so war es doch ein ganzes Ende. Immerhin, man merkte nicht viel davon. Wir marschierten nach Retz[*], einem kleinen österreichischen Städtchen jenseits der ehemaligen Grenze. Unser Ort liegt nämlich in dem 1938 von den Tschechen abgetretenen südmährischen Gebiet.

---

[*] Stadtgemeinde im Bezirk Hollabrunn in Niederösterreich nahe der tschechischen Grenze, 12 Kilometer entfernt von Znaim.

Es gibt hier im Dorf allerdings nicht eine tschechische Familie. Wir kamen vorbei an einem großen ehemaligen tschechischen Zollhaus, das damals heiß umkämpft war und schließlich im Innern ausgebrannt ist. Nun sieht es recht verwahrlost aus. Retz ist ein hübsches kleines Städtchen mit 4 Kirchen, die alle ganz seltsame Hauben auf den Kirchtürmen tragen. Überhaupt muten die Kirchen hier vielfach recht seltsam an. In Znaim* ist es ähnlich. Dadurch mutet das Stadtbild ganz fremd an. Als wir gestern zum Schießen in Znaim waren, konnten wir die Stadt von einer Höhe aus liegen sehen. Doch das nur als Nebenbemerkung. Von Retz bogen wir ab und zogen schließlich vom Nachbardorf aus in Richtung Schattau. Dabei kamen wir durch sehr viele Weinfelder. Der Wein wird hier auf freiem Felde angebaut, also nicht nur an den Höhen. Aber in diesem Jahre sitzt herzlich wenig dran. Es scheint ein schlechtes Weinjahr zu werden. Am Rande eines Dorfes kamen wir an zahlreichen Weinkellern vorbei, die einfach in den Hang hineingetrieben sind. Dort in der Nähe besichtigten wir auch einen Tschechischen Bunker, der jedoch nicht ganz fertig geworden ist. In der ganzen Landschaft befinden sich zahlreiche ehemalige Bunker, die ja doch nie wirksam geworden sind. Von Schattau aus zogen wir hierher zurück.

In der nächsten Woche werde ich hoffentlich Kradfahrschule machen. Ich habe gesehen, wie nötig das ist, damit man sich von seinen Leuten nichts vormachen zu lassen braucht. Hoffentlich habe ich dadurch auch mal Gelegenheit,

---

* Znojmo, eine Stadt in der südmährischen Region in Tschechien unweit der Grenze zu Niederösterreich.

Znaim ein wenig kennenzulernen. Man kann ja nicht ewig in solch kleinem Kaff sitzen. Gern möchte ich mal des Sonntags nach Wien. Wie Hanse mir sagte, ist der Steffel sehr verschandelt durch Sandsäcke, die man wegen des Krieges draußen und drinnen aufgebaut hat.

Es tut mir sehr leid, daß Du nicht nachkommen kannst. Unter den augenblicklichen Verhältnissen ist es jedenfalls gänzlich unmöglich. Es besteht vielleicht die Möglichkeit, daß wir in eine landschaftlich schönere Gegend kommen, wie man sagt. Aber das ist ja noch völlig ungewiß. Vielleicht dann?

Nun möchte ich Dich bitten, diesen Brief nicht gerade der Allgemeinheit preiszugeben. Er enthält zuviel, was für mich beschämend ist. Es genügt ja, wenn Du im allgemeinen von meinen Erlebnissen berichtest. Hoffentlich bekomme ich nun bald mal von Dir Post. Was hast Du unterwegs erlebt? Wie war es in Eisenach? Ich rechne damit, daß Du nach Hamburg gefahren bist bzw. morgen mit Vater fährst. Hoffentlich kommst Du da nicht zu sehr in die Gefahrenzone! Ich nehme an, daß Du an einem Nähkursus teilnimmst und vor allem das Klavierspielen mit Macht betreibst. Du hast dazu ja wohl neben der Hausarbeit einige Zeit.

Übrigens hat mich Stadie bei unserer Ankunft in seiner wohltuend herzlichen Art begrüßt. Es sehnt sich so sehr nach Calbe zurück. Auch Dorit zieht ihn sehr zurück. Er erwartet sehnlichst Post von ihr. Augenblicklich hat er sehr viel zu tun, da er für den Kommandeur einen Ausbildungsplan ausarbeitet. Er ist ja als Fachmann von sehr großer Bedeutung. Sein Verhältnis zum Chef scheint nicht sehr gut zu sein. Er schimpfte am ersten Abend Mord und Brand über dessen

Kleinlichkeit und Feldwebelmanieren, die er noch nicht recht abgelegt habe. Bütow ist ganz der alte. Er hat mich gestern belehrt, daß es in Deutschland nur einen Mann gäbe, der Reithosen anfertigen kann. Auch für Mützen und andere Uniformsachen gibt es nur einen Fachmann. Leider vergaß ich schon, wen er nannte.

Nun wünsche ich, daß Du, mein Lieb, in Hamburg nicht zu unruhvolle Tage hast. Hoffentlich lebst Du Dich nach diesen schönen Wochen wieder dort ein. In diesen Tagen habe ich schon sehr das Ende des Krieges herbeigesehnt! Meinetwegen könnte es heute noch nach Hause gehen. Mein Bedarf ist voll und ganz gedeckt. Auch auf Luzern würde ich dann gern verzichten.

Nun leb wohl, mein Lieb. Es grüßt Dich von Herzen
Dein Heinz

14

Das Ghetto von Łódź

In seiner Rede vom 30. Januar 1939 erklärt Hitler: »Ich will heute wieder ein Prophet sein: Wenn es dem internationalen Finanzjudentum in und außerhalb Europas gelingen sollte, die Völker noch einmal in einen Weltkrieg zu stürzen, dann wird das Ergebnis nicht die Bolschewisierung der Erde und damit der Sieg des Judentums sein, sondern die Vernichtung der jüdischen Rasse in Europa.« 1940 werden in Polen zahlreiche Ghettos eingerichtet, darunter diejenigen in Warschau und Łódź.

Hellmuth H. ist Zeuge dieser Tragödie. Aus Frankreich (siehe die Briefe vom 12. September 1939 und vom 18. Juli 1940) nach Polen zurückgekehrt, nutzt er die Gelegenheit, um billig ein paar Dinge für seine Frau zu kaufen. Kalisch ist nur eine Station auf einem langen Weg, der ihn und seine Einheit, das Grenz-Infanterie-Regiment 122, durch Griechenland, Rumänien und die Krim führen wird. Der Feldwebel Hellmuth H. gehört zu den Soldaten, die an zahlreichen Kriegsschauplätzen gekämpft haben. Im Februar 1943 fällt er in Lebedinsky, einem kleinen Dorf in Russland, durch das die Frontlinie zwischen Orel und Kursk verläuft.

M.l.B!

Wir sind jetzt auf dem Marsche, aber der Marsch macht sich insofern sehr nett, als wir immer nur einen kleinen Teil der Strecke marschieren, das übrige mit LKW fahren. Auch gibt es meist nette Privatquartiere; gestern bei einem Webereibesitzer, wo ich gleich eine Kleinigkeit erwarb: eine kleine Tischdecke, tiefrot-gold, ein schweres Stück, wie es als Altartuch hergestellt wird; ich denke, es paßt gut zu unseren Sachen, vielleicht fürs Radiotischchen. Außerdem bekam ich einen Binder geschenkt; beides schickte ich gestern im Päckchen an Dich; den Preis der Decke (Selbstkostenpreis) sollst Du raten. Solltest Du Bedarf an Wachstuch, graublaue Farbe, ca. 1,20 breit, das m 6,80 RM haben, so schreibe mir; da kann ich es bestellen. Übrigens kannst Du mir mal wieder kleinere Scheine einpacken in die Briefe; zwar habe ich noch Geld, aber vielleicht gibt es wieder mal was zu schicken.

Hoffentlich habt Ihr in Landsberg jetzt nicht Fliegeralarm; in Berlin muß das jetzt übel sein**; ich denke aber, es wird nicht mehr lange dauern. Hoffentlich passiert Mutti nichts; ich denke da weniger an eine Bombe als an die Anstrengungen der Alarme, die allgemeine Nervosität des Tagesverkehrs

---

*   Polnisch Kalisz. 1940 gehörte Kalisz zum Reichsgau Wartheland. Im Februar 1940 wurde dort ein Ghetto für die Juden eingerichtet, die nicht in das Generalgouvernement Polen deportiert worden waren.
** Der erste Luftangriff der Royal Air Force auf Berlin fand am 25. August 1940 statt.

usw. Verwarne Rainer wegen der Brandplättchen, Phosphor-
nekrose ist sehr schmerzhaft. Was macht das »blaue Licht«?

Gestern im Quartier habe ich einem entzückenden Mädel
eine Deutschstunde mit Diktat gegeben; zu Deiner Beruhigung,
es war erst 11 Jahr. Schade, daß ich nicht nach Litzmannstadt[*]
mehr gekommen bin, das Judenviertel muß da gigantisch
sein; die Hauptstraße führt quer durch, aber die Juden überqueren sie auf Holzbrücken für jedesmal 10 Pf; auf 14000
Kinder unter 14 Jahren sollen ganze 7 Milchkühe sein; die
Sterblichkeit ist so hoch und der Nachwuchs so gering, daß
in 10 Jahren nichts mehr leben wird. Es wird hier überhaupt,
auch mit den Polen, mit den Menschen umgesprungen,
wie wir es in Altreich nicht kennen, wahrhaft »britische«

---

[*]   Es handelt sich um die heutige polnische Stadt Łódź. Die Stadt hatte vor
dem Krieg die zweitgrößte jüdische Gemeinde Polens und war ein be-
deutendes Industriezentrum. Seit dem Frühling 1940 pferchten die deutschen Besatzungsbehörden, die die Stadt damals verwalteten, die Juden
von Łódź und Umgebung in einem Ghetto zusammen, das von Zäunen
aus Holz und Stacheldraht umgeben war, die jede Kommunikation der
jüdischen Gefangenen mit der Außenwelt unmöglich machten. Die
Holzbrücken, die Hellmuth H. in seinem Brief erwähnt, führen über die
Zgierska-Straße. Bestrebt, die im Ghetto verfügbaren Arbeitskräfte zu
verwenden, richteten die Nazis dort etwa hundert Werkstätten ein. Die
Lebensbedingungen im Ghetto waren unmenschlich. Die meisten Wohnungen hatten kein fließendes Wasser, und es herrschte Hungersnot. Das
Ghetto war überbevölkert; Tausende Juden aus Deutschland und dem
Protektorat Böhmen und Mähren wurden dorthin deportiert. Es wurde
zu einer Art Durchgangslager vor der Deportation in das Vernichtungslager
Kulmhof (Chelmno) und, im August 1944, nach Auschwitz-Birkenau. Es
war eines der letzten Ghettos in Polen, das liquidiert wurde. Mehr als
200000 Personen gingen während des Zweiten Weltkriegs durch das
Ghetto von Łódź – über neunzig Prozent starben.

Methoden*, aber ohne Zweifel im Augenblick erfolgreich und nicht zu missen.

Schreibe recht oft, wenn auch kurz, damit ich weiß, daß bei Euch alles in Ordnung ist; ich habe von Mutti seit unserem Besuch nichts gehört.

Herzlich Dein Hellmuth.

---

* Es kam häufig vor, dass die Armeen Gerüchte über das kriminelle Verhalten ihrer Feinde verbreiteten.

15

Die neuen Herren von Paris

Die Eroberung Frankreichs geht Hand in Hand mit der Einführung neuer Finanz- und Wirtschaftsstrukturen durch die deutschen Besatzer. Die Reichskreditkasse bezieht die Nr. 43 am Boulevard des Capucines im 2. Arrondissement. Das Gebäude gehörte vorher der englischen Bank Lloyd & National Provincial Foreign Bank Limited. Die Reichskreditkasse druckt Geld in den besetzten Gebieten und führt für die deutschen Soldaten sehr vorteilhafte Devisengeschäfte durch: Im Juni 1940 beträgt der Wechselkurs der Mark 20 Francs – davor hat er bei 12 Francs gelegen.

Otto E., geboren 1903 in Bonn, ist Bankkaufmann und Inspektor bei der Reichsbank. Zu Beginn der Besetzung Frankreichs arbeitet er in entsprechenden Positionen bei der Reichskreditkasse. Dann wird er als Kraftfahrer an der Ostfront eingesetzt. Der katholische Familienvater wird im Mai 1944 als vermisst gemeldet. Er bekleidet damals den Rang eines einfachen Soldaten.

Paris, 15. Sept. 1940

Meine Lieben!

Meine Karte von der Ankunft in Paris werdet Ihr erhalten haben. Ich habe also meine Rundreise durch Europa fortgesetzt. Donnerstag früh kam ich nach 27-stündiger Fahrt, die von

Köln über Bergisch-Gladbach, Dalheim (Grenze Holland), Roermont, Weert, Hasselt (Grenze Belgien), Brünel, Eltenach, Brain le Compte, Cournai (Frankreich), Lille nach Paris ging, hier an. Ich habe also mit einem Schlag Teile von 3 Ländern kennen gelernt. Ich bin also an die Reichskreditkasse Paris, wo ich eine Kasse zu führen habe, abgeordnet worden. Die Bank ist ein Gebäude des früheren englischen Lloyd. National-Provincial-Bank liegt dort (Vater sieht sicher im Stadtplan nach), wo der Boulevard Madelaine in den Boulevard des Capucines übergeht, unweit von der Oper. Wir sind im Hotel de Paris untergebracht und wohnen wie die Fürsten. Das ist gewissermaßen eine Genugtuung, da wir doch miterlebten, wie zur Besatzungszeit sich die Franzosen die beiden Hotels für sich genommen haben*. Ich habe ein prima Zimmer mit Badezimmer im 5. Stock mit Blick auf die Boulevards und den Eif[f]elturm. Paris ist wirklich eine herrliche Stadt, und ich freue mich riesig, sie auf diese Art und Weise kennen zu lernen. Heute, Sonntagmorgen, machte ich mit einem mir von Reichenberg bekannten Kameraden, der hier im Marineministerium 2. Nachrichtenoffizier ist, eine Rundfahrt in seinem Dienstwagen durch Paris. Place de la Concorde, Tuileries, Arc de Triomphe, Champs Elysées, Weltausstellung, Eif[f]elturm, Notre-Dame und noch vieles andere bekamen wir zu sehen. Ein weiterer Kamerad aus Reichenberg ist ebenfalls hier bei der Reichskreditkasse, worüber ich mich sehr freute. Ein dritter Reichenberger ist Verwaltungsbeamter bei irgend einer Militärdienststelle, den ich auch sehr begrüßte.

---

* Nach dem Ersten Weltkrieg war Bonn bis 1926 von den französischen Streitkräften besetzt gewesen.

Im Büro des Bahnhofsoffiziers traf ich einen mir bekannten Bonner von der Deutschen Bank namens Rosskampf. Auf einem U-Bahnhof unterhielt ich mich über Bonn, da dreht sich ein Soldat um und sagte, er wäre aus Bonn und wohnte in [...]feld. Ich habe also Bekannte genug hier. Das Pariser Nachtleben habe ich schon an 3 Abenden gründlich kennen gelernt, 3, 4 und 5 Uhr im Bett. Ich glaube, ein solches Leben und eine solche Stimmung findet man nur in Paris. Später mehr davon. An Peter habe ich geschrieben. Vielleicht ist's möglich, daß ich einmal zu ihm fahre, er kann ja wohl nicht nach Paris kommen.

Wir gehören zu den Truppen bzw. den Dienststellen der Wehrmacht und haben auch die Rechte der Soldaten. Freie Fahrt auf der U-Bahn I. Klasse. Freier Besuch der beiden Soldatentheater und der beiden Soldatenkinos. Man hat sich natürlich die beiden für die Soldaten herausgesucht. Verpflegung ist gut. Mittags essen wir alle im Casino der Bank. Abends wird draußen gegessen. Man lebt in den Restaurants noch ganz anständig, muß aber auch für gutes Essen etwas anlegen.

An der Kasse, ich habe den Umtausch von Reichsgeld in Francs, ist viel zu tun, doch sind wir mit $2\,^1/_2$ Stunden Mittagspause um $^1/_2$ 8 Uhr abends fertig.

Meine Anschrift:
Reichsbankinspektor Otto E.
Feldpost Nr. 15272, Reichskreditkasse.
Für heute sei's genug. Herzliche Grüße und Küsse Euer Otto

Hoffentlich seid Ihr gesund.

16

Das Freudenhaus

Die Wehrmacht organisiert im besetzten Frankreich ein Netz von Bordellen für seine Soldaten. Es handelt sich um den Versuch, die sexuellen Beziehungen der Truppen zu kontrollieren. In den Köpfen der Deutschen herrscht die Vorstellung, Frankreich sei ein Land der Vergnügungen und der Sinneslust, aber auch ein Land, in dem die Geschlechtskrankheiten blühen. Daher verlangt die Wehrmachtssanitätsinspektion, dass die Prostituierten sich registrieren und regelmäßig ärztlich untersuchen lassen.

Erich D. wird 1910 in Frankfurt geboren. Der Familienvater und Bauingenieur wird im August 1938 zur Luftwaffe einberufen. Nachdem er an verschiedenen Kriegsschauplätzen gekämpft hat – Frankreich, Litauen, Russland –, kehrt er nach Kriegsende nach Hause zurück. Als er seiner Frau die folgenden Zeilen schreibt, ist er am Ärmelkanal stationiert, im Kampf gegen England (Juli 1940 – Mai 1941), der im Wesentlichen eine Luftschlacht ist, in deren Verlauf englische Ziele vor allem in London bombardiert werden.

Meine lieben Mäuschen!

Gestern habe ich 2 Briefe von Dir bekommen. Da freut man
sich darüber. Der eine ist vom 27. und der andere vom 28. Es
macht mir Spaß, daß Du jetzt auch so regelmäßig Post erhältst. Leider dauert ja ein Brief gut 8 Tage, bis er dort ist und
selbstverständlich auch zurück. Eine Frage kann man also
frühestens nach 3 Wochen beantwortet haben. Bis dahin
weiß man gar nicht mehr, was man gefragt hat. Aber die
Hauptsache ist ja, daß es überhaupt Post gibt, wie alt sie ist
spielt an sich keine Rolle. Die beiden obigen Briefe sind recht
lang und sehr schön. Sogar etwas zum Lachen ist darin. Am
27. bekomme ich empfohlen, ich solle einmal in den Puff gehen und am 28. wird es wiederrufen. Selbstverständlich sollte
ich nur zur Orientierung bzw. zu Studienzwecken hingehen,
ohne mich mit so einem »Mensch« näher einzulassen. Zum
gucken ging ich schon ganz gerne einmal hin aber da ist ein
Haken dabei. Wenn man nämlich in den Puff geht und Du
kannst Dir denken, daß hiervon bei den Soldaten sehr reichlich Gebrauch gemacht wird, bekommt man vorher und hinterher von den Sanitätern eine Spritze gegen Geschlechtskrankheiten. Es ist also ganz wurst, ob man zu einem Weib
geht oder nicht, die zwei Spritzen bekommt man so oder so.
Das ist mir der ganze Kram dann doch nicht wert, als daß ich
mir zweimal in den »Sack« stechen lasse. Also Du siehst, ich
wäre trotz Deiner Empfehlung nicht hingegangen. Ich kann
auch an diesen Personen keinen Geschmack finden, denn es ist
statistisch festgestellt, daß jede Hure pro Tag mindestens 100,

Rekord ist sogar 187, Nummern schiebt. Da kannst Du Dir vielleicht vorstellen, wie die Löcher aussehen!! Jedenfalls danke ich für solch einen Anblick.

Eben war wieder einmal ein Engländer da*. Die schwere Flak hat schwer geschossen. Es ist eben 12 Uhr Mittag. Abends haben sie uns fast die ganze Woche in Ruhe gelassen. Da können wir wenigstens schlafen. Meine Kameraden Stein Pinoth und dergleichen haben Parfüm gekauft. Willst Du auch so Zeug haben? Es ist sehr teuer (10–15.–) aber echt Paris. Ich meine ja, daß man für dieses Geld etwas Vernünftiges kaufen kann. Aber wenn Du Spaß dran hast, will ich Dir auch gerne ein Fläschchen, wenn auch vielleicht nur ein Kleines für 2–3.– kaufen. Man muß ja nicht immer aufs Praktische sehen; obwohl ich ja wirklich mehr für praktische Dinge bin.

Also Besuch habt Ihr auch schon wieder. Du sogar 2 mal, die Tante und die Tante. Erstere ist mir lieber als letztere. Aber hineinreden würde ich trotzdem nichts. Deine Mutter ist ja alt genug es Ihnen selbst zu sagen. Was sollst Du Dich da hinein hängen. Zum Schluß hängen sie Dir alle beide am Kopf. Ich kenne sie doch Tante Anna wie auch Deine Mutter. Aber mein Brief wird wohl zur Zeit kommen.

So schlimm war das ja nicht, das Postenstehen am Wasser. Selbstverständlich war es Nacht und dunkel, aber ich hatte doch ein geladenes Gewehr. Was ich gemacht hätte, wenn ein Engländer gekommen wäre, hätte ich ihn wahrscheinlich gefangengenommen vorausgesetzt, daß er nicht schon tot gewesen wäre. Aber warum sollte ausgerechnet an meinem

---

* Die Royal Air Force setzte ihre Angriffe gegen die in Frankreich stationierte deutsche Luftwaffe fort.

Stück Strand ein Engländer anschwimmen. Ich habe wenigstens nichts gesehen.

Ich gehe jetzt aus, weshalb ich hier aufhören will. Bleibt mir weiter lieb, brav und gesund und seid vielmals gegrüßt und geküßt

von Eurem lieben Papa.

17

Die französischen Frauen

Es ist für die getrennten Paare nicht leicht, eine vertrauensvolle Beziehung aufrechtzuerhalten. Ernst G., Berufssoldat, muss sich mit den Sorgen seiner Frau über seinen Aufenthalt in Frankreich auseinandersetzen und versucht, sie hinsichtlich seines Verhaltens zu beruhigen. Geboren 1916, ist er der 52. Infanterie-Division zugeteilt, die als Besatzungstruppe in Frankreich stationiert ist.

Irene und Ernst G. haben zwei Kinder. Sie schreiben sich während des Kriegs mehr als 1800 Briefe.

Im Westen, den 18.11.40

Liebste Frau,

Bobi, es ist furchtbar einsam hier. Der ganze Bau liegt still und verlassen. Ich habe von 18.00 Uhr bis jetzt 20.00 Uhr gelesen. Hab keine Lust mehr. Deshalb möchte ich mich etwas mit Dir unterhalten. Bei uns hier ist fast alles in Urlaub, fast sämtliche Unteroffiziere. Sie machen uns ja den Weg frei für Weihnachten. Und wenn die wieder zurück sind, dann werde ich antreten, [die anderen] sind unverheiratet. Die kommen alle wieder, wenn ich den Koffer packe. Ist auch ein angenehmes Gefühl, wenn man sich sagen kann, Du hast es noch vor Dir. Aber es ist doch furchtbar einsam, wenn man niemanden hat, um sich mal etwas zu unterhalten. Morgen abend geh ich um 19.00 Uhr weg. Da wird anständig gegessen und dann ein paar »Hellblonde« nachgegossen, damit ich mal wieder etwas Humor in den Bauch bekomme. Die Stadt ist ja im allgemeinen ganz annehmbar. Sie hat 30 000 Einwohner. Wird auch sehr viel geboten hier. Aber, wenn ich am Tage rausgehe, so wie am Sonntag, also gestern, nee, Kind, es ist bald nicht mehr zum ansehen. Diese verfluchte Schminkerei, angestrichen diese Weiber hier, Du glaubst es einfach nicht. Wenn ich das bei meiner Frau mal feststellen müßte, ich würde auf der Stelle den Koffer packen und ausreisen. So etwas Verrücktes. Ich muß sehr oft an etwas anderes denken, sonst kommt mir der ganze Inhalt meines Magens bis an die Kragenbinde. Die knallroten Lippen, das gelb angemalte Gesicht, tiefschwarze Augenbrauen und dann rote Fingernägel. Mit solch einem äußerst auffälligen Trauerrand, mit einem Wort gesagt, eine große Sauerei. Es hat wirklich den Anschein, als wäre das ganze Frankreich ein großer Puff. Du müßtest nur um 22.00 Uhr mal durch die Straßen gehen. Die Franzosen ziehen es nicht mehr vor, in stillen Ecken zu gehen und sich mal zu drücken, zu küssen, nee, kein Gedanke. Mitten auf der Straße lassen sich die Weiber das Tollste gefallen. Nee, nee, Bobi, mich kann keiner mehr von Frankreich begeistern. Wie mag Paris erst seinen Namen hochhalten? Welch ein Gegensatz zu daheim.

So, mein Schatz, jetzt habe ich Gesellschaft bekommen. Vier Flaschen Bier werden auch gleich eintreffen. Ich wünsch Dir einen ruhigen und einen erholsamen, süßen Schlaf. Ich küsse Deinen Mund und bleibe

Dein glücklicher Ernst

18

O mia bella Napoli!

Das Deutsche Afrikakorps wird im Februar 1941 geschaffen und von General Rommel befehligt. Diese Eliteeinheit – die aus mehreren Panzerdivisionen und motorisierten Infanteriedivisionen besteht – wird nach Libyen geschickt, um die italienischen Truppen gegen die Briten zu verstärken. Das Italien Mussolinis führt einen Kolonialkrieg in Nordafrika. In Ägypten gegen die 8. Armee der Briten kämpfend, wollen die Achsenmächte einen Zugang zu den Ölquellen des Nahen Ostens erobern.

Robert W. wird im März 1913 in Herten/Westfalen in einer Familie mit sechs Kindern geboren. Er macht eine Ausbildung zum Kaufmann, tritt aber nach einem Jahr der Arbeitslosigkeit in die Armee ein. Er wird in Berlin stationiert, wo er sich mit einem gewissen Günther A. befreundet. Er heiratet dessen Schwester Ingeborg. Das Paar hat zwei Kinder. Als die Front in Afrika eröffnet wird, tritt Robert W. in die 5. leichte Division des Afrikakorps ein.

Afrika, den 31.3.41

Meine liebe Inge!

»Die Deutschen kommen!« – wie oft ist dieser Ruf in diesem Krieg schon erklungen – voll Sorge, Bangen und Angst. Es war ein Ruf, der den Gegner ankündigte. Nun aber, in Italien, liegt in ihm Freude, Zuversicht und Vertrauen. »Die Deutschen kommen!« – kaum ist es erklungen, läuft es auch schon durch Straßen und Gassen und bringt alles auf die Beine, was nur irgendwie Zeit hat. In langen Kolonnen straff ausgerichtet, mit metergenauen Abständen zwischen den Fahrzeugen, rollt ein Teil des deutschen Afrika-Korps durch eine italienische Stadt nahe Neapel. Durch ein Spalier des Jubels und der hochgereckten Arme fahren wir zu einer Kaserne, wo wir einige Tage bleiben sollen, bis unsere Verladung in Neapel klar ist.

Kurze Zeit nur waren wir in Italien, aber wir haben es verstanden, durch Auftreten und Haltung und unsere straffe Disziplin die höchste Bewunderung der Bundesgenossen hervorzurufen, die sich nun in echt südländischer Begeisterung äußert.

Die wenigen Tage werden ausgenutzt, um Land und Leute kennenzulernen. Heute fahren wir nach »Neapel«. Wir sind sehr gespannt darauf, auf die Stadt, von der Goethe einmal sagte: »Neapel sehen und dann sterben.«

»O mia bella Napoli – du Stadt am blauen Meer.

O schmutziges Neapel – enttäuscht hast du mich schwer.«

Wie überhaupt ganz Italien, aber das gehört nicht hierher. Vielleicht muß man Neapel mit einem gewissen Künstlerauge sehen – na, ist ja auch egal.

Von Neapel geht es zum Vesuv. Hier bin ich begeistert. Ich freue mich, dieses gewaltige Naturwunder gesehen zu haben.

Wir stehen in dem riesigen Krater auf den augenblicklich erkalteten Lavamassen, während es um uns brodelt und an verschiedenen Stellen die zähflüssige, rotglühende Masse hervorquillt, sich Zentimeter um Zentimeter weiterschiebt, endlich erstarrt und an anderer Stelle wieder hervorbricht. Man kann sich nun lebhaft vorstellen, wie furchtbar es sein muß, wenn dieser Riesentopf überkocht und sich die glühende Masse den Berg hinunterwälzt.

Von hier geht es weiter nach Pompeji. Diese einst vollkommen verschüttete Stadt sehen und dann den Berg vor Augen haben – o weh – hier müßte man sich hinsetzen und das Buch »Die letzten Tage von Pompeji«* lesen. Dann, am 4. Tage ist es soweit: In den sinkenden Abend hinein fahren die Kolonnen in Richtung Neapel. Auf den riesigen Verladeplätzen im Hafengebiet formieren sie sich zu wohlgeordneten Blöcken. Ohne Halt werden die letzten Vorbereitungen zur Verladung getroffen. Kommandos erschallen über den weiten Platz. Die Riesenarme der großen Greifer fassen Fahrzeug um Fahrzeug, die starken Winden ziehen hoch und senken sich in die Luken. Fahrzeug um Fahrzeug verschwindet in den dicken Bäuchen der Schiffe. Ehe der Morgen graut, sind alle Fahrzeuge verschwunden, und eine große Ruhe breitet sich über dem Hafen aus. Wieviel in den Schiffen ist, das weiß nur der, der es gesehen hat. Als der Morgen anbricht, stehen die deutschen Soldaten in Einheiten abgeteilt zur Verladung bereit. Jeder hat außer seinen Waffen und dem Gepäck eine Erkennungskarte bereit, die er beim An-Bord-gehen persönlich abgeben muß. An Bord werden wir auf die Zwischendecks verteilt, wo in den weiten Hallen die Strohsäcke bereitliegen, die als Nachtlager dienen. Gegen 11.00 Uhr ist es soweit: Es geht los. Die Taue werden gelöst, der kleine Schlepper zieht langsam an und fast behutsam löst sich der Dampfer

---

* Roman von Edward Bulwer-Lytton (1803–1873), London 1834, die deutsche Erstausgabe erschien 1834.

vom Kai. Hinaus aus dem Hafen geht es in langsamer Fahrt dem Ziel entgegen: AFRIKA!

Neapel zeigt nun sein schönstes Gesicht. Eine wunderbare Sonnenlandschaft grüßt die scheidenden Soldaten, alles ist in helles Licht getaucht, so gefällt mir Neapel. Da wir das Achterschiff bewohnen, haben wir lange diesen vollen Blick nach rückwärts. An Capri geht es vorbei – und dann sind wir auf der freien See. Hier draußen empfängt uns eine anständige Brise. Das Mittelmeer zeigt, daß es auch trotz Sonne nicht immer friedlich ist. Ein Verband schaukelnder Seefahrzeuge bewegt sich gen Afrika; und mit ihm schaukeln auch die Menschen. Das ist nicht angenehm. Nun haben wir hier hinten den schlechtesten Platz. Es dauert auch noch keine halbe Stunde, da unterliegen in diesem ungleichen Kampf die ersten Soldatenmägen. Als das erste Opfer mit dicken Backen und torkelnd wie ein Betrunkener an die Reling stürzte, da gab es ein großes Gelächter, doch innerhalb einer Stunde, wurden es immer mehr und diejenigen, die vorher am meisten gelacht hatten, liegen nun selbst mit dem ganzen Oberkörper über der Reling und würgen. Kotzt du in die »Luv«, kommt's wieder ruff – k ... du in die »Lee« – geht's in die See! Diesen Spruch sollte jeder beherzigen, doch gelang es nicht immer und so haute der Wind oft den Kameraden einige Brocken um die Ohren. Hi – pfuii!!

Als am 2. Tag der Sturm abgeflaut war und nur noch eine leichte Brise uns begleitete und die Sonne ihr schönstes Licht auf das Mittelmeer warf, da gab es an Bord nur noch lachende Gesichter. Das Bild von heute war ein anderes als das von gestern. Wer gestern auf das Mittelmeer geschimpft hatte, fand es heute herrlich. An Gefahr dachte niemand.

Warum auch? Links und rechts und vor uns sichern Seestreit-kräfte den Transport. Tag und Nacht ziehen die Sicherungs-fahrzeuge ihre Bahn. Und am Tage selbst, da brausen über den Transportern und ihrem Weg (wir sind 7 Schiffe) die Kampfflugzeuge und Zerstörer der deutschen und italienischen Luftwaffe. Jeder fühlt sich ja so sicher und läuft mit seiner di-cken, umgehängten Schwimmweste gewichtig an Bord umher.

Wir laufen im Zickzackkurs auf Tunis zu, wo wir am spä-ten Nachmittag ankommen. In 5–6 km Entfernung fahren wir daran vorbei. Vorbei geht es an Pantellaria und in der Nacht sind wir in der Höhe von Malta. Auch hier zeigt sich nichts von dem seebeherrschenden Albion. Es klingt beinahe wie ein schlechter Witz, wenn Mr Churchill ausgerechnet zu der Zeit, als ein deutscher Transport ungehindert das Mittelmeer passiert, seinen staunenden Hörern verkündet, daß kein deutscher Soldat mehr Afrika betreten wird[*]. Wir haben laut gelacht, als wir das hörten. Und Mr Winston hätte sich vor Scham verkriechen müssen, wenn er gesehen hätte, wie mitten im Mittelmeer deutsche Soldaten der letzten gro-ßen Rede des Führers lauschten.

Am Nachmittag des 3. Tages heißt es: »Land in Sicht« – einer ruft es und aus ist es mit der beschaulichen Ruhe. Viele Stunden liegen hinter uns, in denen es nur Himmel und Wasser zu sehen gab. Nun aber ist Land in Sicht. Hunderte von Augenpaaren suchen den Horizont ab. Langsam wird die

---

[*] Der britische Premierminister hatte sich in einer Rede am 9. Februar 1941 zu der geopolitischen Lage Nordafrikas geäußert. Er hatte die stra-tegische Bedeutung der Kontrolle über das Mittelmeer betont, insbeson-dere über den Suezkanal, die Öffnung zum Nahen Osten und zu seinen Ressourcen.

Küste erkennbar und bald liegt auch das Land vor uns in seinen Umrissen, das viele nur aus Büchern kennen. Nun liegt es fast greifbar nahe im Glanz der untergehenden Sonne. Schlanke Türme und weiße Häuser erheben sich über dem flachen, weiten Land. Afrika liegt vor uns. In wenigen Minuten werden wir seine Erde betreten. Unbekannt und geheimnisvoll noch jetzt. Was wird es uns bringen? – Wir liegen nun im Hafen von Tripolis. Ehe unsere Schiffe anlegen können, werden wir auf Fischerboote ausgeladen und an Land gebracht. Da hier der Engländer häufig nachts angreift, werden wir einige Kilometer außerhalb der Stadt in einem Sammellager untergebracht. Am nächsten Morgen geht es schon beim Morgengrauen wieder zum Hafen, um die Fahrzeuge auszuladen. Ein ungeheurer Betrieb setzt ein. Araber und Neger[*] müssen diesmal tüchtig zupacken, doch diese Burschen können einen mit ihrer Trägheit zur Raserei bringen. Die Fahrzeuge sind kaum ausgeladen, da müssen wir uns umkleiden. Feldgrau ab – hinein in die Tropensachen – und dann ab zur Parade. General Rommel nimmt sie persönlich ab. Es ist ein erhebender Augenblick. (Die Bilder davon hast Du ja bereits in der Zeitung gesehen.)

Früh um 3.00 Uhr schon rücken wir weiter zu einem Marsch von 700 km. Und nun sind wir in der Wüste. Heute sitzt die 2. Kp. in einem Wüsten-Fort [...] Und wenn morgen dieser Brief abgeht, ist inzwischen ein neuer Ort genommen.

Liebe Inge! Inzwischen habe ich einen Brief vom 20.3. und heute einen vom 23.3. bekommen. Recht schönen Dank dafür.

---

[*] Der Schreiber dieses Briefes bezieht sich hier auf die Kolonialarmeen, die für die Briten kämpften.

Ich kann Dir nur sagen, daß ich noch gesund bin und wir uns so ziemlich an das Wetter gewöhnt haben. Auf Deine Vertrauensfrage bezüglich des Schlafzimmers will ich jetzt noch nicht antworten, weil der Krieg ja hier jetzt erst anfängt. Ich glaube aber, wenn es heißt – es geht nach Hause – dann ist uns das einfachste Bett ein Paradies. Also mache Dir darum keine Sorgen. Mit den Filmen ist es halb so schlimm, ich bin ja kein Anfänger mehr im Fotografieren. Jedenfalls komme ich augenblicklich damit aus. Wenn die Filme alle werden, werde ich früh genug schreiben.

In der Wochenschau habt Ihr uns also gesehen. Bei der Parade habe ich mit unter den Reportern gestanden und meine Aufnahmen gemacht. Es ist jetzt auch erlaubt, Filme nach Hause zu schicken. Du kannst also in Kürze damit rechnen. Bei 100 g kann man bloß nicht viele schicken.

Ja, ja, der Stern Deiner Geburt. (Skorpion) Vor einigen Tagen bin ich von solch einem Biest gestochen worden und ausgerechnet am Ringfinger der rechten Hand, wo der Ring mit dem I.A. sitzt. Ist das nicht ulkig? – Ich habe gesaugt wie ein Verrückter und auch gleich ein kleines Loch reingebissen. Zwei Tage war der Finger wie tot, am 3. Tag fing er an zu kribbeln, wie bei einem eingeschlafenen Glied. Na, jetzt ist er wieder ganz wach.

Ingeken, ich habe einen Wunsch! – Freust Du Dich schon? – Schicke mir bitte das Luftkissen, das ich damals so sehr verschmäht habe. Nun lachst Du, aber Du ahnst nicht, wie wertvoll es hier sein wird. Kannst Du es überhaupt entbehren?

Und nun von Deinem lieben, großen Jungen und 28-jährigen Mann recht herzliche Grüße und einen Kuß.

19

Fallschirmjäger in Griechenland ·

Im Frühjahr 1941 wird Griechenland von einer Angriffswelle italienischer und deutscher Truppen überschwemmt. Die Besetzung des kontinentalen Griechenland ist Ende April abgeschlossen. Das Land ist jetzt in drei Besatzungszonen geteilt: eine deutsche, eine italienische und eine bulgarische.

Als Hubertus G. seiner Familie diesen Brief schreibt, leistet Kreta den deutschen Angriffen noch Widerstand. Geboren 1919 in Rethmar/Burgdorf, meldet er sich nach dem Abitur freiwillig, um in der 7. Fallschirmjäger-Division zu dienen. Mit dieser Einheit nimmt er an den Kämpfen in Griechenland teil. Am 20. Mai 1941 wird er während eines Luftangriffs der Deutschen auf Kreta getötet.

Lutraki, den 12. Mai [1941]

Meine Lieben,

dank meines ausgezeichneten Organisationstalentes gelang es mir einmal wieder eine Büchse Corned Beef zu »organisieren.« War als überzählige Verpflegung sehr willkommen, wenn man auch das Zeug allmählich nicht mehr mag. Aber es muß weg, man geht ja sonst langsam ein. In Bulgarien haben wir zum letzten Male Fett bekommen, seitdem ist Butter,

Schmalz usw. ein völlig unbekannter Begriff geworden. Gestern Mittag hatten wir in unserer Bohnensuppe noch ein paar Stücklein Fleisch, waren schon aus Beständen der Zivilbevölkerung requiriert, nun meint der Chef, daß das wohl vorerst das letzte Mal sei, wir müssten uns jetzt auf vegetarische Lebensweise umstellen. Außer der Suppe gestern Mittag gab es dann noch 2 gekochte Eier, da friß Dich nun einmal 24 Stunden von satt! Wie mies es mit der Futterei steht, könnt Ihr daran ermessen, daß das sonst eigentlich verbotene Fischen mit Handgranaten offiziell gestattet wurde. Wenn man bloß die Möwen essen könnte, hätten wir ja auf diese Biester schon Jagd gemacht. Und da schreibt Ihr von ungenießbarem Kuchen?! Na, nach diesen Zeiten kommen auch wieder andere, auf Regen folgt Sonnenschein. Wenn auch nun vielleicht der Postverkehr leidlich normal wieder erscheint, laßt es doch sein, irgend etwas zu schicken, abgesehen davon, daß Ihr ja wohl selbst schlecht genug dran seid, könnte es doch einmal wieder sein, daß der Laden wieder abreißt. Wie der Führer ja schon sagte, war dieser ganze Feldzug improvisiert, so aus dem Ärmel geschüttelt. Wir waren jedenfalls ursprünglich bestimmt nicht dafür vorgesehen und ich glaube auch, daß unsrer hier noch andre Aufgaben harren. Es könnte also sein, daß es einmal wieder eine technische Störung bei der Feldpost gibt. Bin bloß gespannt; bei was für Botokuden [historische Bezeichnung für Indianer in den Wäldern im südöstlichen Brasilien] oder Zulukaffern wir noch landen. Na, man munter weiter. Nach der Besetzung des Südpols müssen wir ja wohl zwangsläufig wieder nördlichen Kurs einschlagen. Damit genug für heute empfehle mich mal wieder zu Einkaufspreisen und grüße herzlich

Euer Hubert

20

Im Schatten des Soldaten

Alois S., geboren 1909 in einem kleinen Dorf im Saarland, ist das jüngste von zehn Kindern. Sein Vater Jakob stirbt ein paar Monate nach seiner Geburt. Alois' älterer Bruder Albert kämpft als Soldat im Ersten Weltkrieg und fällt im Mai 1917 in Frankreich. Nach einer Ausbildung zum Bürogehilfen tritt Alois als Angestellter in die Firma Heckel in Rohrbach ein. Im November 1937 heiratet er Frieda Uhl. Ihr erstes Kind, Albert, wird im Mai 1939 geboren. Im April 1940 wird Alois zur Wehrmacht eingezogen, während sein Bruder Josef von einem Militärtribunal wegen Kriegsdienstverweigerung zu vier Jahren Gefängnis verurteilt wird.

Als Soldat im Infanterie-Regiment 321 ist Alois S. für kurze Zeit in Holland stationiert, bevor er in das sogenannte Heimatkriegsgebiet, auf deutsches Territorium also, geschickt wird, wo man sich um die Rekrutierung und die Logistik kümmert ... Im Juni 1941 werden verstärkt Vorbereitungen für den Einmarsch in die Sowjetunion getroffen. Alois S. ist jedoch vor allem um den Gesundheitszustand seiner Frau besorgt, die zu diesem Zeitpunkt mit ihrem zweiten Kind schwanger ist.

Mein liebes Friedchen!

Es war gestern kein schöner Sonntag für mich, da ich vergeblich auf einen Brief von Dir, meine Liebste, gewartet habe. Mag es draußen in der Natur noch so schön zu sein, die rechte Freude kann ich nicht mehr finden, solange ich nicht bei Euch bin. Am liebsten möchte ich nichts mehr hören und sehen von der Welt, möchte fliehen in die tiefste Einsamkeit. Wie schön könnte das Leben sein, wenn es so wäre, wie es sein sollte. Leider müssen wir es so nehmen, wie es ist. Wann werden die Menschen nochmals zur Vernunft kommen? Wann wird endlich wieder Ruhe, Frieden und ein geordnetes Leben beginnen? Ich glaube, da muß man Trost und Hilfe schon bei Gott selbst suchen. Auf Menschen ist doch kein Verlaß mehr, und dieser Krieg trägt zur Besserung der Sitten nicht bei. Solange ich noch bei den Soldaten bin, bin ich ja kein freier Mensch, sondern in allem gehemmt und gebunden, kann also für Dich und unser Kind praktisch nichts tun. Es tut mir von ganzem Herzen leid, daß gerade jetzt, wo Du meine Hilfe notwendig brauchst, auch unser Albertchen seinen Papa schon vermisst, ich nicht bei Dir sein kann. Du bringst damit ein Opfer und lebst ein stilles Heldentum, das an Größe und Erhabenheit alles andere überragt. Die Welt schweigt wohl darüber, auch gibt es keine Auszeichnung dafür. Es ist eben ein Heldentum anderer Art und doch, liebes Friedchen, sieh den nächsten Monaten und Wochen getrost und mit Gottvertrauen entgegen. Ich weiß, ich kann Dir die Schmerzen nicht abnehmen, aber ich will sie Dir lindern helfen, so gut ich es nur vermag, will alles für Dich tun, was nur in meinen Kräften steht, wenn es auch vorerst nur ein paar Zeilen sind, die ich in Liebe an Dich richte. Ich will noch etwas für Dich tun, will jeden Tag, wenn auch nur ganz kurz, zu unserem Herrgott beten für Dich, damit er Dir helfe und sein Segen auf Dir ruhe. In dieser Zeit bist Du eines besonderen Schutzes und Hilfe bedürftig und stehst auch unter besonderem Schutz. Wende Dich, wenn es sein muss, an die Hilfsstelle »Mutter und Kind«[*] oder N.S.V[**]. Ich bitte Dich nochmals, mach mit dem Sparen jetzt langsam und denke an Dich. Deine Gesundheit ist das allerwichtigste. Mit den Tapeten habe ich noch nichts ausgemacht, weil ich die Frau noch nicht getroffen habe. Die Sache mit Ännchen ist ja erledigt, ich habe mit Reinhold nichts Bestimmtes ausgemacht gehabt. Du brauchst Ännchen keinen Vorwurf zu machen, sie hat ja doch das Beste gemeint, und von mir war die Sache doch etwas leichtsinnig. Sie ist die letzten Tage ganz in der »Sonne«, fährt aber morgen oder am Mittwoch wieder nach Hause. Ich habe sie während der ganzen Tage wenig zu sehen

---

[*] Das Hilfswerk *Mutter und Kind* wurde 1934 gegründet, um arische Frauen zu unterstützen, insbesondere Schwangere und junge Mütter: Haushaltshilfe, Einrichtung von Kindergärten, Organisation von Aktivitäten für Jugendliche. Diese Initiativen waren Ausdruck der Familienpolitik der Nazis und ihrer Auffassung, dass der Platz der Frau am häuslichen Herd sei.

[**] Gemeint ist die *Nationalsozialistische Volkswohlfahrt*, gegründet 1932 ursprünglich um die Massen der deutschen Arbeitslosen zu unterstützen. Während des Zweiten Weltkriegs kümmerte sich die NSV immer mehr um die Familien, betreute Frauen während und nach der Schwangerschaft und organisierte die Kinderlandverschickung, um Schulkinder und Mütter mit Kleinkindern vor dem Bombenkrieg in Sicherheit zu bringen.

bekommen und auch nur wenig mit ihr gesprochen, obwohl ich ihr nicht böse bin. Auch Du brauchst ihr nicht böse zu sein, das hätte ja doch keinen Wert. Sie klagt oft, sie hätte in ihrer Nachbarschaft niemanden, mit der sie sprechen könnte, die Leute wären so falsch. Von dem Geld habe ich nichts zu ihr gesagt. Ich nehme an, daß Du die 8,– RM bald bekommst. Helmuth hat mir auch wieder geschrieben. In der Erwartung, bald einen lieben Brief von Dir zu erhalten, schließe ich jetzt.

Für heute sei Du und Albertchen herzlichst gegrüßt und geküßt,

Alois und Papa.

21

Die Hölle der Wüste

Seit März auf afrikanischem Boden (siehe seinen Brief vom 31. März 1941), nimmt Robert W., Soldat im Afrikakorps, unter Führung von General Rommel an den heftigen Kämpfen der deutschen und italienischen Streitkräfte gegen die britischen Truppen um Tobruk teil. Die Belagerung dieses strategisch wichtigen Ortes in Libyen beginnt am 10. April 1941. Im Juni versucht die britische Armee in der Schlacht von Sollum an der libysch-ägyptischen Grenze vergeblich die deutschen Verteidigungsstellungen zu durchbrechen.

Afrika, d. 19.6.1941

Meine liebe Ingeborg!

Melde gehorsamst, alles in Ordnung! Nach 3 Tagen harten Kämpfen an der Sollum-Front, haben wir, das heißt, das Afrika-Korps, einen glänzenden Sieg errungen (wie der Wehrmachtbericht vom 18.6. lautet). Was das in Wirklichkeit bedeutet, kann sich nur der vorstellen, der hier mit dabei war. In einem Tag- und Nachtmarsch wurden wir durch die Wüste (da ja Tobruk umgangen werden muß) hierhergeworfen. Kaum angekommen, mußten wir auch schon herunter von den Fahrzeugen, denn im Nu gingen einige in Flammen auf. Der

Tommy hatte, vom Süden kommend, »Capuzzo« und »Sidi Omar«* mit starken Panzerkräften genommen; wollte Sollum in den Rücken fallen und im weiteren Verlauf die Verbindung mit Tobruk herstellen. Er hatte aber die Rechnung ohne unseren Rommel gemacht. Die ganze Lage übersehend, waren wir (sowie die ganze Div.) schon 2 Tage vorher durch die Italiener bei Tobruk abgelöst worden. Am Sonntag rollten wir plötzlich ab in die Wüste (Tempo etwa 15–20 Std. Klm) Montag vormittag standen wir schon auf der ganzen Linie dem Tommy, zu seiner Überraschung, gegenüber. Bis unsere Panzer da waren, mußten wir leider wieder den ersten Ansturm in Kauf nehmen. Mit seinen schwersten Panzern, dem »Mark II«, rollte der Engländer an. Schon am Dienstag waren »Capuzzo« und »Sidi Omar« wieder fest in deutscher Hand. In rollenden Einsätzen hatten unsere und auch engl. Flugzeuge beide Fronten mit Bomben belegt. Meist, wenn unsere Jäger gerade weg waren, kamen engl. Jäger und beharkten uns im Tiefflug. Doch sie wurden schnell wieder vorsichtig, nachdem schon am Dienstag 14 Flugzeuge abgeschossen wurden. Heute ist Donnerstag. Wir liegen nun am Drahtverhau, der schnurgerade Ägypten und Libyen trennt. Überall, sowohl auf libyschem als auch auf ägyptischem Boden, stehen zerschossene engl. Panzer herum. Gleichzeitig mit diesem Brief werde ich Film Nr. 12 abschicken. Es sind dies Bilder von der Front bei Sollum. Die beiden Bilder, die ich beigelegt habe, sind Aufnahmen nach dem Wüstenmarsch vor Tobruk und den Tagen nach Ostern bei T. Du siehst, wie der Bart wächst, wenn man kein Wasser hat.

---

*   Italienische Befestigungsanlagen in Libyen.

Hier geht es uns wieder genauso. Seit Sonntag hat sich noch keiner waschen können. Sind wir Schweine, was? Der Nachschub durch die Wüste ist ja so verteufelt schwer. Wir sind ja schon zufrieden, wenn wir einigermaßen genug Wasser zum Kochen bekommen.

Für Deine Briefe vom 4.6. mit Deinem Bild und vom 9.6. recht schönen Dank. Das Bild möchte ich doch lieber behalten, ja? –

Der Günter ist nun also auch weggekommen. Na, ich bin ja gespannt, wo er steckt. Denken kann ich es mir schon. Zwei Illustrierte sind auch schon angekommen. Besten Dank! Allerdings war mit der Rätselecke nichts mehr anzufangen. Schade!!!

Sonst alles in guter Glut. Wünsche Dir auch alles Gute. Recht herzl. Grüße und einen Kuß von

Deinem Robert.

22

Unterwegs

*Am 22. Juni 1941 beginnt das »Unternehmen Barbarossa«.
Unter bewusster Verletzung des deutsch-sowjetischen Nichtangriffspakts marschiert die Wehrmacht ohne Kriegserklärung
in der Sowjetunion ein. Es ist die konsequente Umsetzung des
nationalsozialistischen Rassenwahns und der Beginn eines bei-
spiellosen Vernichtungskriegs gegen Bolschewiken, Juden und
»Untermenschen« ganz allgemein. Hitler schwört die Generäle
auf diese Prämissen ein. Am 24. Juni sind Vilnius und Kaunas
in deutscher Hand.*

*Nach seinen unschönen Erfahrungen in Frankreich (siehe sei-
nen Brief vom 17.7.1940) und im Reichsprotektorat Böhmen und
Mähren (siehe seinen Brief vom 10.9.1940) setzt der Feldwebel
Heinz R. mit dem Infanterieregiment 93 seinen Weg nach Osten
in die Ukraine fort.*

26.6.1941

Meine liebe Ursula!

In Ermangelung eines Briefpapiers dies militärische Formu-
lar. Zunächst das Bulletin des heutigen Tages: Mir geht es gut.

Und nun eine Milieuschilderung: Eine Sandstraße, rechts
mit bespannten Truppen besetzt, links eine Mot.-Kolonne,

die ebenfalls nicht weiterkommt, da die Straße völlig verstopft ist. Ich sitze bei Inspektor Berndt[*] im Wagen, der mich eine Stunde Weges mitnimmt. Wir befinden uns gerade in einem Hohlweg, rechts einige Häusertrümmer, die noch etwas rauchen. Es ist sehr heiß, ich habe den Kragen geöffnet, das Halstuch gelüftet, aber trotzdem ist es nicht viel besser. Schluß.

Jetzt sitze ich in einem anderen Wagen unter schattigen Obstbäumen. Auf der Straße rollt es vorbei, alles hat den Drang nach vorn. Wir sind nur wenige Kilometer von der Stadt L.[**] entfernt, einer größeren Stadt, wie es scheint, obwohl ich früher ihren Namen noch nicht gehört habe. Sie lag neben mir zur Seite, mit typisch russischen Kuppeln und Kirchen, obwohl das Land ja erst seit 2 Jahren russisch ist[***].

Nun willst Du sicher etwas mehr von mir hören. Ganz in der Ferne hört man Geschützdonner, im übrigen beherrschen Staub und Hitze alles. Zuletzt schrieb ich Dir aus der Stadt Hr. Gegen 20 Uhr fuhr ich vorgestern von dort ab mit meinem Solomelder und einer Tank-Kolonne, die ich eigentlich zu Adele bringen sollte. Kurz hinter der Stadt Hr hörte die Straße auf, es begann ein Knüppeldamm. Zur Seite standen Soldaten, die jedes Fahrzeug einwiesen und sofort den Weg wieder aufschütteten. Nach einigen Kilometern ging es eine

---

[*]   Es handelt sich um einen technischen Inspektor.
[**] Gemeint ist die westukrainische Stadt Lwiw, die zu dem Zeitpunkt, als der Brief geschrieben wurde, noch Lwow hieß. Von 1772–1918 hatte die galizische Stadt zu Österreich-Ungarn gehört und hieß Lemberg.
[***] Nachdem es 1939 von deutschen Truppen eingenommen worden war, war Lemberg/Lwiw aufgrund des Hitler-Stalin-Paktes der Ukrainischen Sowjetrepublik zugeschlagen worden.

Böschung hinab über einen schmalen Fluß auf einer provisorischen Holzbrücke. Am andern Ufer begann ein Sandweg, es kam ein kleines Wäldchen, Erhebungen mit Stacheldraht, ein totes Tier: Wir waren in Rußland. Nun begann ein tolles Fahren mit Überholen von Kolonnen, es war zum Glück helle Nacht; denn wir mußten ohne Licht fahren, nur in der Ferne war ein Feuerschein, ein brennendes Dorf. Unser Überholen gab oft Anlaß zum Schimpfen, bis wir schließlich vor einer schmalen Holzbrücke standen, wo alles stockte. Als ich gerade mit meinem LKW-Fahrer verhandle, ruft einer mich an: »Herr Leutnant!«. Er war eine treue Seele aus dem französischen Feldzug. Er erzählte auch von den Verlusten der Kompanie vor Sollum*. Bald ging es weiter, bis wir endgültig festsaßen. Das hatte den Vorteil, daß man für 2–3 Stunden die Augen schließen konnte. Erst als es dämmrig wurde, ging es wieder. Die Wege blieben oft schlecht, doch da es etwas geregnet hatte, war es zunächst nicht so staubig. Vielfach ging es durch die Felder, da der Weg zu schlecht war. Die Häuser waren primitiv, aber nicht besonders dreckig. Am Vormittag stieß ich plötzlich auf den Grafen zu Münster, der meinen Auftrag nun änderte und mir freien Entschluß ließ. Die Wege wurden allmählich immer morastiger, wie Gummi gab der Autogrund nach unter den schweren Wagen. Des öfteren mußte der Weg erst gerichtet werden mit Spaten und Buschwerk, aber immer ging es vorwärts. Nach Mittag trat dann

---

* Sollum (auch Sallam oder As Sallam) ist ein Ort an der Nordwestküste Ägyptens nahe der Grenze zu Libyen und 145 km von Tobruk entfernt. Er war der Schauplatz der Operation Battleaxe, in der die britischen Streitkräfte gegen diejenigen der Achsenmächte kämpften, um die Belagerung von Tobruk zu beenden.

eine Verzögerung ein: eine kleine Holzbrücke war zusammengebrochen, nun mußte der neue Umgehungsweg erst fahrbar gemacht werden. So hatten wir eine Pause, die ich dazu benutzte, zunächst zu schlafen, dann mich zu rasieren und in einem kleinen Wässerlein, das von einer kühlen Quelle gespeist wurde, zu waschen. Sogar die Füße bekamen etwas ab. Das war eine unerhörte Wohltat. Einige Fahrer zogen sich sogar ganz aus und stiegen ins Wasser. Nach anderthalb Stunden ging's weiter über Morast und Felder und staubige Wege. Der Staub ist so fein wie Mehl, Du glaubst nicht, wie man aussieht. Unterwegs traf ich öfter Kradschützen, die [...]* Polinka [?] waren. Sie erzählten von dem Angriff auf die Bunker, den Adele unternommen hat. Ein Mann ist bisher tödlich verunglückt! Du kannst Dir denken, wie oft meine Gedanken dort sind – und bei Dir! Als es dunkel wurde, kamen wir in das Städtchen L. Am Eingang brannten die Trümmer einiger Häuser. Die Bevölkerung war nicht geflohen. Auf einem kleinen Platz standen viele Soldaten und redeten eifrig auf einen Juden ein, der sich vor Lebensangst nicht zu helfen wußte. Flehentlich lag er am Boden. Er soll mitschuldig gewesen sein bei der Verstümmelung zweier deutscher Flieger, die notlanden mußten. Kurz darauf hörte ich einige Pistolenschüsse –. Die Nacht schlief ich im LKW sehr gut, morgens verausgabte ich meinen Sprit, dann ging ich mit Berndt auf die Reise. Mittags sahen wir, wie Fußsoldaten die Kornfelder und Gehöfte absuchten und flüchtige Soldaten** aufscheuchten. Das gab ein lebhaftes Geknalle; denn diese Heckenschützen

---

*   Schwer leserliches Wort.
** Es handelt sich um sowjetische Soldaten.

nahm man nicht gefangen. Statt dessen gingen die Gehöfte in Flammen auf, in denen man etliche fand. Ich selbst fuhr bald auf dem Krad weiter. An einer Stelle lagen zahlreiche tote Russen, sonst nur Staub und Sonne*. Unterwegs traf ich dann auf den Grafen, der mich im Wagen mitnahm. Jetzt ist es Nachmittag. Ob ich wohl nachher wieder nach hinten fahre? Es ist anzunehmen.

Mein Lieb, hoffentlich bekomme ich gute Post von Dir. Fettflecken und Dreck entschuldigst Du wohl? Wo magst Du stecken? Allmählich beginnt das Leben den ganzen Menschen zu erfassen. Demnächst mehr, sofern ich Zeit habe. Ich grüße Dich von ganzem Herzen!

Dein Heinz

---

*   Der Sommer war in diesem Teil der Ukraine heiß und trocken, aber kurz. Die Regenfälle im September verwandelten die Straßen in Morast, und im Oktober ließ ein vorzeitiger Kälteeinbruch den Boden gefrieren.

23

Ein unaufhaltsamer Vormarsch

Während die Heeresgruppe Süd immer tiefer in die Ukraine ein-
dringt, überrennt die Heeresgruppe Mitte, der die Einheit von
Hans-Joachim S. angehört, Weißrussland und den Süden Litauens
in Richtung Moskau.

Hans-Joachim S., geboren 1905 in Berlin, ist verheiratet und
hat einen Sohn. Im Zivilleben Kaufmann, wird er beim Armee-
Nachrichten-Regiment 511 eingesetzt. Am 5. Juli haben die deut-
schen Truppen bereits Minsk eingenommen und marschieren auf
Smolensk in Russland.

den 5./7.41

Mein liebes gutes E.!

Welche riesige Überraschung, als ich bereits heute Deine
lieben 2 Briefe vom 29. und 30.6. erhielt. Nachdem Dein
letzter Brief vom 20.6. auch gestern erst, also nach 14 Tagen, angekommen war, rechnete ich noch mit keiner weiteren Nachricht. Ich kann mir vorstellen, daß unser Einmarsch in Russland wie eine Bombe auf beide Seiten ge-
wirkt haben muß. Ich bin überglücklich, daß ich endlich
richtig dabei bin, wenn auch die Anstrengungen ungeheuer
sind. Es ist unbeschreiblich, was für Anforderungen bei

solch einem gigantischen Vormarsch an die Truppe gestellt werden. Wir Fahrer haben es wirklich auch nicht leicht. Bis zu 30 Std. am Steuer, andere Kameraden bis zu 50 Std. Augenblicklich hinke ich der Truppe hinterher. 2 Tage suchte ich Anschluss. Der Panhard* ist eben für Russland nicht gebaut worden. Doch ist er noch einmal vom Chausseegraben errettet worden. Was wird aber die nächste Etappe bringen, die uns 200 km weiter nach vorn bringt. Wir wurden in Grodno** – Wilna*** länger aufgehalten, da sehr viel Leitungen in Ordnung zu bringen waren. Morgen eilen wir nach. Du wirst ja auch in der Wochenschau schon die mit Sowjet-Tanks gespickten Vormarschstraßen gesehen haben. Solche Straßen fahren auch wir. Russ. Bomber nur noch ganz selten, dafür aber tägl. noch Geplänkel mit Heckenschützen, die in den weiten Wäldern verborgen sind. Alles spielt sich für uns in freier Natur ab. Von früh bis spät, immer draußen, immer angespannt mit den Nerven, Karabiner immer griffbereit. Abends wird ein Bauernhof gesucht, Wachen werden aufgestellt, gefuttert, sogar sehr gut, einer spielt auf russ. Gitarren, Kameraden singen Heimatlieder oder unser Grammophon schluchzt »bel ami«. Die Bevölkerung freut sich, daß wir da sind, möchte Stalin am Gal-

---

* Der französische Automobilhersteller Panhard & Levassor war spezialisiert auf den Bau von Militär- und Panzerfahrzeugen.
** Stadt im Westen Weißrusslands.
*** Die Stadt ist heute unter dem litauischen Namen Vilnius die Hauptstadt Litauens; 1922 wurde die Stadt samt dem südöstlichen Territorium des 1918 erst unabhängig gewordenen Landes von polnischen Truppen besetzt.

gen sehen[*]. Lange wird es sicher nicht dauern, dann werden die ersten Panzer durch Moskau rollen. Die russ. Luftwaffe ist bestimmt heute schon erledigt. Was hätte man, und was könnte man heute noch für Schaden anrichten, wenn die russ. Luftwaffe in Ordnung wäre. Die Bomber sind direkt Katastrophe. Vollkommen manövrierunfähig, fliegen stur gerade aus, unsere Jäger von hinten eine Salve hinterher – schon stürzt er ab. Das Zigeunerleben ist jedenfalls hoch interessant, hoffentlich schafft's mein Wagen. Sprachschwierigkeiten sind bedauerlich, russisch werde ich nie lernen. Heute hatten wir Ruhetag, große Wäsche, obwohl ich bereits 2 x seit Kriegsanfang mein Taghemd wusch, wird es immer dunkler. Das warme Wasser fehlt eben. Strümpfe stopfe ich ganz prima. Freue mich direkt über jedes Loch. Heute sind wir in sehr »netter Umgebung«. 2 Russinnen hören verstohlen aus einer Gehöftecke unserem Gesang zu. Man traut uns noch nicht richtig. Morgen früh wird ein Rind geschlachtet! Filet in Sahnesauce? Nicht ausgeschlossen!

Nun zu Dir, mein Lieb', mein kleines Herzel – sorge Dich nicht zu sehr, jede Kugel trifft nicht, die NSV [Nationalsozialistische Volkswohlfahrt] kommt schon gleich hinter uns. Schone Dich vor allen Dingen. Vielleicht ist der Krieg doch bald aus – dann hat Dein Manni ein abgearbeitetes Evchen. Also nicht so nah an die Arbeit heran. Auch wir drücken uns

---

[*] Die deutsche Armee wurde von der Bevölkerung bisweilen fröhlich mit Brot und Salz begrüßt. Nach der Entkulakisierung, der Repressionskampagne Stalins gegen die Kulaken (russische Bezeichnung für relativ wohlhabende Bauern), und den Leiden der Hungersnot, war die Wut auf Stalin an manchen Orten groß.

vor jeder Zusatzbeschäftigung. Wenn Du an Wolfgang schreibst, grüße ihn, zum Schreiben habe ich jetzt keine Zeit, nur für Dich. In jedem Moment muss ein Kraftfahrer bereit stehen, Tag und Nacht. Grüße auch die Eltern, Stollwerk usw.

Ich küsse Dich innig viel Tausend Mal,

Dein ferner Manile

24

Der Weg nach Norden

Die Heeresgruppe Nord ist für die Offensive in den baltischen Ländern und im Norden Russlands zuständig. Ihr Ziel ist es, Leningrad und den Hafen von Murmansk zu besetzen.

Nach dem Frankreichfeldzug nimmt Hans S. (siehe seinen Brief vom 30. Mai 1940) im Rahmen des »Unternehmens Barbarossa« an Operationen im Baltikum teil, das die Sowjetunion 1939, gemäß dem Nichtangriffspakt mit Hitlerdeutschland annektiert hat. Nach dem Ende der deutschen Offensive gliedern die Besatzungsbehörden Litauen, Lettland und Estland in die Verwaltungsstrukturen des Reichskommissariats Ostland ein. Da die baltischen Bevölkerungsgruppen den Kriterien der nationalsozialistischen Rassentheorie zufolge ein Germanisierungspotenzial besitzen, kommt es auf lokaler Ebene zur Zusammenarbeit.

8.7.41

Liebes Muttichen!

Nun komme ich endlich einmal zum Schreiben. Sonst ging es, wenn wir keine Feindberührung hatten, gleich ans Fahrzeugreinigen und daran, die Geschütze und Waffen in Ordnung zu bringen. Die Klamotten mußten gereinigt werden und dann, wenn man fertig war, ist man todmüde gewesen.

Nun fahren wir durch den östlichen Zipfel von Lettland. Vorgestern sind wir über die Düna gegangen. Die Truppen vor uns hatten die schweren Kämpfe. Besonders die SS. Schade, daß ich nicht lettisch kann. Nun sind wir durch Litauen, das ehemalige Polen, das die Russen besetzt hatten, gefahren und sind nun in Lettland. Ich glaube jetzt beinah, daß wir noch ein Stück nach Rußland hineinkommen. Nun kommt die Post sehr spärlich im Augenblick. Schickt aber, wenn Ihr könnt, noch ein bißchen Treupel*, Zigaretten (soweit Ihr könnt. Wir sind 7 Mann am Geschütz. Denn jetzt wird alles geteilt) und Filme. Wenn Ihr mir neue Fersenschoner besorgen könnt, ist es fein. Man kann sehen, daß Lettland doch ein wenig mehr von der Kultur abbekommen hat, als Litauen. Wo man Gutshäuser antrifft, kann man sogar feststellen, daß dort Deutsche gewohnt und gebaut haben. Übrigens ist das russische Polen furchtbar verjudet. Von 600 Einwohnern 500 Juden. So trafen wir es in einer Stadt an. Nun liebes Muttichen, Dir und allen zu Haus alles Gute. Mir ist es bis jetzt gut gegangen und so Gott will, komm ich auch heil nach Haus. Die herzlichsten Grüße Dein Hansi

---

* Tabletten zur Bekämpfung von Schmerzen und Fieber bei Erkältungskrankheiten.

25

Vae victis

Die Heeresgruppe Mitte hat eine Großoffensive in Weißrussland durchgeführt; es ist ihr gelungen, die Rote Armee bei Minsk einzuschließen, und sie hat mehrere Zehntausende sowjetische Kriegsgefangene gemacht. Der rasche Vormarsch dieser Armee gibt Anlass, davon zu träumen, dass der Krieg gegen die Sowjetunion bereits gewonnen sei.

Klaus B. gehört einer Flakscheinwerfer-Einheit der Luftwaffe an, die nach Osten geschickt wird. Er ist Jurist und Mitglied der NSDAP, verheiratet und hat Kinder. Nach Weißrussland kämpft er in der Ukraine und in Russland. Kurz vor Kriegsende fällt er im Mai 1945. Der Oberfähnrich ist zu dem Zeitpunkt dreiundvierzig.

Russland, den 19.7.1941

Liebe Suse!

Gestern erhielt ich von Dir das Päckchen mit dem Briefpapier. Das ist die 1. Nachricht, die ich seit 3 Wochen von Euch bekomme. Für mich war es allerdings eine große Enttäuschung. Ich hätte das Päckchen unter diesen Umständen lieber überhaupt nicht erhalten. Wenn man nun schon seit Wochen auf Nachricht von zu Hause wartet – nicht etwa ungeduldig, weil man weiß, daß die Post es nun einmal nicht schafft – und bekommt dann Briefpapier zugeschickt mit dem Bemerken, daß es sich nicht lohne, dazu noch viel zu schreiben, so klingt das folgendermaßen: \ »Deine Briefe, ja, ganz gut und schön, aber benutze bitte anständiges Briefpapier, wenn Du mir schreibst; vorsichtshalber schicke ich Dir gleich solches, weil Du es nicht bekommen kannst. \« Ich hätte das Briefpapier am liebsten gleich fortgeworfen. Bin ich plötzlich empfindlich geworden? Ich weiß es nicht. Mir scheint, die Qualität der Papiere ist heute so furchtbar gleichgültig, und mich würde jede Nachricht von Euch erfreuen, auch wenn sie nur auf grauem Packpapier geschrieben wäre. Das hätte ich nun sicher eigentlich nicht schreiben dürfen, weil Du Dir nichts dabei gedacht u. es nur gut gemeint hast. Aber irgend wie muss ich es einmal los sein; ich kann es doch keinem Kameraden erzählen und mir so Luft machen. Für mich ist damit der Fall auch ausgestanden. Ich hoffe von nun an weiter auf baldige ausführliche Nachricht von Euch.

Wir sind inzwischen weiter über Witebsk[*] in Richtung Smolensk vorgerückt. Auf unserem Marsch kamen wir durch Witebsk. Es soll etwa 200 000 Einwohner gehabt haben. Raummäßig mag es kleiner sein als Großstädte mit dieser Einwohnerzahl in Deutschland, weil die Russen sehr viel enger wohnen, aber es hatte immerhin doch auch eine beachtliche Ausdehnung. In W. ist nun nicht ein einziges Haus, das nicht völlig zerstört oder verwüstet ist. Die Holzbauten – diese überwiegen auch in den Städten Russlands – sind sämt-

---

[*] Witebsk liegt im Nordosten von Weißrussland. Die Stadt wurde am 10. Juli 1941 von den Deutschen besetzt.

153

lich niedergebrannt; es steht meistens nur noch ein Teil des Schornsteins. Soweit die Gebäude Steinbauten sind, sind sie ausgebrannt und nur ein Teil der Brandmauern ist stehen geblieben. Hier hat der Krieg wirklich ganze Arbeit geleistet. Ganz in der Nähe unserer Stellung von Witebsk war auch ein Gefangenen-Sammelplatz. Das Schicksal der Gefangenen in den 1. Tagen ist furchtbar. Auf einem freien Platz waren etwa 5000 Mann zusammengetrieben. Dort hockten sie nun tagelang im Freien, Wind und Wetter ausgesetzt, kaum etwas ordentliches zu essen u. zu trinken u. ohne ausreichende Kleidung. Inzwischen ist es sehr kalt – natürlich gemessen an der Jahreszeit – geworden, wir hatten auch wiederholt Regen. Mancher versucht auszurücken, was auch gelingt, da die Zahl der Wachmannschaften außerordentlich gering ist, manche werden dabei auch erschossen, anders können die Wachmannschaften sich natürlich gar nicht helfen. Nach u. nach werden die Gefangenen nach hinten transportiert, wie es die Transportmöglichkeiten eben erlauben. Unter den Russen gibt es die wildesten Typen. Die Wolgadeutschen[*] werden abgesondert, sie müssen natürlich auf dem Sammelplatz bleiben, werden aber nicht besonders bewacht, spielen Dolmetscher und unterstützen die Wachmannschaften bei der Beaufsichtigung. Smolensk ist seit einigen Tagen in

---

[*] Die Wolgadeutschen sind die Nachfahren deutscher Siedler, die unter der Regierung Katharinas II. ins Russische Reich einwanderten und sich an der unteren Wolga ansiedelten. Während der NS-Zeit wurden allgemein alle Deutschen, die sich in ganz Osteuropa angesiedelt hatten als »Volksdeutsche« bezeichnet. Die Wehrmacht benutzte sie regelmäßig als Dolmetscher.

deutscher Hand[*]. Es finden um S. aber offenbar noch Kämpfe statt. Man hört in der Ferne den Kanonendonner. Trotz des plötzlichen Witterungsumschlages geht es mir gut. Ich habe mich nicht erkältet. Wir hoffen wieder auf gutes Wetter. Besser ist denn doch die Hitze, selbst wenn sie uns manchmal fast unerträglich erschienen ist. Mit den herzlichsten Grüßen auch an die Kinder!

Dein Klaus

---

[*] Die deutschen Soldaten erreichten Smolensk am 14. Juli und machten dadurch den Weg nach Moskau frei. Doch mit ihren Gegenangriffen gelang der Roten Armee, die Offensive aufzuhalten, und sie konnte ihre Einheiten im Hinterland reorganisieren.

26

Kreuzzug gegen den Bolschewismus

Nachdem er das Baltikum durchquert hat (siehe seinen Brief vom 8. Juli 1941), betritt Hans S. russischen Boden. Die Heeresgruppe Nord wird in ernsthafte Schwierigkeiten gebracht durch eine Rote Armee, die hartnäckiger und besser ausgerüstet ist als erwartet.

Hans S. kämpft an der Ostfront. Seit 1944 gilt der Unteroffizier als vermisst.

28.7.1941

Lieber Pappi!

Auch Dir muß [ich] endlich meinen kleinen Dank abstatten. Möchte Dir ja, wenn es geht, einen seitenlangen Brief von meinen Erlebnissen schreiben. Aber so Gott will, kann ich Dir vielleicht alles, sehr bald, alles, selbst berichten. Du glaubst gar nicht, welche Freude Du uns mit den Zigaretten bereitetest. Wir sind jetzt 7 starke Raucher und mit der Rauchware ist es knapp. Also hab nochmals vielen Dank, lieber Pappi, und (wieder eine Bitte), kannst Du mir so nach und nach ruhig 100 (erschrick nicht) Kuverts schicken. Bei den anderen Kameraden, die teils den 1. Feldzug* mitmachen, wissen

---

* Gemeint ist der Polenfeldzug.

die Angehörigen nicht so Bescheid, wie Du mit dem Schicken. Einer schimpft immer und sagt: Dein Oller spart wenigstens, aber meine Olle, die stellt sich so an. Ich weiß wohl, wie schwierig es eben ist, mir was zu schicken. 1. sind die Sachen knapp und dann die 100 g Grenze.

Nun zur Lage. Die Russen oder besser der Bolschewik ist ein ungemein verhetzter und außerordentlich zäher Gegner. Bisher war es so, daß er den Tod der Gefangenschaft vorzog. Seine Artillerie schießt viel, doch meistens aus offener Feuerstellung, und wenn er direkt schießt, so hat er selten eine vorgeschobene B-Stelle. Auf unserem Abschnitt weiß er Pak* und Panzer nicht so richtig einzusetzen. Er hat übrigens eine 4,7 cm »Rheinmetall«** Pak mit denselben Teilen wie wir, nur der Kaliberunterschied, vollautomatischer Verschluß, gleitend und senkrecht, Zieleinrichtung und geringfügige Kleinigkeiten unterscheidet sich von unserer Pak. Die Kanonen muß er wohl in Spanien erbeutet (von den nationalen***) und nachgebaut haben. Vielleicht mögen wir sie ihm ohne Rohr und Verschluß verkauft haben. Mit den Fliegern haben wir auch schon sehr nahe Berührung gehabt. Schwerkalibrige Bomben und Tiefangriffe in nächster Entfernung. Ich schrieb schon ausführlich davon. Man kann die russischen Flugzeuge, Bomber und Jäger, an dem gedrängten Bau und dem kurzen Rumpf erkennen. Seine Artillerie ist mit langsamen Treckern motorisiert. Die Pak meistens bespannt, wie teils

---

* Panzerabwehrkanone.
** Ein deutscher Rüstungskonzern mit Sitz in Düsseldorf, gegründet 1889.
*** Die spanischen Nationalisten unterstützten Francisco Franco im Spanischen Bürgerkrieg.

die Tschechische. Mit den Handfeuerwaffen MG, MP und dem automatischen Gewehr, versteht er vorzüglich umzugehen. Vielleicht hast Du in den PK-Berichten davon gelesen. Das neuartige Gewehr hat ein Magazin mit 10 Schuß und funktioniert im Prinzip wie eine Pistole. D. h. es ist ein Selbstlader. Man kann dadurch eine hohe Feuergeschwindigkeit erzielen. Außerdem hat dies Gewehr eine Mündungsbremse und eine tadellose Visiereinrichtung. l-MG und S.MG schießen langsamer als unsere. Sein S-MG hat einen Panzerschild und läuft mit 2 kleinen Eisenrädern. Er ist wassergekühlt. Adrett richten und schießen kann man nicht damit. Im Abschnitt unseres Bataillons hat er schon mit Gas geschossen. Nur stand der Wind ungünstig für ein Gasschießen und die Sache war nicht richtig angelegt. Jetzt hat er den Anblick von 1812. Brückensprengungen, Dörfer in Brand stecken. Alles Eßbare verschwinden lassen. Meistens hat er selbst keinen Nachschub und ist auf die Vorräte in den Dörfern angewiesen. Dann hat er auch so manche Sachen ausgeklüngelt, die ich noch nicht schreiben will.

Du siehst: Es ist diesmal ein äußerst harter Kampf. Man soll sich das in der Heimat ja nicht so leicht vorstellen und den Fehler begehen, den ich beging, als ich die Russen unterschätzte. Im Wehrmachtsbericht der letzten Tage wurde geschrieben, daß bei Newel* sich 11–12 000 Russen ergeben hätten. An diesem Kessel waren auch wir beteiligt. In einer Tannenschonung hatten wir uns mehrere Tage ausgebaut und die Aus-

---

* Stadt im Nordwesten Russlands.

brechversuche abgewiesen. Neben uns schoß er auch mit Gas[*]. War eine mulmige Zeit. Marschieren anscheinend nun auf Cholm[**] zu und haben einen riesigen Wald vor uns, mit Morast und Sumpf anscheinend. Ein trauriges Bild, wenn man durch Rußland zieht. Bin von Polen schon allerhand gewöhnt, aber so arm habe ich mir das Land doch nicht vorgestellt. Die Wohnhäuser meist die Wände schief, mit Bohlen gestützt. Die Dächer mit Stroh gedeckt, undicht, um nicht zerfetzt zu sagen. Bei den Ställen scheint der Mond hinein. Da ist nur noch das Gerüst vorhanden: Vieh kaum vorhanden gewesen. Auch die Felder dürftig bestellt. Erst jetzt finden wir Haferfelder. Es muß übrigens eine Eiszeitlandschaft gewesen sein zwischen Lucki[***] und Nawel und Cholm. Die Unmengen von großen Findlingen liegen überall im Gelände. Das sind manchmal Brocken! Vom vielbeschriebenen russischen Wald habe ich bisher, außer einmal in Litauen nichts gesehen. Das Land ist aber äußerst hügelig. Das Land ist verwahrlost und meiner Meinung nach, steht es vor dem Ruin. Mir wird eine Menge klar, wie die Hungersnöte in Rußland möglich waren, was mir sonst immer ein Rätsel war. Man müßte mal die Kommunisten aus den Konzertlagern[****] in das Arbeiterparadies führen. Sie wären auf Lebenszeit geheilt

---

[*]   Gas wurde allerdings vor allem im Ersten Weltkrieg verwendet.
[**]   Kleinstadt im Verwaltungsbezirk Nowgorod.
[***] Heute Welikije Luki, eine Stadt im Verwaltungsbezirk Pskow im Nordwesten Russlands.
[****] Der Schreiber dieses Briefes bezieht sich hier auf die Treffen, die die Kommunisten in Deutschland vor der Machtergreifung der Nazis organisierten. Die Parteiführer hielten ihre Reden in Konzertsälen, Theatern und Cafés.

oder müßten erschossen werden. Dies sehen und Kommunist bleiben ist unmöglich. Da kann selbst der am meisten verhetzte Kommunist mit gesundem Menschenverstand nicht bei seiner Entscheidung bleiben. Nun nochmals vielen Dank. Gott mit uns.

Hans

27

Pyrrhussieg

Im Frühjahr 1941 ist Kreta das letzte nicht besetzte griechische Territorium. Da sie aufgrund ihrer geografischen Lage zwischen Europa und den afrikanischen Küsten sowohl für die Deutschen als auch für die Briten von strategischer Bedeutung ist, wird die Insel zum Schauplatz eines der größten Luftlandeunternehmen des Krieges, der »Operation Merkur«. Zwar gelingt es den Deutschen, die Insel zu besetzen, sie haben jedoch hohe Opfer unter den Fallschirmjägern zu beklagen, zumal sich in den Bergen viele Widerstandsnester bilden.

Karl K. wird 1907 in Mecklenburg geboren. Er studiert an verschiedenen deutschen Universitäten Theologie, Geschichte und alte Sprachen, promoviert in Philosophie und unterrichtet am Gymnasium. 1935 heiratet er Hildegard. Das Paar hat drei Kinder, alle geboren vor 1941. Karl K. wird im September 1940 als Funker zur Luftwaffe eingezogen. Nach einem Zwischenaufenthalt in Griechenland kommt er im August 1941 nach Kreta.

21.08.41

Meine liebe Mutti!

Wir sind also in der »Stadt des Herakles« – wenn ich den Namen recht interpretiere – und hausen z. Zt. noch in einer Schule, die bereits dem Tommy als Kaserne gedient hat. In unserm Raum sind zum Glück die Fensterscheiben teilweise entzwei, und die Tür schließt auch nicht. So haben wir nachts genügend Frischluft, an die wir uns durch unsern bisherigen luftigen Aufenthalt so gut gewöhnt haben. Im übrigen liegen wir auf dem üblichen gekachelten Steinfußboden und nehmen unsere Stiefel und Koppel als Kopfkissen. Unsere Betten, Matratzen und Netze sind nämlich noch nicht ausgeladen. Aber das wird heute geschehen und dann ziehen wir in ein Haus, das für uns Funker beschlagnahmt ist. Die Häuser sind hier zum größten Teil unbewohnt, weil die Leute Ende Mai gerade diese Gegend verlassen haben. Die Landser suchen sich nun alles Brauchbare wie Tische, Stühle, Kommoden usw. zusammen. Vielleicht bekommen wir es dann ganz gemütlich. Wir haben dann einen Wohnraum, Küche usw.

Wenn man vom Hafen aus in die Stadt will, muß man ein gewaltiges Kastell passieren, das den stolzen Markus-Löwen* als Wappen trägt. Wir sahen ihn auch auf der Akropolis, und ich bemühe mich nun, den Kameraden die Bedeutung Venedigs in früherer Zeit klarzumachen. Dann betritt man die Stadt und sieht sofort die furchtbare Wirkung der deutschen Bomben, die doch den Fallschirmjägern hier draußen wenig haben helfen können.

Fritz Witte erzählte mir bereits in Larissa, daß bei dem Unternehmen Kreta Verrat eine wichtige Rolle gespielt habe. Die Absprungstellen der Deutschen waren dem Tommy bekannt, ja sogar der genaue Zeitpunkt. So gingen die Herren

---

* Der Markuslöwe, Wahrzeichen der Stadt Venedig, erinnert an die jahrhundertelang Zugehörigkeit der Insel zur Republik Venedig.

Engländer erst morgens zum Baden und dann in die Stellung, um auf die Deutschen zu warten. Mittelpunkt der einen Stellung ist unsere Schule. Ganz raffiniert haben die Engländer jedes Haus und jeden Hof unserer Umgebung zu einer kleinen Festung ausgebaut, unter jedem Baum ein Schützenloch angelegt, die natürlichen Höhlen des Kalksandsteinfelsens erweitert, Drahtzäune gezogen, so daß Churchill sich mit Recht rühmen konnte! In dieses Labyrinth von Stellungen sprangen nun die Deutschen und erlitten so die allerschwersten Verluste! An einer anderen Stelle sprangen die Jäger in eine englische Flakstellung. Dort findet man daher an einer Stelle die drei Motoren einer großen Ju* in die Erde gerammt und daneben ein englisches Geschütz, das von dem Absturz miterfaßt und nun auch als stummes Mahnmal dasteht – das Rohr in die Erde gerammt, die Lafette in der Luft. Daneben dann zwei kleine Gräber mit der Inschrift: »Hier ruhen Flieger und Fallschirmjäger von der 14. FJR.1«. Darauf ein ausgeglühter Stahlhelm, der einzige Schmuck dieses Grabes von sicher 40 Soldaten. Ganz in der Nähe davon liegt wieder ein großes Steingrab, das 30 Tote eines einzigen Zuges auch wieder der 14. Komp. birgt. Und dann überall im Fels verstreut die Einzelgräber. Da hier die letzten deutschen Jäger neun Tage eingeschlossen waren, hat man die Toten zunächst nicht bestatten können oder die Kreter haben die Deutschen beraubt und dann verscharrt. Noch jetzt findet man solche Gräber. Man hebt dann nur die Grube tiefer aus und kenn-

---

* Die Ju ist ein Frachtflugzeug und ein Bomber, hergestellt von der Junkers Flugzeug- und Motorenwerke AG.

zeichnet die Stelle durch würdige Steineinfassung. Die Rache der Deutschen für den Verrat ist furchtbar gewesen und viele Kreter haben dafür ihr Leben lassen müssen. Nun herrscht hier aber noch das Gesetz der Blutrache. Der Kleinkrieg geht also weiter, und der Haß vergiftet das Volk. Noch jetzt hört man immer wieder von Strafexekutionen[*] usw.

In den hohen Bergen stecken noch ein paar verstreute Engländer und außerdem eine »Kretische Räuberbande«[**]. Die Leute sind z. Zt. recht zahm und warten auf Landungsversuche der Engländer.

Inzwischen aber wird die Festung Kreta immer mehr ausgebaut. Allerdings werden nur die vordringlichsten militärischen Aufgaben erledigt, denn für andere Dinge ist noch keine Zeit vorhanden. So stehen immer noch englische Geschütze hier herum, und daneben liegt haufenweise die Munition. Minenfelder existieren noch, immer wieder entdeckt man geheime Waffenlager, und vor allem sucht man noch vergeblich nach den Waffen der gefallenen deutschen Jäger. Nun wird wie in Griechenland, so auch hier das Volk staunen, wenn heute unsere schweren Geschütze durch die Stadt rasseln. Vielleicht merken dann diese Hitzköpfe doch noch, daß der Deutsche stark ist trotz der schweren Kämpfe in Rußland.

Jetzt Schluß! Vati muß eben zwei Stunden Wache stehen,

---

[*] Der griechische Widerstand gegen die Besetzung durch die Deutschen war äußert erbittert.

[**] Diese Widerstandsgruppen zählten auch Soldaten der alliierten Armeen in ihren Reihen.

d.h. die Knarre auf der Schulter tragen; denn schießen kann ich noch nicht mit dem Ärmchen, und vormittags ist das auch nicht nötig.

Herzlichst!

Euer Vati.

28

Ghetto, Läuse und Złoty

*Kurt S., geboren 1907, ist verheiratet und Familienvater. Vor
dem Krieg Arbeiter in einem Sägewerk, wird er mit dem 643.
Jäger-Bataillon in Polen stationiert. Er und seine Frau Hanni
schreiben sich mehrere hundert Briefe. Ab 1940 beherbergt Kurts
Familie einen französischen Kriegsgefangenen, der Hanni bei
den beschwerlichsten Hausarbeiten hilft.*

*Als Kurt diesen Brief schreibt, ist Siedlce, eine Stadt in Ostpolen,
bereits seit fast zwei Jahren von deutschen Truppen besetzt. Die
SS hat dort ein Ghetto eingerichtet, in dem an die 15000 Juden
und Zigeuner aus Deutschland zusammengepfercht sind. Die
meisten der Gefangenen des Ghettos werden im Sommer 1942
nach Treblinka deportiert.*

*Kurt S. kehrt nach dem Krieg zu seiner Frau und seiner Toch-
ter nach Serba in Thüringen zurück.*

Siedlce d 4.9.41

Liebe Frau herzensgute Hanni und allerliebste Lieselotte,

euer Papa schreibt euch diesen Brief aus Feindesland; seid
froh daß wir unsern Führer bekommen haben denn die Zustände hier in Polen, da macht ihr euch keine Vorstellung;
um euern Papa braucht ihr euch nicht abzusorgen, denn

den geht es sehr gut; wir gewöhnen uns so allmählich in die Russischen Verhältnisse ein; wir pflegen unter uns eine Kameradschaft, das glaubt ihr gar nicht; es ist jetzt um 8 Uhr; wir sitzen am Tisch und essen Brot Butter und Jagdwurst; diese haben wir heute abend bekommen, auch 3 Zigaretten und 1 Zigarre bekommen wir jeden Tag. Ihr macht euch keinen Begriff, was hier für Landser liegen.

Heute waren wir in der Stadt; da könnt ihr was sehen; wo unsere Stukaflieger reingefunkt haben, da liegen ganze Straßen in Schutt und Asche, denn die faulen Polen räumen nichts wieder auf; die Juden haben sie alle in einen Stadtteil zusammengedrängt; es ist mit Stacheldraht umzogen; hier ist alles sündhaft teuer: 1 Pfund Butter 8 M[ark]; 1 Zentner Kartoffeln 15 M; ein Glas Bier in der Stadt 1,50 M; in der Kantine 50 Pf[ennige]; für 1 Paar Schuhe für Lieselotten war ich in einem Geschäft; sie sollten 40 M kosten; da ist nicht daran zu denken, etwas zu kaufen; Liebe Hanni, wir bekommen unsern Lohn auch in polnischem Geld; in 10 Tagen 30 Zloty, das ist nach unsern Gelde 15 M; jeden Tag bringen sie bei uns ins Lager 800 bis 1000 Russen, und jeden Tag gehen 50 bis 60 kaputt; und Läuse haben die Kerle, da braucht ihr euch nicht zu wundern, wo wir sie her haben; aber verzagt nicht, der Krieg geht auch zu Ende, und wenn Gott will kehrt euer Papa wieder gesund heim zu seinen Lieben; unser Hauptmann ist auch ein Bauer; es ist ein prima Kerl; hier ist es nicht wie in der Kaserne; es sind alle Kameraden; er stammt von Küpfhäuser; 3 Juden sind hier, die machen jeden Tag Holz; klar, die können gut deutsch sprechen; viel Dienst haben wir nicht; 1 Stunde Unterricht, 1 $1/2$ Stunden Fußdienst, nachmittags 2 Stunden Arbeitsdienst da machen wir Bäume; mittags von 12 bis $1/2$ 3 da wird geschlafen.

Liebe Hanni, wenn du Post von mir bekommst, schreib sofort wieder; denn du glaubst es nicht; heute ist Sonnabend und noch keine Post von zu hause; wie das kränkt; morgen mittag bis Montag mittag zieh ich auf Wache; es ist eine lange Zeit. Ich will nun schließen mit den Bewußtsein, daß euch mein Brief gut antrifft

Es grüßt und küßt dich dein lieber Mann

Was machen meine Kleine und die Mutter?

Schreib sofort wieder.

Ich schreib jeden Tag

29

Das Paradies der Sowjets

*Von Beginn der Eroberung der Ostgebiete an muss die Wehr-
macht dafür sorgen, dass die Straßen für die Soldaten passierbar
sind, sie muss ferner die Bevölkerung mobilisieren, damit die
Ernten eingebracht werden, die für die Versorgung der Truppen
gebraucht werden, und Besatzungsstrukturen vor Ort schaffen –
in erster Linie die lokale Polizei. Als Vertreter der Besatzungs-
macht haben diese Polizisten die Aufgabe, Kommunisten und
Juden und alle von den Nazis als Gegner bezeichneten Personen
zu identifizieren. Bereits in den ersten Wochen des Einmarschs in
die Sowjetunion verschärft sich der ideologische Krieg. Die deutschen Soldaten, unter ihnen Fritz P., finden in dem Elend, das
in der Ukraine und in Russland herrscht, die verbreiteten Nazi-
klischees bestätigt.*

*Fritz P. wird 1906 im thüringischen Görmar geboren. Der
Tischler ist verheiratet, Familienvater und Mitglied der NSDAP.
Er dient in der 6. Armee, mit der er an die Ostfront kommt,
nachdem er in Belgien, Frankreich und Griechenland gekämpft
hat. Bei Stalingrad verliert sich 1943 jede Spur des Unteroffiziers.*

Meine Lieben!

Ich hoffe, daß Ihr die beiden kurzen Briefe, welche ich auf
der Fahrt an Euch geschrieben hab, erhalten habt. Daß wir
jetzt im Osten sind, teilte ich Euch ja schon mit. Nun liegen
wir vorläufig in einer Kaserne westlich von Kiew, und warten
auf das was kommen soll. –

Ja, das war eine Fahrt, am 30.8. sind wir in Salon. ab, über
Belgrad, Budapest nach Szolnok (südöstl. von Budapest.)
Dort mußten wir in einem Lager, für solche Fälle [...]* eingerichtet, wegen Hochwasserschäden an Bahndämmen zwei
Tage warten. Dann sind wir nach Jassy an der rumänisch-rus-
sischen Grenze. Dort bekamen wir nach einigen Tagen Aufenthalt den Marschbefehl nach »Schitomir«, wo wir nun endlich sind. Natürlich mußten wir wieder zurück über Szolnok**,
Krakau, Lemberg, Przemzyl*** (spr. Schimisel) und dann durch
die fruchtbare Ukraine. Auf dieser Fahrt habe ich den Balkan
noch mal von allen Seiten gesehen, ich glaube nicht, daß ich
nochmal in meinem Leben dorthin komme, habe auch kein
Verlangen danach. Ein Paradies oder Deutschland ist ja hier
auch nicht. Es soll ein Paradies der Sowjet sein, aber was ich bis
jetzt gesehen habe, hat auf mich den allerschlechtesten Eindruck gemacht. – In der Ukraine steht noch eine Menge

---

*   Schwer zu lesendes Wort.
**   Szolnok (deutsch Sollnock) ist eine Stadt in Ungarn.
*** Przemysl ist eine Stadt in der Woiwodschaft Karpatenvorland im äußers-
ten Süden Polens am Fluss San.

Frucht und Kartoffel im Felde, aber die Gefangenen Ukrainer werden jetzt entlassen und müßen die Ernte bergen. Man hat jetzt einen ukrainischen Selbstschutz gebildet und diese räumen unter den Juden und Kommissaren so auf*, daß man bald keine dieser Bestien, denn etwas anderes sind sie nicht, das kann ich in dieser kurzen Zeit, die ich hier bin schon bestätigen, mehr sieht.

Seitdem wir von Salon. weg sind habe ich keine Post mehr bekommen und es wird wohl noch geraume Zeit dauern, ehe wir wieder etwas von daheim hören. Das ist immer eine schwere Zeit, wenn man keine Nachricht von seinen Lieben hat. Aber ich hoffe ja, daß alles noch beim Alten ist und Ihr meine Lieben gesund seid und das hilft einem über den Berg. – Ich selbst fühle mich bedeutend wohler als in Griechenland, jetzt hat man wieder Hunger und an Essen fehlt es ja hier nicht. Fleisch gibt es ja genug. Eine Kuh oder Rind kostet 10 R.M. man sollte es kaum für möglich halten, aber es ist so. – Das Wetter ist nicht besonders, trüber Himmel windig und ab und zu Regen. Hoffentlich ist es bei Euch besser damit Ihr

---

* Bereits im Vorfeld des »Unternehmens Barbarossa« wurde ein geheimer Befehl vom OKW, dem Oberkommando der Wehrmacht, erlassen, wonach die politischen Kommissare der Roten Armee nicht als Kriegsgefangene zu behandeln seien, sondern ohne Verhandlung erschossen werden durften. Eine eklatante Verletzung des Völkerrechts, mit der die Wehrmacht sich in den Dienst eines weltanschaulichen Vernichtungskriegs stellte. Zudem wurde dieser sogenannte Kommissarbefehl ausgedehnt auch auf zivile politische Funktionäre, Intellektuelle und Juden – oder wer immer als missliebige Person ausgemacht wurde. Allerdings waren hier für die Erschießungen statt der Wehrmacht die etwa aus dreitausend Mann bestehenden Einsatzgruppen zuständig, unterstützt von einheimischen Kollaborateuren sowie von SD und SS.

auf dem Felde arbeiten könnt. Die Schule ist wohl nun auch wieder an und unser Gundelchen wieder daheim. Nun mein liebes Mottchen müßen wir noch warten, ehe wir uns wiedersehen, vorläufig können wir nicht damit rechnen, wahrscheinlich Weihnachten erst. Das ist noch eine lange Zeit, aber ich nehme an, daß Du nicht mißmutig wirst und den Weg so vieler Frauen einschlägst*, Urlauber erzählen böse Dinge. – Aber bei uns kommt sowas ja nicht in Frage und unsere Treue besteht auf Gegenseitigkeit. –

Nun wünsche ich Euch alles Gute und grüße u. küsse Euch alle vielmals herzlich. Auf Wiedersehen!

Dein Fritz

---

*   Manche deutsche Soldatenfrauen waren es müde, auf die Rückkehr ihrer Männer zu warten.

30

Leningrad

Der Verfasser des folgenden Briefes, Georg F., geboren 1915, befindet sich in der Nähe von Leningrad, als er ihn schreibt. Er ist Bomberpilot und fliegt regelmäßig Angriffe auf die Stadt. Die Belagerung von Leningrad, dem heutigen Sankt Petersburg, beginnt am 8. September 1941. Sie dauert 872 Tage. Es ist eine der längsten Belagerungen der Geschichte. Die Bombardierungen, der Hunger und die Kälte fordern mehr als 1,5 Millionen Tote, von denen die meisten Zivilisten sind. Im November 1941 wird das Flugzeug von Georg F. abgeschossen.

U.d.S.S.R. 29.9.41

Liebe Schwester nebst Schwager!

Damit Ihr nicht ganz ohne Nachricht bleibt, will ich wieder mal ein Lebenszeichen geben. Wie Ihr vielleicht schon wißt, bin ich als Flugzeugführer und Kommandant in einem Schlachtkampfgeschwader in Rußland. 8 Wochen bin ich jetzt hier, habe ca. 30 Feindflüge u. so manche Nacht über Rußland meine Bomben geworfen.

Demnächst werde ich das Eiserne Kreuz 1. und 2. Klasse u. die Frontflugspange für Kampfflieger bekommen. Ich habe mir diese Orden bitter bei manchem Feindflug erkämpfen müssen.

Sie sind für mich eingereicht! Meine Zeit wär am 1.10. hier um gewesen. Mein Staffelkapitän wollte mich aber unbedingt behalten und nun bin ich ganz nach hier versetzt. Ich freue mich riesig darüber, denn mir macht das Spaß. Ich werde den Krieg bis Ende also beim Geschwader mitmachen u. nicht mehr nach Tutow* zurückkehren. So manche Nacht hing ich mit meiner guten Heinkel 111** im stärksten Scheinwerferlicht u. Flakfeuer. Aber meine Bomben haben ihr Ziel noch nie verfehlt. Mancher russische Bahnhof ist schon in die Luft geflogen. Aber manchmal wurde meine Maschine zerschossen. Ich kam immer nach Hause. Letztens morgens um 6 Uhr, nachdem ich eine große Kaserne vor Leningrad in die Luft gejagt hatte, griffen mich 3 feindl. Jäger an. Mir war nicht gut zumute. Ein Jäger jagte mir von hinten einen Kanonenschuß durch mein linkes Kabinenfenster 10 cm an meinem Kopf vorbei. Er wurde anschließend von einem unserer Jäger abgeschossen: Das war ein toller Luftkampf. Die Maschine wird einem ja oft mal zerschossen, aber man muß Glück haben u. das hatte ich jedesmal, daß ich selbst mit dem Kopf geschüttelt habe. Vor 14 Tagen erhielt ich über Leningrad Sonnabend nach 1 Uhr einen Volltreffer im rechten Motor. Dieser fing an zu brennen. Ich brachte aber die Maschine noch heil nach Hause. So geht das öfters. Aber das ist so spannend, wenn einem

---

* Tutow ist eine Gemeinde im Landkreis Vorpommern-Greifswald. Während des Krieges war hier eine Jagdfliegerstaffel stationiert, und hier befand sich auch eine der größten Kampffliegerschulen des Deutschen Reiches.
** Die Heinkel He 111 war ein Bomber der Luftwaffe mit einem sehr starken Motor.

die bunten Sachen so entgegenfliegen u. dann krepieren, daß man selbst vom Sitz fliegt.

Diese Nacht jagte ich in Leningrad einen Gasomaten in die Luft, die Detonation war unbeschreiblich! Furchtbare Brände gab es. Gestern war ja auch Sonntag. Ich startete in der untergehenden Sonne um 18 Uhr. Das war dann mein Sonnenuntergangsflug. Ein Wochenende gibt es bei uns nicht. Oft weiß man überhaupt nicht wie man lebt. Heute Nacht geht es gleich 2 x nach Leningrad, dann wird die Stadt bald fertig sein. Wir greifen nur militärisch wichtige Ziele an. Nicht wie der Tommy, der seine Bomben in die Häuser wirft u. dann schleunigst wieder absaust*. Ich selbst mache es sogar so, daß ich nach dem Bombenwurf noch eine Leuchtbombe werfe, um zu sehen ob meine Bomben richtig gesessen haben. Wenn Leningrad gefallen ist, geht es auf Moskau. Diese Stadt bombardierte ich im August schon mal. Dort ist schwer was los. Zirka 700–1000 Scheinwerfer u. sehr viel Flak. Aber die Russen kann man durch dauernde Täuschungsmanöver so bluffen, daß sie überhaupt immer daneben schießen. Es gehören natürlich einige Erfahrungen dazu.

Ich habe eine tadellose Besatzung. Wir verstehen uns. Wenn wir unsere Bomben geworfen haben, wird auf dem Heimflug die erste Zigarette geraucht u. mittels des Peilgerätes Nachrichten u. Tanzmusik gehört. Das ist eine Erholung. Zu Hause angekommen gibt's heiße Suppe, Bohnenkaffee, Eier usw. Uns fehlt es an nichts. Man braucht es aber. Denn als wir Moskau die ersten Male angriffen, flogen wir mit 40

---

* Ein Vorwurf an die englische Royal Air Force, die zivile Ziele bombardiere.

Zentner Bomben von Königsberg* dort hin. Abend 19 Uhr war Start, u. morgen 5 Uhr sind wir wieder gelandet. Das waren immer 10 Stunden. Ihr könnt Euch vielleicht nicht vorstellen, was ein 10stündiger Feindflug bedeutet! Da war man restlos fertig! So ging das jede Nacht. Als dann in Rußland die Flugplätze besser wurden zogen wir um.

Rußland ist eine elende Wüste. Das kann sich kein Mensch vorstellen. Und dazu dieses verkommene rohe Volk u. der Dreck. Ich möchte nicht wissen, was aus Euch u. aus Deutschland geworden wäre, wenn die Bolschewisten ins Reich gekommen wären, wie es geplant war. Aber es ist Gott sei dank umgekehrt gekommen. Wenn der Russe etwas menschlicher, nicht so grenzenlos verhetzt wär, wäre der Krieg schon aus. Das sind ja gar keine Menschen, sie sind völlig vertiert. Aber es kann sich jeder drauf verlassen, wir geben es ihm, wo er auch ist. Diese Lumpen brennen ja alles ab, die Behausungen ihrer eigenen Mitmenschen**. Man sieht es täglich. Ein grausig schönes Bild ist es, wenn man nachts die eigentliche Front überfliegt. Die Front brennt auf russischer Seite 100te von Kilometern, ganze Städte u. Dörfer. Der Himmel ist glutrot. Unter uns toben harte Kämpfe. Wir aber fliegen bis tief ins Feindesland hinein. Kommt man nun gegen Morgen vom

---

*   Das ostpreußische Königsberg, nahe der Grenze zu Russland gelegen, eignete sich als Ausgangspunkt für Feindflüge. Heute ist Kaliningrad Hauptstadt der russischen Enklave, die im Süden an Polen und im Norden an Litauen grenzt.

**   Die Rote Armee setzte auf eine Politik der verbrannten Erde, um die Wehrmacht daran zu hindern, sich Lebensmittel zu besorgen oder das Land zu bewirtschaften. Sie sprengte auch Fabriken in die Luft, die nicht rechtzeitig weiter nach Osten hatten verlegt werden können.

Feindflug zurück u. fährt mit dem Wagen ins Quartier, muß man sich noch auf einen Erdkampf mit versprengten Russen gefaßt machen. Jede Nacht gibt es noch im Hinterland Schießereien. Auf einsamen Landstraßen wurden Kraftfahrer niedergeknallt u. ermordet, Autos beschossen. Auf d. Abort kann man nur mit der Maschinenpistole gehen, dergleichen schlafen gehen. Als wir letztens gegen Morgen bei der Heimfahrt beschossen wurden, ließ ich anhalten u. dann haben wir 5 solche Strolche über den Haufen gerannt. Ich habe 3 davon mit der Maschinenpistole umgelegt, als sie uns bei der Gefangennahme Handgranaten vor die Füße werfen wollten. Aber das ist nichts Neues mehr. Es ist eben Krieg. Und der wird hier bald aus sein. Dafür werden wir Flieger schon sorgen.[*]

Nun will ich schließen. Gleich ist Einsatzbesprechung u. dann geht es auf Leningrad.

Herzl. Grüße

Euer

Georg

---

[*] Die Luftwaffe, unter dem Kommando von Hermann Göring, war Hitlers ganzer Stolz. Neben den Panzerdivisionen hatte die Wehrmacht ihr die rasche Eroberung Polens und des Westens zu verdanken. In den Weiten Russlands versagte sie jedoch.

31

Vom Himmel aus gesehen

Nach einem Heimaturlaub kehrt Karl K. (siehe seinen Brief vom 21. August 1941) nach Kreta zurück. Dabei kommt er über den Balkan, der sich seit dem Einfall der Wehrmacht im Königreich Jugoslawien vom April 1941 fest in der Hand der Achsenmächte befindet. Bis zu einem Staatsstreich im März ein treuer Partner der Nazis, wird Jugoslawien jetzt in zehn Teile mit jeweils unterschiedlichem Status zerschlagen. Serbien etwa steht weitgehend unter deutscher Militärverwaltung, andere Gebiete werden von den Italienischen oder ungarischen Verbündeten verwaltet, und im Vasallenstaat Kroatien herrscht die faschistische Ustascha von Ante Pavelić. Trotzdem gelingt es nicht, die Region völlig zu unterwerfen, denn von Anfang an bilden sich hier sehr effektive Partisanenbewegungen heraus.

02.10.41

Mein Lieb!

Meinen ersten Brief aus Semlin* wirst Du sicher schon in Detmold erhalten haben. Gestern schrieb ich dann zwei

---

* Heute Zemun, ein Stadtbezirk von Belgrad, der Hauptstadt der Republik Serbien.

kurze Mitteilungen, eine noch nach Detmold, die andere bereits nach Basthorst.

Nun laß Dir noch ein paar Bilder von meinem Flug hierher beschreiben. Der Reihe nach! Zunächst noch einmal Berlin: Ich fand es so rührend von dem »Unbekannten«, daß er für Dich mich in dem Trubel der Abfertigung suchen ging. Und dann kam dies Wiedersehen! Verzeih' mir, daß ich so schnell fortlief, aber ich konnte den Jammer nicht mehr ansehen.

Bei der Zollabfertigung hatte ich dann mein erstes nettes Erlebnis, daß den gebrochenen Mut wieder etwas aufrichtete. Als ich meinen Koffer nur öffnen wollte, sagte der Zöllner mit einem Blick auf mich: »Mach zu! Kamerad!« und klebte seine Marken auf Rucksack und Koffer. – Das Reisepublikum setzte sich vornehmlich aus Urlaubern, meist in Zivil, zusammen. Aber einige Plätze blieben frei – obwohl doch angeblich solch ein Andrang herrschen sollte!

Der Sonnenaufgang war dann so schön, daß ich meinen Kummer und Sorge um Dich für einen Augenblick ganz vergaß!

In meiner Stimmung bekam mir das Fliegen nicht gut, und ich war froh, wenn das Flugzeug zur Zwischenlandung ansetzte.

Durch meinen Semliner Brief wirst Du dann wissen, wie nett dort ein Oberfeldwebel sich meiner annahm. Abends bin ich dann in das verabredete Lokal gegangen und habe dort meinem Magen die nötige Stärkung verabreicht. Und siehe da, »er« kam und machte mir große Hoffnung, fragte dann noch etwas und verabschiedete (im Sinne des Wortes!) sich dann, als er merkte, daß mich der Jammer wieder überkam. Ich habe mich dann durch ein paar Biere getröstet.

Mein Unterkommen fand ich in einer Semliner Kaserne. Meinen Kram hatte ich dort auf der »Wache« gelassen. Da dort ein paar nette Kameraden aus Schlesien saßen. Um $^1/_2$ 10 ging ich schlafen und fand ein sehr sauberes Zimmer mit gefederten Bettstellen. Zwei Kraftfahrer begrüßten mich als Schlafgenossen, und ein junger Kroate brachte mir 3 Decken. Die Kraftfahrer wohnten dort schon ein paar Tage, da sie wegen der Unsicherheit der Landstraße nicht weiter konnten. Sie sollten am folgenden Tag im Geleit von Panzerzugwagen und so dann auf der einzigen Straße nach Süden fahren. Die Unsicherheit ist z. Zt. wieder sehr groß in Serbien. Die Reste der serbischen Armee haben sich in den Bergen gut organisiert[*] und verüben nun planmäßig Überfälle auf einzeln fahrende Autos und Urlauberzüge. An einer schwierigen Stelle nehmen sie z. B. die Züge unter das Feuer, wohl wissend, daß gerade dort die Bahn nicht schnell fahren kann. Daher sind kleine Panzerzüge als Streckenkontrolle eingesetzt, und die Stukas verheeren ab und zu bestimmte Bergdörfer. Im Winter werden freilich diese Unruhen aufhören, da man dann vom Flugzeug aus die Spuren der »Partisanenbanden« gut verfolgen kann. Du wirst Dir kaum vorstellen können, wie gut man z. B. aus einer Höhe von 2000 m Einzelheiten der Landschaft beobachten kann. Die Kerle haben übrigens auf ganz raffinierte Weise sogar niedrig fliegenden deutschen Flugzeugen sehr zugesetzt.

Solches hörte ich also in meinem guten Bett und dann

---

[*] Schon zu Beginn des Balkanfeldzugs bildeten sich Partisanenzellen, die einen Guerillakrieg gegen die deutschen Soldaten und ihre kroatischen Kollaborateure, die Ustascha, führten.

schlief ich bald ein. Die Ereignisse des Tages gingen noch einmal an meinem Auge vorüber, auch der schöne Blick von der Semliner Burg auf die Stadt und Festung Belgrad!

Wunderbar habe ich dort geschlafen wie im besten Hotel! Ohne irgendwie von kleinen Biestern geplagt zu werden. »Wie fröhlich bin ich aufgewacht! ...« Alles Trübe und Schwere war von mir abgefallen, und ich war richtig froh bei dem Gedanken, daß Du wohl mit Mutti traute Zwiesprache gepflogen hattest.

Ziemlich früh war ich dann auf dem Flughafen und fand auch meine Maschine DAGJ. Kein Mensch war weit und breit zu sehen, aber der Riesenvogel stand da. Also warten! Bald versammelte sich das fahrende Volk: Ein sehr netter Kamerad im Leutnantsrang vom Sender Belgrad mit seinem famulus und dann noch ein paar Offiziere. Also sehr viel Lametta – mußte da nicht der einfache Landser die Hoffnung aufgeben? Aber als rettender Engel erschien wieder mein Oberfeldwebel. Er verstand es, dem Flugzeugführer, einem Oberleutnant, klarzumachen, daß ich mitfliegen müßte. Und siehe da: Das Lametta blieb zurück, nur der P.K.-Leutnant und ich flogen mit außer den 1500 kg wiegenden Kisten!

Fortsetzung morgen! Voraussichtlich bleiben wir noch etwas hier, schreibe aber bitte nach Kreta.

32

Nervenkrieg

Walther N., Buchhalter, vor dem Krieg und Mitglied der NSDAP, leistet seinen Wehrdienst 1938 ab und dient bei Kriegsausbruch im Artillerie-Regiment 59. In dieser Einheit bleibt er bis zu seinem Tod im Mai 1942 bei Wjasma. Der 1915 geborene Junggeselle im Rang eines Unteroffiziers schreibt die meisten seiner Briefe an seine Eltern.

Als er den folgenden Brief schreibt, ist er an der Ostfront. Die Ukraine wird von einem frühzeitigen Kälteeinbruch überrascht. Das Oberkommando der Wehrmacht war auf einen kurzen Krieg gegen Russland eingestellt, der vor dem Winter beendet sein sollte. Es kommt anders: Die Männer der Roten Armee leisten härtnäckigen Widerstand und organisieren vor ihrem Rückzug Widerstandsgruppen. Die Partisanen machen den deutschen Soldaten so sehr zu schaffen, dass diese nach und nach ihre stolze Selbstsicherheit verlieren.

15.10.41

Liebe Eltern!

Fünfzehn Tage Einsatz sind vergangen. Was das bedeutet bei dieser Kälte kann man sich ja vorstellen. Da wir Winterbekleidung nicht empfangen haben, hilft sich jeder Soldat auf seine Art. So hat man sich Stoff und Pelz besorgt, oder den Gefangenen Handschuhe abgenommen. Wer das noch nicht getan hat, muß mit erfrorenen Knochen rechnen. Am 6. d. Mts. stellte sich der erste Schnee ein. Seitdem bedeutet das nichts Neues mehr für uns. Ich habe mir auch ein paar Einlegesohlen besorgt, denn trotz der zwei Paar Strümpfe kann ich keine warmen Füße bekommen. Ich nehme mich in Acht, soweit dieses möglich ist. Seit gestern belästigen mich Zahnschmerzen. Das ist natürlich weniger angenehm, aber man muß es nehmen wie es kommt und damit fertig werden. Am 1. X. wurde der letzte Brief aus dem damaligen dreiwöchentlichen Quartier abgesandt. Im Morgengrauen des 2. X. begann der Angriff, der wieder mit ungeheurer Wucht der schweren Waffen erfolgreich eingeleitet wurde. Die untadligen Arbeiten der Russen erregten auch hier wieder Erstaunen und Bewunderung. Der Russe ist ein Meister im Bau von Feldstellungen und Tarnen und macht es uns nicht leicht, einen Erfolg an den anderen zu reihen. In Scharen kommen sie am ersten Tage an. Tagtäglich dasselbe Bild und trotzdem immer noch Widerstand. Die Wälder sind noch voller Russen, so daß ein unfreiwilliges Zurückbleiben größtenteils den Tod bedeutet. Tagtäglich laufen Meldungen ein von Überfällen. Überall liegen Sicherungstrupps, so daß allmählich Leuchtkugeln überall in der Runde steigen und verlöschen. Am 2. X. frühmorgens wurde uns der Aufruf des Führers vorgelesen. Vom 2.–4. hatten wir wunderschönes Wetter. Bei einer Wiederaufnahme von Kampfhandlungen ist das Wetter von besonderer Bedeutung. Am 3. frühmorgens 5 Uhr ging es über die

Desna*. Wenn wir als Verteidiger in diesen Feldstellungen gesessen hätten, ich glaube es hätte uns keiner da herausbekommen. Aber gegen uns kommt ja doch keiner an. Stukas ist ja der Inbegriff des Allerschrecklichsten. Wir wußten durch Belehrungen und Erzählungen, daß der Gegner das Gelände ungeheuer vermint hatte. So blieb jeder hübsch artig in der Wagenspur von morgens bis abends, da alles Andere den Tod bringen konnte. Holzminen sind ein tolles Kampfmittel, da es durch Fehlen von Metall so quasi unauffindbar ist. Da nutzen selbst die Instrumente wenig. Wir haben die verheerenden Folgen sehen können. Ich danke für ein solches Erlebnis. Am 3. nachmittags mußte ich als Einweiser nach vorn und landete in Chorowia** auf der Div. Dort traf ich Köppen, einen Stubenkameraden aus dem RAD***-Lager Bernau**** v. 1937, der jetzt dort als Meldefahrer fungiert. In Begleitung des Generals ist auch immer Dorles Mann zu sehen. Ich glaube, der macht seinen Weg. Mein Pferd hatte ich in eine Scheune gestellt. Köppen nahm mich mit zu einem Auto, und dann hörten wir die Rede des Führers, während die Einheit noch auf dem Marsch war. Das war natürlich was, als ich zur Truppe kam und erzählte, daß

---

*　　Die Desna, die durch den Nordosten der Ukraine fließt, bevor sie nördlich von Kiew in den Dnepr mündet, ist ein russischer Fluss, der in den Smolensker Höhen ostsüdöstlich von Smolensk entspringt.

**　　Es handelt sich vermutlich um die Stadt Chorol im zentralukrainischen Verwaltungsbezirk Poltawa, südlich von Lubny.

***　　Reichsarbeitsdienst. Ab 1935 mussten die jungen Leute, Männer wie Frauen, vor dem Wehrdienst eine sechsmonatige Arbeitspflicht im Reichsarbeitsdienst ableisten.

****　　Bernau liegt am Chiemsee im oberbayerischen Landkreis Rosenheim.

und was der Führer gesprochen hätte. Von abends 20 bis frühmorgens 04 Uhr des 3./4. X. haben wir auf einem Feldweg gestanden. Es war lausig kalt. Dann ging es wieder vorwärts. War der Widerstand zu groß und gefährlich, wurden Stukas herangeholt. Ich habe das am 5. nachmittags erlebt, als ich wieder als Einweiser vorn bei der Spitze war. Der Vormarsch ging auf unserem Weg ruhig vonstatten. Der Aufklärer zog seine Kreise. Vor uns wirkten die Stukas. Plötzlich violette Leuchtkugel – Panzergefahr. Sofort wurden alle nur erdenklichen Maßnahmen getroffen. Zu 4 Mann ging es dann im Galopp über die Höhe, um Umschau zu halten. Da kamen aber schon die Stukas. 54 Stück habe ich gezählt. Auf annähernd 1000 m luden sie ihre Last in sich immer wiederholenden Sturzflügen ab; es war ein schaurig-schöner Anblick. Sah das aus, als wir durch dieses Trümmerfeld hindurchfuhren. Es gibt keine Beschreibung dafür.

Die Wege sind katastrophal. Etwas Gutes hat ja der Frost auch für sich, die Matschwege werden hart. Außerdem treibt Hunger und Kälte die Russen aus den Wäldern. Am 7. marschierten wir einige km auf der Rollbahn und sahen danach aus wie mit Zimt gepudert. Der Lehmstaub macht furchtbare Arbeit. Da habe ich mir auch eine Kirche angesehen, in der die Russen eine Werkstatt eingerichtet hatten. Verheerend sah das aus. Am 8. rief uns der General zu, daß der Kessel geschlossen sei und 300 Tsd. Mann sich darin befänden. Tagtäglich sehen wir sie nun in unzähligen Scharen an uns vorüberziehen. Die Nacht v. 8.–9. verbrachten wir wieder im Busch. Es war nicht schön. Am 9. wurden die Wege dermaßen schlecht, daß ich mit 3 Wagen zurückblieb. Nach 4 Stunden vergeblicher Mühe lud ich die Munition ab und fuhr ins nächste Dorf zurück mit den 3 Wagen, da das Risiko zu groß war, in dem Wald zu übernachten. Am 10. frühmorgens wollte ich zur alten Stelle; da waren Russen da. Gegen 14 Uhr hatte die Infanterie das Stück gesäubert, so daß ich dann erst wieder die Fahrzeuge beladen konnte. Nun erst mal die Truppe wieder suchen. Gegen 23 Uhr hatte ich sie dann wieder erreicht. Dort erfuhr ich dann, daß man mein Reitpferd erschossen hatte. Ich habe mich nun nach einem neuen umgesehen und nach mehrmaligen Wechsel einen noch nicht ganz Vierjährigen gefunden. Pferde laufen in Massen herum, aber es sind nur Panjes, kleine struppige Pferdchen und verbrauchte Pferde von uns. Die Nacht v. 10.–11. erlebten wir in der Wiese. Es war sündhaft kalt. Am Vormittag des 11. schossen wir in direktem Schuß in den Wald. Da konnte man sie aber kommen sehen. Gegen Abend wurden neue Stellungen bezogen. Wir konnten in dieses Dorf ziehen, in dem ich auch heute diesen Brief schreibe. Zuerst sah man keine Bevölkerung, aber so nach und nach kamen sie aus ihren Bunkern hervor. Sie hatten eine mächtige Angst, daß wir ihnen die Häuser anzünden würden. Nur Frauen und Kinder. Ihr müßtet mal einen Einblick bekommen in so einen Haushalt. Es ist unter aller Kanone. Das halbe Dorf steht nur noch. Das verschlimmert unsere und der Bevölkerung Lage natürlich sehr. Wir liegen tagtäglich bis zu 35–40 Mann in einem Raum, der etwa so groß ist wie mein Schlafzimmer. Es geht, weil es gehen muß. Die Kälte treibt einen jeden unter Dach. Heute früh haben wir einen netten Fang gemacht, einen Unterarzt und einen Kommissar, die wir natürlich sofort abgegeben haben. Am 12. habe ich die Aufstellung der eingegangenen Post v. 10. u. 11. d. Mts. mit einigen Zeilen abgesandt. Am 13. folgte ein Brief, der die Post beantwortete. Wir sind ja andauernd unterwegs, wenn nicht bei einbrechender Dunkelheit, dann bei Tagesgrauen. Gestern wollte es nichts werden. Heute habe ich nun auch das geschafft, Euch einen kleinen Überblick über die vergangenen Tage zu geben. Was aus Schuppan geworden ist, weiß ich nicht. Ich sah ihn am 3. X. zum letzten Mal. Er war als LKW-Fahrer bei der Vorausabt. eingeteilt. Am 5. X. sahen wir ihre Trümmerstätte. Sie waren von Russen überfallen worden. Es war ganz furchtbar. Da wir auf dem Durchmarsch waren, die Erkundigung natürlich schwer war, kann ich deshalb nichts Genaues darüber sagen. Den Anblick vergißt man nicht. In der Nacht v. 12.–13. X. ist unser Gefechtsstand angegriffen worden. Uffz. Pfeifer war gerade dort, hat sich bei der Verteidigung hervorgetan und ist noch in der Nacht vom Kommandeur zum Wachtmstr. gemacht worden. Gefallen sind dabei Oberleutnant Mielke, Leutnant Eggers, 2 Fernsprecher und 2 Kraftfahrer. Ein weiterer Teil ist verwundet worden. Überall stecken noch Russen, aber die Infanterie säubert Tag und Nacht. – Ich möchte für heute schließen und hoffen, daß Euch dieser Brief bald erreicht. 4 Wochen werden ja doch darüber weggehen. Herzliche Grüße und alles Gute von Eurem Walter.

33

Biwak in der Wüste

Wie Robert W. wird Walter K. als Ordonnanz ins Afrikakorps abkommandiert. Geboren 1921 in Schwabmünchen bei Augsburg und aufgewachsen in einer katholischen Unternehmerfamilie, tritt er im September 1941 in die Wehrmacht ein. Hier schildert er seine ersten Eindrücke vom Leben in der libyschen Wüste.

Afrika, 20.10.41

Liebe Eltern!

Inzwischen ist es doch Montag geworden, und ich bin froh, daß ich Samstag Euch noch einige Zeilen schreiben konnte. Ich bin eben an der Arbeit, eine kleine Periode der Schreibfaulheit zu überwinden, wenn der »Kampf« geschafft ist, geht es wieder leichter. Es ist ja zur Zeit bei uns nicht so, daß zum Schreiben nur ein Sonntagnachmittag zur Verfügung steht, in meinem bescheidenen Dienst ist jeder Tag ein Feiertag und jeder Feiertag hat seine Arbeit. Außerdem hoffte ich gestern noch Post zu erhalten, doch vergebens. Anscheinend werden zur Zeit nur Liebesgaben für den Tommy befördert.

Nun will ich Euch also endlich über unser Leben und den Dienst berichten. Wir hausen in einem sanften Wüstental, nicht sehr weit vom Heer entfernt, inmitten von festem Sand,

Steinen und vertrocknetem, grauem Dornengestrüpp. Ich liege mit einem Kameraden in einem Einmannzelt, da geht es freilich etwas knapp her, aber dafür ist es um so wärmer. Anfangs haben wir, stolz auf unsere neuen Luftkissen, auf den aufgepumpten Dingern versucht zu schlafen, nun verzichten wir darauf und liegen lieber etwas härter. Zwei pralle Matratzen haben erst recht keinen Platz und so lange schief, bis ein Zusammenprall unten im Tal mit dem Nachbarn nicht zu vermeiden ist. Wir sind natürlich nicht die einzigen Zeltbewohner, das Dorf zieht sich länger dahin, so ziemlich am unteren Ende ist die Futterkrippe und Waffenausgabestelle, das möchte einen schon manchmal erschüttern. An Zelten findet man alle möglichen Formen, spitze, flache, runde, eckige und erbeutete. Zu unserer Behausung gehört noch ein kleiner Vorraum, der uns zur Unterbringung der Klamotten und Speisen dient. Gegen oben ist er zwar abgedeckt aber an den Seiten hat er einen Haken. Da könnt ihr Euch denken, wie es da aussieht, da möchte es schon einem richtigen Junggesellen Angst und Bange werden. Aber man wird ja hier so stur wie ein Panzerwagen, gegen den Sandsturm ist nichts zu machen und was man in einer Minute aufräumt, ist in der nächsten durcheinander und voller Sand. Ich sitze zum Beispiel bequem auf einem grau-gelben dicken Polster und es wird sicher mein Rucksack sein. Und jetzt einiges über meine neue Tätigkeit. Ich habe Euch schon geschrieben, daß ich von dem großen Haufen mit einem Kameraden weggekommen bin, die Feldpostnummer hat sich aber nicht geändert. Ursprünglich sollte ich als Schreiber Verwendung finden, bis jetzt habe ich aber Ordonnanz bei meinem neuen Herren gespielt. Das ist ja nun ein nicht gerade besonders begehrenswerter Posten, aber es ist auch noch nicht aller Tage Abend. Ich bin noch dauernd mit mir selbst im Zwiespalt, ob es so richtig ist, besonders wenn man schon einmal nach Afrika ist, aber es mußte wohl so kommen, denn freiwillig habe ich mich ja nicht gemeldet. Zu tun gibt es praktisch in der Frühe, mittags und abends. Wenn die Sonne aufgeht und der Bläser uns weckt, dann werden sich die Feldflaschen geschnappt und dann geht es zum ersten Mal rauf zur Küche. Dann können wir selbst einmal mit Ruhe jausen und dann machen wir uns über Geschirr und Betten und Sand.

Mein Kamerad ist Fahrer und da es meistens für ihn nichts zu tun gibt, geht er mir an die Hand. Sind wir mit dieser Arbeit fertig, so ist meistens zum ersten Mal Feierabend bis zum Mittagessenempfang. Zu diesem Gang reicht nur ein Mann nicht aus, wir bekommen hier ein anständiges Essen, das nie aus einem Gang allein besteht. Backobst und auch andere Obstkonserven werden ziemlich oft verteilt und das soll uns mit Afrika ganz versöhnen. Anschließend Kochgeschirr sauberklappern und dann Mittagsruhe. Ich möchte ja nicht gerade behaupten, daß sie verdient ist, aber brauchen kann ich sie schon. Also schon verwöhnt. Gegen 17 h ist es Zeit, abermals an den Magen zu denken, da gibt es eben wieder was Warmes zu trinken, manchmal herrlichen Tee, dann wird die Abendkost am Verpflegungswagen gefaßt, ebenso Brot und die unvermeidlichen Zigaretten. Wenn alles gerecht verteilt ist, kommt des Tages heikelste Arbeit, der Wasserkasten. Wenn man zu zweit ist, geht es noch. Da sind fast täglich zwei 20l-Karnister vollzupumpen und herunterzuschleppen. Wenn wir dann angelangt sind, ist es meistens schon dunkel und das Abendbrot machen wir uns im Kerzen Schein eines

Zündholzlichtes fertig. Den Mund findet man ja auch im Dunkeln. Und wenn wir dann schon zum Leuchten zu faul sind, sind wir auch annähernd gesättigt und wir verziehen uns in unsere Falle. Zum Sitzen ist es oft zu kalt, und es macht im Dunkeln auch keinen besonderen Spaß. Ich schlafe gewohnheitsgemäß nicht gleich ein, sondern höre mir den Wehrmachtsbericht vom Zelt nebenan. So bekommen wir doch auch etwas von den großen Ereignissen in Rußland mit, die Moskau bald das Genick brechen werden. Wir hoffen es hier alle. Nachts haben wir bis jetzt Ruhe und wenn schon mal was brummt, so kann uns das kaum erschüttern, es haben schon ganz andere Sachen gebrummt. Heute brummt nur der Kopf, aber das gehört wieder zu einem anderen Kapitel und hat seinen Grund eher in »Saufen«[*]. Das ist ja wohl übertrieben aber ich will bei der Gelegenheit auf unsere Ia-Kantine überleiten – hier Marketenderei genannt, die sich sehen lassen kann und die auch im ganzen Land einen guten Ruf haben soll. Von den Dingen um die ich Euch gebeten habe, ist leider nichts zu bekommen, aber in Bezug auf käufliche Eßwaren werden wir richtig verwöhnt. Ich habe ja keine Angst, daß ihr etwa für mich bestimmte Rationen kürzt, aber komisch werdet ihr es vielleicht doch finden, wenn ich Euch schreibe, daß ich mich an Schokolade bereits abgegessen habe. Es war zwar ital. Schwarze Schokolade, aber immerhin. Jeden Tag bekommt man was anderes, einmal ist es Kaffee, dann Kakao, dann Milch, Schokolade, Eier, Butter und was alte Afrikaner sind, die kaufen und wir tun das gleiche. Nach ihrem Urteil ist das Geld doch nichts wert und man kommt

---

[*]   Schwer zu lesendes Wort

wieder mal wohin wo es monatelang nur »Geld« gibt, die gekauften Sachen sind mit unseren gewohnten deutschen Artikeln nicht zu vergleichen, die Butter ist gelb und salzig und die Milch ist nicht von Schnepf [?]*, die Eier von arabischen Hühnern gelegt und sie kosten außerdem pro Stück 46 Pf. umgerechnet. Aber man ist zufrieden mit dem was man bekommt, für einen Rückfahrschein würden wir ja dankend auf diese Sachen verzichten. Nun warte ich noch auf Mehl und dann kann das Pfannkuchenmachen beginnen. Nun merke ich plötzlich, daß es verdammt nach Hunger riecht. Die Sonne steht auch schon ziemlich hoch, ich habe zwar keine Uhr, aber es wird wohl allmählich Zeit zum Marschieren sein. Für die Vormittagspause war das das Ende des Briefes. Aufwiederhören

Nachmittags! Ich fahre fort, nachdem mir die Mittagsträgheit durch Wäscheschrubben aus dem Gehirn genommen ist. Ich werde einen neuen Bogen beklagen müssen, wenn das Briefpapier aus ist, muß auch der Brief zu Ende sein. Das Nomadenleben in dieser Gegend wird für uns schon in den nächsten Tagen sein Ende nehmen. Wir ziehen um, man wird sich leicht an den neuen Ort gewöhnen, die Gegend ist überall gleich trostlos öde. Vielleicht werdet Ihr auch mit Postverzögerung zu rechnen haben, bei mir ist das schon gar nicht so tragisch, denn der Apparat ist so noch nicht eingespielt. Einmal muß ja doch Ruhe eintreten. Ach was, Ruhe! Für uns wäre es am günstigsten, wir wären dauernd auf Reisen, nächste Woche in Cairo u.s.w., schließlich über Amerika nach Hause. –

---

* Schwer zu lesendes Wort.

Wenn ich jetzt so aus dem Zelt sehe und ich wäre in Deutschland, so würde ich alle Augenblicke auf die ersten Regentropfen warten. Der Himmel hängt oft so voller Wolken, die Zeit der Güsse ist anscheinend nur auf Petrus' Kalender noch nicht notiert. Auch ist es richtig kühl, ich habe nun auch endlich dem Herdentrieb der großen Masse nachgegeben und meine pantalons angezogen. Ehrensache, die kurze bleibt darunter!! Die Hemdärmel bleiben unten, mich friert, wenn ich an bloßen Oberkörper denke. Ja, dieser Erdteil wird mir noch oft seine Rätsel zu lösen geben. Nun ist es bei Euch schon ganz anständig kalt, denke ich, das Obst ist sicher gut versorgt, ich freue mich, daß dieses Mal der Segen im Garten größer war. Für meinen Bedarf genügen ja auch spärliche Ernten und ich werde auch noch fette Jahre genug erleben. Ich bin einigermaßen beunruhigt, daß Papas Befinden nicht so ist, wie es sein sollte und ich hoffe nur, daß ich bald günstigere Nachrichten empfangen kann. Auf alle Fälle wünsche ich Dir, lieber Papa, recht baldige völlige Genesung! Mit einiger Genugtuung habe ich vernommen, daß meine Parteiaufnahme fit ist. Nun können die in Moskau, wenn sie noch Zeit haben, einen neuen Mann auf die schwarze Liste schreiben. Bei meinen Kameraden in Ingolstadt habe ich nochmals wegen Fotos reklamiert. Ihr habt mir noch keinen Empfang bestätigt, ich hoffe aber, es klappt noch. Von Gefr. Voppesberger muß eine Sendung ankommen, ist bestellt! Bei unseren Bestellungen kann ich mich nicht entsinnen, ich habe geschrieben, sie sollen ruhig gr. Nachnahmen senden. Nun wollt Ihr noch wissen, ob ich den Christoph gerettet habe. Das ist doch klar, jetzt hat er ja seine ursprüngliche Bedeutung für mich verloren, ich habe ihn kurzerhand zum Wüstenpatron befördert (oder nennt man das degradieren?) Der Geldbeutel ist auch mitgegangen, mein Taschenmesser und meine Brille. Ersteres schwer »beschädigt«, deshalb Bestellung. Und nun wünsche ich Euch allen frohe Unterhaltung, wenn jeder einmal den Brief laut vorliest, dann wißt ihr, was ich zusammengeschmiert habe. Ich kann mir die Mühe nicht machen. Noch herzliche Grüße und Küsse

Euer Walter

34

Der friedliche Don

Rostow am Don ist eines der Tore zum Kaukasus. Die Stadt wird zunächst am 20. November 1941 von den Deutschen besetzt, doch am 28. November unternimmt die Rote Armee einen Gegenangriff; die deutschen Truppen müssen sich in die Nachbarstadt Taganrog zurückziehen. Am 24. Juli 1942 wird Rostow erneut von der Wehrmacht erobert.

Franz S., geboren 1919 in Nordhausen, ist Kaufmannsgehilfe. Im Oktober 1940 wird der Junggeselle zur Wehrmacht einberufen. Er dient in mehreren Panzerdivisionen im Süden der Sowjetunion.

Russland, 23.11.41

Ihr Lieben Alle!

Das war heute ein Freudentag! Fünf Säcke Post für den Stab! Das kommt nicht alle Tage vor, deshalb zeigte sich auf allen Gesichtern ein froher Schimmer, denn fast jeder war mit Post aus der Heimat bedacht worden. Die ersten 1000g-Päckchen in diesem Feldzug erschienen bei uns an der Front. Gott sei Dank, daß nun die Zeit der Käsepäckchen vorbei ist, wie Mutti ganz treffend schreibt. Ich war bei der Postverteilung einer derjenigen, dessen Name am meisten aufgerufen wurde. Es trudelten dieses mal ein: die Briefe v. 23.,

24., und 31.10. sowie zwei große Päckchen mit Friwi*, Strümpfen und Kniewärmern, Zigaretten und Bonbons. Dann traf auch ein Päckchen mit Pulswärmern und Filzsohlen. Mutti einen besonderen Kuss, denn gerade jetzt, wo ich diese Sachen so nötig gebrauche, kamen alle diese netten Sachen an. Das Päckchen mit Pulswärmern und Filzsohlen war von der Sammelstelle Erfurt neu verpackt worden, da es beim Transport beschädigt worden war. Und zuletzt gab es noch ein Päckchen von Bideaus, über das ich mich natürlich auch riesig gefreut habe. Ein Paket Friwi hat schon daran glauben müssen. Die Plätzchen schmecken wirklich ausgezeichnet.

Heute Abend habe ich erst gemerkt, daß Sonntag ist. Ein Tag vergeht wie der andere in dieser freudelosen Einsamkeit. Ein Tag so stur wie der andere! In den letzten Tagen gab es für uns wenigstens die frohe Kunde, daß das hart umkämpfte Rostow gefallen ist. Lange lagen wir davor und heftig waren die Kämpfe, nun aber ist diese Stadt unser. Damit ist die letzte Bahnverbindung zwischen Kaukasus und Zentralrussland durch uns unterbrochen worden. Was noch sehr wichtig ist, wäre folgende Tatsache. Die zwei Brücken über den Don, mehrere Kilometer lang, sind unbeschädigt in unsere Hand gefallen. Ich selbst bin noch nicht in der Stadt gewesen, da meine Maschine erst heute fertig geworden ist. Es ist eine andere Type, aber ich werde wohl auch mit ihr fertig werden. Unser Haufen ist auch schon wieder aus der Stadt raus, da wir an anderer Stelle eingesetzt worden sind. Das ist eben das mannigfaltige im Soldatenleben. Heute hier – morgen dort.

---

* Die Friwi sind Kekse aus Stolberg im Harz.

Aber eines ist immer dasselbe: elende Hütten und unbeschreibliche Armut. Immer wieder kommt mir ein Wort in den Sinn: Arbeiterparadies! Welcher Betrug an der Menschheit ist doch mit diesem Worte oft getan worden. Mögen alle unsere bisherigen Kriege sein wie sie wollen, gerecht oder ungerecht, mögen sie Machenschaften der Diplomaten sein, eines aber steht fest, dieser Krieg gegen die verbrecherische Arbeit des Bolschewismus ist der Kampf der gerechten Sache. Wehe, wenn die asiatischen Horden in unser schönes Deutschland eingedrungen wären. Es ist nicht zu beschreiben. Film und Zeitung können es niemals so ausdrücken, wie es in Wirklichkeit ist. Nur wer die grauenhaften Zustände selbst gesehen hat kann sich ein Bild über die Wirklichkeit in der U.d.S.S.R. machen.

Tief erschüttert hat mich die Nachricht über den Tod von Wigbert Zellermann. Damit ist ein alter Kamerad gefallen, den man von frühester Jugend her kannte. Wohl war er in den letzten Jahren in seinem Benehmen ein eigentümlicher Kerl, aber es fehlte eben die fürsorgliche Mutterhand. Aber im Großen und Ganzen war er doch ein guter Kamerad. Er steht noch leibhaftig vor meinen Augen mit seiner blonden Haarlocke, als ich ihn voriges Weihnachten zum letzten Male sah. Der Krieg ist bitter, sehr bitter. Solche Schicksale treffen solche, die ihn gut kannten, sehr hart. –

In einem Monat ist nun Weihnachten. Weihnachten, Fest des Friedens! Aber die Menschen wissen nichts vom Frieden, nur Krieg steht in jeder Zeile. Wo werden wir es wohl in diesem Jahr feiern? Niemand weiß es, aber eines ist doch so gut wie sicher, daß wir irgendwo im Feindesland das Christfest feiern werden. Für mich wird es die erste Kriegsweihnacht sein.* Ich tröste mich mit den Kameraden, die schon das zweite oder gar das dritte Mal irgendwo in weiter Ferne unterm Lichterbaum sitzen und mit allen Gedanken in der Heimat sind. Wir sind ja zufrieden, wenn wir, die wir nun ununterbrochen fünf Monate im Kampfe stehen, rausgezogen würden und einige Wochen Ruhe bekämen. Dann könnten wir ruhig und zufrieden Weihnachten feiern. Ein Bäumchen wird sich wohl auftreiben lassen und wenn ein Haufen Post käme, so wäre jeder glücklich und zufrieden. Die Ansprüche des Landsers sind ja nicht groß. In diesem Jahre kann ich ja nun nicht persönlich die Weihnachtsgeschenke kaufen. Mit gleicher Post habe ich daher an die Mila geschrieben, auf das Konto von Papa 100,– M zu überweisen. Verteilt das Geld bitte wie folgt: Papa und Mutti je 35,– M, Wolf und Mathilde je 15,– M. Jeder kann dann kaufen, was er will oder auch Papa für Mutti und umgekehrt. Wolf und das kranke Häschen können ja ebenfalls sich gegenseitig und zusammen die Eltern beschenken. Was soll ich noch lange Vorschriften machen. ihr seid im Weihnachtseinkauf doch alle keine Anfänger. Sollte es passieren, daß wir doch zur Überholung in die Heimat kämen, dann kann ich nach dem Feste ja nachsehen, ob Ihr gut und billig gekauft habt.

Eine Kuriosität hätte ich noch zu berichten. Ein Urlau-

---

* Das Dritte Reich hatte sich eine Art nicht christliche nationalsozialistische Weihnachtfeier ausgedacht. Die Propagandaeinheiten wollten für die Männer an der Front eine Atmosphäre von menschlicher Wärme und Kameradschaft für das Fest am Jahresende schaffen.

berzug fährt von Mariupol über Stalino*, Dnjepropetrowsk, Shitomir, Lublin, Kattowitz, Breslau, Dresden, Leipzig, Halle, Nordhausen, Kassel usw. weiter ins Rheinland. Ich habe nur noch nichts darüber erfahren, daß es Urlaub gibt. Das gilt wohl nur für Etappenhengste! Ich habe herzlich gelacht, als ich von einem Kameraden hörte, daß ich direkte Verbindung bis zur Heimat hätte. Vier Tage soll die Fahrt dauern. Vielleicht sind wir nächstes Jahr um diese Zeit so glücklich, auf Urlaub fahren zu können. Eure Annahme, daß ich zum Rgts.-Stab versetzt worden wäre, stimmt nicht. Ich war nur als Melder abgestellt, jetzt hat mich ein anderer abgelöst.

Wolfgangs Brief v. 23.10. hat mich sehr gefreut. Er scheint ja ein zackiger Bursche geworden zu sein. Als Feuerwehrmann im Domgewölbe rumzukraxeln, ist schon eine Leistung. Alle Achtung! Kurzschrift lernt der Herr auch schon. Da bringt er es sicher bald auf 100 Silben! Krippen habe ich in meiner Jungscharzeit auch mit gebaut und da ich wieder beim weihnachtlichen Thema angelangt bin, so will ich Euch schon jetzt die herzlichsten Wünsche übermitteln. Man weiß ja nie, wie lange die Post geht. Im Augenblick klappt's ganz gut. Das göttliche Kind möge Euch allen seinen Segen geben und wir wollen hoffen, daß seine Gnade die Führer der Völker erleuchtet, sodaß im nächsten Jahre Weihnachten wieder ein Fest des Friedens ist. Wenn Ihr unter dem Lichterbaume sitzt, dann denkt an mich. Allen Verwandten und Bekannten allerbeste Grüsse und Wünsche.

---

* Die russische Stadt Donezk (heute Ukraine) war 1924 zu Ehren Stalins in Stalino umbenannt worden.

Als Wünsche hätte ich Briefumschläge und einen Rasierapparat, da meiner verloren gegangen ist. Schließt mich in Euer Gebet ein. Hoffentlich können wir bald mal auf Urlaub fahren.* Nochmals frohes Fest und tausend Grüße und Küsse von Eurem Jungen.

---

* Die deutschen Soldaten hatten in der Hoffnung auf einen raschen Sieg am Russlandfeldzug teilgenommen. Doch der Angriff geriet mit dem Wintereinbruch ins Stocken. Die Heeresgruppe Süd beispielsweise musste die Hälfte ihrer Lastwagen durch von Pferden gezogene »Panjewagen« ersetzen, und zwei Drittel der deutschen Panzer waren schon nicht mehr einsatzfähig. Die deutschen Soldaten ahnten, dass der Krieg härter und länger werden würde, und verlangten Fronturlaub, um ihre Familien besuchen zu können.

ZWEITER TEIL

Blut und Eisen
1942–1943

»[...] wir müssen alle damit rechnen, daß unsere Stunde früher o. später kommt. Die Zukunft ist für uns schwarz geworden und die Hoffnung schwindet dahin. Wir haben eben Osterfahrung und müssen hier sterben oder siegen. Damit haben wir uns alle schon abgefunden. Es geht um Leben oder Tod. So einen Krieg hat die Welt noch nicht gesehen.«

Brief von Ludwig S., 25. August 1942

»Stalingrad an und für sich ist in deutscher Hand, nur ein Fabrikgelände und ein Dorf am Rande der Stadt wird immer noch zäh und verbissen verteidigt. Die Stalinorgel spielt den ganzen Tag und auch des nachts, aber auch unsere Orgel spielt Tag für Tag ihre Lieder.«

Brief von Karl N., 30. Oktober 1942

35

Lokale Feste

Der Winter 1941/42 ist besonders hart und ein Symbol für den Stillstand an der Ostfront.

Karl N. wird 1920 in Mühlheim an der Ruhr geboren. Der Junggeselle tritt in die 16. Panzer-Division ein, die ihn in den Südosten der Ukraine führt und in der er als Funker und Kraftfahrer dient. Im Januar 1942 wird er im Donbass stationiert, einer ausgedehnten Industrieregion, in der mehrere zehntausend deutscher Soldaten auf das Ende des Winters warten, um die Offensive auf den Süden Russlands und den Kaukasus fortzusetzen.

Rußland, den 9.1.42

Liebe Eltern, Willi und Lene!

Ich schrieb Euch im letzten Brief, daß der Wagen wieder lazarettfähig ist und ich am 6.1. bzw. 7.1. wieder zur Werkstatt gezogen werden sollte. Leider bin ich heute noch hier in der Stadt und warte auf die Zugmaschine, habe seitdem noch nicht wieder Post von Euch erhalten. Ein Wagen ist wohl hierher gekommen und hat uns unsere Verpflegung gebracht hatte allerdings auch einige Briefe für meinen Beifahrer mitgebracht, wie der Fahrer erklärte, sei für mich noch keine Post da. Nun habe ich seit dem 26.12 oder 27.12. keine Nachricht mehr von Euch, da sollte ich doch fast denken, es sei etwas passiert, aber die Sache wird sich ja klären, wenn ich in der Werkstatt bin, dort wird man mir meine Post nachschicken. Das letzte Paket mit Spekulazius, das Du Mutter auf einer Karte ankündigtest, habe ich erhalten, was ich ja auch schon mal bestätigte. Der »Herr« dieses Hauses, indem ich mich einquartiert habe, ist ein 20jähriger Junge, einen Vater hat er nicht mehr und seine Mutter haben die Russen zusammen mit seiner Schwester verschleppt, nun lebt er mit einer Flüchtlingsfamilie hier zusammen, die er angenommen hat. Wenn ich ehrlich sein soll, muß ich sagen, daß ich es noch nicht bereut habe, daß ich schon 4 Tage hier sitze, denn jeden Abend hat er seine Freunde und die schönsten Mädels dieser Stadt eingeladen, mit denen ich mich auch dann gut, ich möchte sagen sehr gut verstanden habe. Wir haben gesungen und erzählt, einige Mädels konnten deutsch, dann haben wir Spiele gemacht bis in die Nacht hinein, es war richtig nett. Ein Junge sagte mir gestern Abend, ich möchte doch, wenn ich zurückkomme aus der Werkstatt noch einmal hier ankommen, dann kämen alle Mädels noch einmal wieder. Jeden Abend saßen wir dann mit 7 Mädels und 5 Jungens alle im Alter von 18–22 Jahren zusammen. Jeder erzählte etwas, jeder wußte, wie der eine oder andere hieß, und wir erzählten dann, wie schön es in Deutschland ist, gegenüber hier in Rußland. So habe ich mich dann beliebt gemacht in diesem frohen Kreise. Am ersten Tage waren die Mädels etwas ängstlich vor uns, da man ihnen ja erzählt hatte, wir würden überall hausen wie die Wilden, aber jetzt ist das Zusammensein schon eine Selbstverständlichkeit geworden. Wenn ich heute Abend noch hier bin, kommen sie wieder alle hierher, dann

wird wieder erzählt und gesungen bei Gitarren und Balalaikamusik, das hört sich ganz fabelhaft an, es fehlte nur noch
ein Radio, dann wäre alles da. So nun habe ich Euch wieder
meine Erlebnisse erzählt, damit möchte ich nun für heute
zum Schluß kommen, in der Hoffnung, daß Ihr noch alle gesund und munter seid, was ich von mir sagen kann. Seid nun
für heute alle recht herzlich gegrüßt von Eurem Sohn Karl.
Gute Nacht.

36

Konzert

Karl N. (siehe seinen Brief vom 9. Januar 1942) ist immer noch in der Nordukraine, als er diesen Brief an seine Familie schreibt. Er nutzt die Kampfpause, um Kontakte zur dortigen Bevölkerung zu knüpfen. Der einfache Soldat dient in seiner Einheit als Funker und Kraftfahrer.

Rußland, den 2.2.42

Liebe Eltern, Willi und Lene!

Heute werde ich nicht die Post beantworten, die mir unser Rechnungsführer brachte, da vielleicht die Möglichkeit besteht, daß er Heute oder Morgen kommt um mir meine Löhnung zu bringen und dann vielleicht die ältere Post, die in Stalino liegt; mitbringt. Ich werde Euch heute vielmehr ein Erlebnis erzählen, das mir gestern passierte. Gestern bin ich zum Schreiben nicht mehr gekommen, da ich wieder früh großen »Damenbesuch« hatte. Die schwadronieren und schwatzen und fragen soviel, daß es einem unmöglich ist, einen anständigen Brief zustandezu bringen. Unter den Mädels, die mich hier fast jeden Tag besuchen, ist eine ganz besonders nette, die mich dann bat, einmal mit Ihr nach Hause zu gehen, sie hätte einen Grammophon und sehr nette Schallplatten, da ich doch Musik sehr liebte, möchte ich ihr den Gefallen doch einmal tun. Das Schönste ist, die kann etwas deutsch. Nun, ich bin dann mit noch einem Ukrainer Jungen dort hin gezogen. Wir haben dann dort eine Weile gesessen und uns diese Grammophonmusik angehört, die soweit ganz schön war, obwohl es alle russische Platten waren. Dort war dann auch ein Soldat im Quartier, der die sich hier in dieser Stadt befindliche Mühle zu verwalten hat. Der ist nun schon seit Oktober hier. Um die Gelegenheit auszunutzen, fragte ich den dann, ob er nicht wüßte, daß hier irgendwo eine Familie ein Klavier hätte. Auf Russisch heißt das Dingen »Pianino«, was er mir dann zu meinem größten Erstaunen bejahte. Dazu war das noch eine Volksdeutsche[*] Familie. Na, ich hatte natürlich nichts Eiligeres zu tun als dorthin zu gehen, es waren noch etwa 200 m zu laufen. Als ich dann dort eintrat, sah ich gleich an der Sauberkeit, das es keine russische Familie sein konnte; und erspähte dann auch gleich in der Stube die sogenannte »Bierorgel«. Ein fabelhaft gepflegtes Klavier, die Töne waren alle ganz, ebenfalls die Tasten, was ja die Hauptsache war. Wie habe ich mich gefreut, nach fast einem Jahr, endlich wieder einmal so ein Instrument vor mir stehen zu sehn. Na, ich habe dann gespielt, was das Zeug hält, deutsche

---

[*] Als »Volksdeutsche« wurden jene Deutsche bezeichnet, die außerhalb der Grenzen Deutschlands in Osteuropa lebten. Peter der Große und Katharina II. ließen im 18. Jahrhundert zahlreiche Deutsche ins Russische Reich kommen. Die Volksdeutschen spielten in den von den Nazis besetzten sowjetischen Gebieten eine zentrale Rolle, da sie zwischen den deutschen Behörden und der einheimischen Bevölkerung vermittelten. Die meisten Volksdeutschen im Osten hatten sich die deutsche Kultur und Sprache bewahrt.

Lieder und auch die der Ukrainer, die ich so im Laufe des vergangenen Monats mir schon angeeignet hatte. Die Volksdeutsche Frau, noch ein ganz »junges Ding« wunderte sich, woher ich die russischen Lieder kannte. Meine Musik hat ihr so gut gefallen, daß sie mich bat, Heute wieder zu kommen, was ich auch tun werde, wer weiß, wann ich wieder einmal Klavier spielen kann. Ich habe dann auch das schöne Lied von der Wolga gespielt, was die Frau auch kannte und kräftig mitsang. Als es zu dämmern anfing, habe ich dann aufgehört und zum Schluß das Lied von der Laterne gespielt, auch dieses kannte sie und sang dann mit. Auch das Horst-Wessel-Lied[*] habe ich angestimmt und dann mit Mumm, daß die Heide wackelte, und habe im Stillen so gedacht, vielleicht flattern auch hier bald die Hitler-Fahnen über alle Straßen. Wie dankbar kann ich Euch sein, daß Ihr mir dieses Instrument spielen habt lernen lassen, das werde ich nie bereuen. Doch heute möchte ich wieder schließen in der Hoffnung, daß es Euch allen noch recht gut geht und ich bald die andere Post erhalte. Seid nun alle von ganzem Herzen gegrüßt von Eurem Sohn Karl. Ich bin noch gesund und munter.

---

[*] Der Text des Horst-Wessel-Liedes: »Die Fahne hoch!«, wurde auf eine vermutlich aus dem 19. Jahrhundert stammende Melodie irgendwann zwischen 1927 und 1929 von dem jungen SA-Mann Horst Wessel geschrieben, der am 14. Januar 1930 von Albrecht Höhler, einem Mitglied des Roten Frontkämpferbundes, erschossen wurde. Es war ein Kampflied der SA, bevor es zur Parteihymne der NSDAP erklärt wurde.

37

Der Gefängniswärter

Die Wehrmacht nimmt mehrere Millionen Soldaten der Roten Armee gefangen. Sie werden unter furchtbaren Bedingungen zusammengepfercht. In Lagern unter freiem Himmel, ohne Wasser und Nahrung, sterben sie zu Hunderttausenden an Hunger, Kälte, Epidemien und Erschöpfung infolge der Zwangsarbeit. Die deutschen Soldaten, die diese Lager bewachen, geben ihnen praktisch nichts zu essen, sodass die Gefangenen zu Kannibalen werden. In seltenen Fällen können Gefangene von ihren Angehörigen aus den Lagern geholt werden; die Deutschen lassen derartige Fälle zu, damit die Ernten eingebracht werden können, oder sie lassen sich von den Einheimischen bestechen. Die Wehrmacht hat eine Art Hierarchie unter den Gefangenen eingeführt. Die jüdischen Soldaten, die politischen Kommissare und die Männer asiatischer Herkunft erwartet der sichere Tod.

Kurt M., geboren 1904 in Berlin, dient im Landesschützen-Bataillon 303. Als er seiner Frau Dita schreibt, ist er Wachmann in einem Kriegsgefangenenlager in Kowel in der Westukraine. Im zivilen Leben Goldschmied, verbringt er die meiste Zeit des Krieges in Polen und in der Ukraine. Seit September 1944 gilt er als vermisst.

Meine liebe Dita!

Hier hinter dem warmen Ofen will ich Dir einen kleinen Brief schreiben. Denn draußen ist es zur Abwechslung mal wieder bitter kalt geworden. Einen Tag ist es schon ganz schön angenehm, um am andern Tag desto kälter zu sein. Das wird wohl hier noch eine ganze Weile so bleiben. Eine ganze Menge Schnee ist auch noch gefallen. Der alte war schon beinahe weg. Daß ich Deinen lieben Brief vom 6.III erhalten habe schrieb ich Dir gestern schon. Arthur wird auch hier schön bibbern. Geschrieben hat er noch nicht. Trotz der Kälte bin ich schön braun im Gesicht, als wäre es im Sommer. Ja, da staunste, was Herzchen. Ich wünschte ich könnte jetzt auf Urlaub fahren. Na vielleicht wird es nun doch bald, denn zum 23.III soll die Sperre aufgehoben werden. Ja, Spinnchen hier kann man so sehen, wie Frauen an ihren Männer hängen. Heut waren zwei hier bei uns im Lager, und suchten ihre Männer. Dieselben waren in Gefangenschaft geraten. Es waren Ukrainer. Die Frauen kamen aus Kiew zu Fuß. Sie haben eine Strecke von über 400 km zurückgelegt. Ihre Männer waren nun nicht hier oder sind nach Deutschland gekommen. Vielleicht auch schon tot. Sie müssen nun diesen ungeheuren weiten Weg zu Fuß wieder zurück. Nur wer die Verhältnisse hier kennt, der weiß, was es bedeutet, in [der] Nacht, [bei] Schnee und Eis so weite Strecken zu Fuß zurückzulegen. Das ist ungefähr so weit wie von Königsberg nach München. Ja, seltsam sind diese Ukrainerfrauen. Oft stehen sie den ganzen Tag vorm Lager, nur um ihre Männer zu sehen, denn sprechen können sie ihn ja nicht. Und das alles bei 20 und noch mehr Grad* Und wie elend sehen diese Männer aus. Heruntergekommen und zerlumpt. Oft ist es nicht mehr schön, das alles mitanzusehen, wenn man dabei steht. Wenn es nun wärmer wird, dann geht das Flitzen wieder los. Und man muß wieder lausig aufpassen. Aber daran sind wir ja nun schon gewöhnt. Von der Wache kommen wir überhaupt nicht mehr runter. Wenn der Krieg zu Ende ist können wir uns alle bei der Wach u. Schließgesellschaft als Nachtwächter melden. Ich kann mir sagen daß es ein erbärmlich ödes Leben ist. Hier werden wir wohl jetzt bleiben, denn eingerichtet sind wir schon dazu. Denn es sollen noch so an 20–30 000 Gefangene nach hier kommen. Ruhe haben wir überhaupt nicht mehr. Unsere Unteroffiziere geben auch an mit uns, als wären sie die Herren der Welt. Aber mich kann keiner mehr erschüttern, ich habe jetzt die Ruhe weg. Je länger man Soldat ist, desto abgebrühter wird man.

Herzelein, wenn die Bohnen angekommen sind, schick mir den Beutel wieder zurück. Vielleicht kann ich wieder welche kaufen. Ich freue mich ja, daß Dir der Speck gut schmeckt. Da brauchst Du doch wenigstens nicht ganz trocken zu essen. Glaubst Du, daß ich mir das Zeug schon wieder übergegessen habe? Aber es gibt ja hier bald Eier, dann ist wieder mehr Abwechslung. Und das alles für unser Geld.

---

* Der Winter 1941/42 war besonders hart in Osteuropa. In Charkow in der Ostukraine beispielsweise betrug die durchschnittliche Temperatur im Januar 1942 – 16,1 °C.

So liebes Herzelein, jetzt kann ich weiter schreiben. Denn ich war jetzt 2 Stunden draußen. Es ist 24 Uhr. Noch zweimal dann ist Feierabend, von $^1/_2$ 4– $^1/_2$ 6 Uhr und $^1/_2$ 10– $^1/_2$ 12. Du wirst sicher schon schön schlafen in Deinem molligen Bett. Draußen ist es ganz sternenklar ich habe mir den schönsten ausgesucht, das bist Du. Die zwei Stunden war ich bei Dir. Da denke ich mir wie schön es wäre, wenn ich zu Hause wäre und wir eine eigne Wohnung hätten, was wir da alles machen würden. Na, laß nur, das wird auch noch kommen. Nur den Mut nicht sinken lassen. Wenn ich nicht ein Bild hätte, wüßte ich gar nicht mehr, wie Du aussiehst. Du wirst sicher sagen, kiek an, nu hat er mich schon vergessen. Nee nee, Spinnlein, das glaube nicht. Denn Du bist doch das einzige das ich auf der Welt habe. Ja, du kleine Ziege, wenn ich wieder nach Hause komme, dann werde ich mit Dir schön angeben, ich habe schon allerhand auf Lager, und Dir wird nachher alles weh tun. Es könnte schon jetzt auf der Stelle sein. Und wie ich das mache, das verrate ich Dir noch nicht, Du wirst Dein Wunder erleben und wirst sagen, nein, das mache ich nicht. Oder läßt Du Dir jetzt alles gefallen? Daß Du auch Spaß hast, kann ich mir vorstellen. Früher hast Du Dir ja immer noch ein bischen Mädchenhaft gehabt und wenn ich es mal anders haben wollte, warst Du nicht dafür. Du wirst sagen, jetzt will er mich aufziehen. Laß nur Herzblättchen, es ist nicht böse gemeint. Bist Du mir auch noch nicht auf Abwege gegangen? Bei uns sind nur einige Kameraden, da ist die Ehe geplatzt, weil die Frau in der langen Zeit nicht wiederstehen konnte, denn nicht jede Frau hält das so lange aus. Spinnchen, ich will Dir aber damit nicht mißtrauen. Du kannst Dir gar nicht vorstellen, was es so alles gibt. Da hat ein Eheweib mit einem Siebzehnjährigen Bengel ein Verhältnis, von einem Nachbarn der auch Soldat ist. Sie hat ihn abends zu allerlei kleinen Arbeiten zu sich in die Wohnung genommen. Und eines Abends ist sie plötzlich angeblich ohnmächtig geworden, ließ sich von dem Jungen ausziehen und ins Bett bringen. Du kannst Dir ja denken, das sie nicht nur das Hemd sehen ließ, und machte ihn damit scharf, der traute sich wohl noch nicht so recht, und da zog sie ins Bett und holte ihn das Ding raus, und schon war es passiert. Jetzt hatte er erstmal gekostet, wie schön das war, und nun ging es die Woche zwei dreimal. Und was sie ihn alles beigebracht hatte, sollte man für möglich halten. Eines Tages kam seine Mutter dahinter, und das Ende war ein langer Brief an den Mann. Wenn die Frau 25 Jahre wäre, könnte ich das vielleicht verstehen, aber sie war 41. Gott sei dank sind nicht alle so, sonst wäre es trübe bestellt. Das sind die Folgen des Krieges. Deinen angekündigten langen Brief habe ich noch nicht erhalten. Gesundheitlich bin ich immer noch auf der Höhe, und das ist gut so, denn krank darf man hier nicht werden. Singt meine Süße noch und hat sie schon nach mir gefragt? Na wenn wir erst eine richtige Süße haben, Spinnchen das wird dann schön werden. Von Grünwalds habe ich auch einen lustigen Brief bekommen. Alle drei haben ein paar Zeilen geschrieben. Jetzt bin ich aber reichlich müde, aber auf der Wache kann man immer am besten schreiben, da ist es Nachts immer schön ruhig und man kann seine Gedanken besser fassen. Würdest Du den Brief am Sonntag erhalten dann hättest Du im Bett schön zu studieren. Ist er nicht schön lang? Beinahe wie bei mir. Ich bin frech was Spinnchen? So mein liebes Schneewittchen jetzt ist Schluß ich werde noch eine Stunde ruhen, denn lange wird es nicht dauern und dann muß ich wieder raus.

Lebe wohl und laß es Dir weiterhin recht gut gehen und herzliche Grüße sowie tausend heiße Küsse und noch einen extra für Sonntag.

Dein Kurt

Warte nur, wegen der Ziege kriegst Du noch was auf die Badehose.

38

Eine Geburt

Alois S. (siehe seinen Brief vom 9. Juni 1941) bricht in den ersten Tagen des »Unternehmens Barbarossa« an die Ostfront auf. Dort erfährt er von der Geburt seines zweiten Sohnes Günter. Ein Urlaub erlaubt ihm, seine vergrößerte Familie in Sankt Ingbert zu besuchen, nachdem er den folgenden Brief geschrieben hat.

Im Felde, den 24.3.1942

Geliebte Frau und Kinder!

Heute nach 10 Tagen schreibe ich Dir wieder den ersten Brief. Ich würde Dir ja gerne öfter schreiben, aber es läßt sich nicht anders machen. In unserem Bunker haben wir keine Beleuchtung als den Feuerschein, der aus dem Öfchen herausscheint. Obwohl es noch kalt draußen ist, schreibe ich Dir diesen Brief im Freien. Ich bin nämlich auf Wache und kann daher ungestört schreiben, wenn mir auch die Finger etwas kalt dabei werden.

Seit 10 Tagen bin ich wieder vorn in Stellung, aber die Lage ist ziemlich ruhig, obwohl der Russe kaum 80 Meter vor uns liegt. Die haben sich ebenso eingegraben wie wir. Die Lage wird sich erst ändern, wenn der Schnee mal ganz weg ist und da gehen immer noch ein paar Wochen drauf.

Liebes Friedchen. Du hast mir in der letzten Woche große Freude bereitet. In Anbetracht meiner Lage, in der ich mich befinde, fällt es mir schwer, dies richtig zum Ausdruck zu bringen, aber Du wirst mich ja verstehen. Ich habe zunächst eine Anzahl Briefe von Dir erhalten, wobei ich mich besonders über die zwei mit den beiliegenden Bildern von Dir und unserem lieben Günterchen außerordentlich gefreut habe. Ich kann es Dir nicht schreiben, welche Gefühle mich bewegt haben, als ich das Bild unseres Kindes erblickt habe. Es war Schmerz und Freude zugleich, was ich empfunden habe, mir haben die Tränen in den Augen gestanden. Ich mußte das Bild immer wieder betrachten und auch daran denken, unter welchen Schmerzen und Opfern Du mir ein so liebes Kind geschenkt hast. Man muß das Kind auf den ersten Blick lieb haben. Ich sehne die Stunde herbei, wo ich unserem zweiten Kinde auch wirklich in die Augen blicken und es in treuer Vaterliebe in mein Herz einschließen kann.

Wir dürfen stolz sein, zwei so liebe und gesunde Kinder unser eigen nennen zu können. Wir wollen auch nicht vergessen, unserem Herrgott für diese Gnade zu danken und bitten ihn zugleich um seinen Schutz und Segen für uns alle.

Dein liebes Bild, welches Du mir geschickt hast, macht meine Liebe und Sehnsucht nach Dir nur noch grösser. Ich finde das Bild schön und natürlich und auch der Zeit entsprechend. Ja, man hat das Lachen und Fröhlichsein tatsächlich verlernt, doch geben wir die Hoffnung nicht auf, daß auch die Freude wieder Einkehr bei uns halten wird.

Gestern habe ich auch wieder ein 2 Pfund-Päckchen von Dir erhalten. Es ist zwar ärgerlich, daß die anderen 7 Päckchen wieder zurückkamen, aber sie sind dann doch wenigstens nicht verloren gegangen. Für Deine Briefe, sowie das Päckchen danke ich Dir von ganzem Herz. Die Medaillons, die in einem der Briefe drin waren, trage ich voll Vertrauen bei mir, auch die Uhr habe ich noch. Was ich gebrauchen könnte, wäre ein Kamm und Streichholz. Das Päckchen von Deiner Mutter habe ich auch erhalten, ich werde ihr in den nächsten Tagen schreiben. Das Geld, welches ich hier erhalte, lasse ich von jetzt ab direkt nach Hause schicken. Schreibe mir immer, wenn Du es erhalten hast.

Ich muss jetzt Schluß machen, denn ich habe kalte Finger.

Herzliche Grüße und Küsse,

Alois und Papa

Gruß an Mutter

39

Friedhöfe auf der Krim

Der Krimfeldzug beginnt im September 1941. Die 11. Armee unter General von Manstein, verstärkt durch die 3. und 4. rumänische Armee, besetzt fast die ganze Halbinsel mit Ausnahme der Stadt Sewastopol, die erst Anfang Juli 1942 erobert wird, nachdem sie mehr als zweihundert Tage lang belagert worden ist. Ende 1941 landet die Rote Armee im Osten der Krim und erobert die Stadt Kertsch und ihre Halbinsel vorübergehend zurück.

Reinhard B., geboren 1920 in Dresden, studiert Medizin, als er 1939 zur Wehrmacht einberufen wird. Er dient unter anderem in einem Baubataillon. Als er den folgenden Brief schreibt, ist er auf der Krim. Er kämpft in Polen, in Russland und in Nordafrika, bevor er in sowjetische Kriegsgefangenschaft gerät. Nach dem Krieg kehrt er nach Hause zurück.

den 18.4.42

Ihr Lieben!

Na also, da wäre er ja! Euer erster Brief, der mich in Rußland erreicht! Unser guter fleißiger Papi hat mir so ausführlich berichtet, daß ich ihm besonders danken muß. Das kann ich wohl am besten damit, in dem ich auch ein wenig berichte.

Heilsfroh bin ich, daß Ihr den Umzug so gut überstanden habt. Von Umzlis Konfirmation habt Ihr nur Erfreuliches zu sagen gewußt. Nun bin ich nur noch auf Mannzels eigenen Bericht gespannt. Sie kann ja auch so schöne Briefe schreiben.

Wir sind nun endlich an Ort und Stelle! Die Fahrt von Nikolajew[*] bis auf die Krim hat 9 Tage gedauert. Ich habe wieder viel gesehen, wir haben unglaubliche Straßen passiert, sind im Schlamm stecken geblieben, haben Schlachtfelder durchfahren, wo der harte Kampf deutliche und beredte Spuren hinterlassen hat – Wir waren jetzt auf alles gefaßt, nur nicht auf etwas Gutes. Wir sind angenehm enttäuscht worden. Hier im alten Zarenbad auf der Krim haben wir eine pfundige Behausung gefunden. Ich bin natürlich noch im Revier[**]. Wir haben unsere »Zelte« in einem ehemaligen kleinen Sanatorium aufgeschlagen. Wenn es auch an Möbeln fehlt, ist doch alles bestens hier!! Die Stadt kam völlig unversehrt in deutsche Hand. Doch am 5. Januar landeten ja die Russen wieder hier, und dabei ist natürlich verschiedenes in die Brüche gegangen. Gerade heute war ich auf dem Heldenfriedhof, wo die deutschen und rumänischen Soldaten liegen, die bei dieser Landung gefallen sind. Die Russen haben hier natürlich kurzerhand sämtliche Zivilisten erschossen, die von der deutschen Verwaltung beschäftigt worden waren (an die zweitausend)[***]. Aber, wie gesagt, unser Ort ist tatsächlich eine Perle.

---

[*]   Heute Mykolajiw, in der südlichen Ukraine.
[**]   Vermutlich arbeitete er wegen seines Medizinstudiums im Krankenrevier.
[***] Die deutschen Besatzungsbehören in Kertsch erschossen an die 15000 Personen. Diese Verbrechen waren Gegenstand der Nürnberger Prozesse. Die Stadt Kertsch erhielt wie Sewastopol den Status einer Heldenstadt.

Die Leute sehen auch durchweg viel sauberer und ordentlicher aus als in Nikolajew und in der ganzen Ukraine. Die Front ist auch nicht all zu nah. Jedenfalls: der Anfang hat sich sehr gut angelassen. Allgemeines kann ich noch gar nicht berichten, ich muß mich erst mal näher mit dem Ort und den Leuten befaßen.

Die Hauptgruppe unseres Verbandes fehlt noch; nur das Vorkommando[*] ist hier. Richard und meine ganzen anderen Kumpels sind noch unterwegs. Sie werden es besser haben als wir. Seit ein paar Tagen geht die Normalspur der Eisenbahn bis hierher. Aber dafür sehen sie dann weniger. Ich brauche nur an den Tartarengraben zu denken, der einen großen Eindruck auf mich gemacht hat.

Wegen meiner Gelder könnt Ihr gar nichts unternehmen. Das muß ich mit meinem Rechnungsführer ausmachen; der ist aber noch nicht hier eingetroffen. Ich werde aber in nächster Zeit mal etwas Wehrsold heimschicken. Wir können ja unsere Rubel beim besten Willen nicht verjubeln. Mit Schlagworten wie: »der Rubel rollt, Kaminski lacht, es schmunzeln die Banditen« stürzt man sich eben auf die möglichen und unmöglichen Spiele – na, und dann rollt der Rubel aber anständig. Auf der teilweise sehr eintönigen Fahrt konnte man ja auch auf die komischsten Gedanken kommen. Unser Stabsarzt ist gar aufs Rauchen verfallen. Ich muß immer lachen, wenn ich ihn mit Kußmäulchen seine Zigarre (!) schmauchen sehe. Es sieht aus wie »Wo will die Zigarre mit unserem Stabsarzt hin?«

---

[*] Aufgabe eines solchen Voraustrupps ist es, die Gegend zu inspizieren und Quartiere zu machen, bevor der Rest der Truppe eintrifft.

Jetzt fange ich aber an zu träumen. Ich glaube, es ist aus mit dem Schreiben. Laßt es Euch recht gut gehen in der neuen Wohnung und seid herzlich gegrüßt und geküßt von
Eurem Reinhard

P.S. Habt Ihr alle Pakete aus Fritzlar gut erhalten? Papis letzten Brief aus dem Geschäft habe ich nicht mehr erhalten.

40

Rekonvaleszenz

Alois S. (siehe seine Briefe vom 9. Juni 1941 und vom 24. März 1942) wird im Kampf an der Ostfront verletzt und in ein Krankhaus in Warschau verlegt. Anschließend wird er zur Rekonvaleszenz nach Österreich geschickt. Die Wehrmacht bemüht sich, Plätze in den Lazaretten in Frontnähe freizuhalten, um Frischverwundete aufnehmen zu können.

Warschau, Ostern 1942

Geliebte Frau und Kinder!

Ich liege mit verbundenen Beinen, in denen noch 4 Granatsplitter drin stecken, in meinem Bett[*] und schreibe Dir heute von hier aus den ersten Brief. Meine Karte vom 1.4. wirst Du ja inzwischen erhalten haben. Trotz meiner Verwundung geht es mir so weit schon ganz gut, aufstehen und gehen kann ich allerdings noch nicht. Die Verletzung des rechten Beines ist nicht so schlimm, eine Handbreit unter dem Knie stecken

---

[*]   Die Verluste der Wehrmacht an Menschenleben machten etwa 31 Prozent der im Zweiten Weltkrieg gefallenen Soldaten, insgesamt 5 530 000, aus. Die meisten fielen im Kampf, viele starben aber auch an ihren Verletzungen.

2 Splitter ungefähr 1 $\frac{1}{2}$ cm tief. Am linken Bein sind die Splitter mehr in der Nähe des Knies eingedrungen. Die Wunden sind entzündet und eitern noch stark, aber das ist gut so, da kommt wenigstens der Dreck heraus. Alle 2 Tage wird der Verband gewechselt.

Mit der Verpflegung und Behandlung bin ich sehr zufrieden. Der richtige Appetit fehlt mir allerdings. Da die Lazarette in Warschau immer frei gemacht werden müssen für neue Verwundete und Kranke, die von der Front kommen, werde ich in den nächsten Tagen sehr wahrscheinlich zurück ins Reich in ein Heimatlazarett kommen. Du kannst ja einmal schreiben, aber ob mich ein Brief hier noch erreicht, möchte ich bezweifeln. Die Briefe, die zur Zeit unter F.P. 11890 E an mich unterwegs sind, gehen von der Kompanie wieder an Dich zurück. Auch der Rest meines Geldes, welches ich bei der Kompanie noch stehen hatte, wird an Dich zurückgesandt. Es sind, soviel ich weiß, noch 251,– RM. Wenn Du das Geld erhalten hast, teile es mir gleich mit. Da ich in diesem Lazarett doch nicht lange bleibe, warte am besten, bis Du meine neue Anschrift erhältst.

Ich habe diese Woche zum ersten Mal wieder ein gutes Glas Bier getrunken. Es gibt hier wieder alles zu kaufen, aber es ist auch alles sehr teuer. Geld habe ich noch genügend bei mir. Man fühlt sich doch wieder als Mensch, wenn man frisch gewaschen und rasiert ist und saubere Wäsche an hat, auch die Läuse quälen nun nicht mehr. Jetzt besteht schon eher die Möglichkeit, daß ich auch mal an Urlaub denken darf. Vorerst bin ich ja ganz gut aufgehoben, brauchen uns also alle beide keine Sorgen zu machen und alles weitere wollen wir abwerten. Ich hoffe, daß es Dir und unseren Kindern recht gut geht und sehe einem baldigen frohen Wiedersehen in der Heimat mit Freuden entgegen.

Ich grüsse und küsse Euch recht herzlich.

Alois und Papa

Gruß an Deine Eltern.

Wien, den 16.4.1942

Liebe Frau und Kinder!

Heute schreibe ich Dir von Wien aus den ersten Brief. Es wäre mir ja selbst viel lieber gewesen, wenn ich unserer Heimatstadt etwas näher gekommen wäre, aber Du weißt ja, wie das ist. Immerhin bin ich auf deutschem Boden[*] und das ist viel wert.

Meine Verwundung ist Gott sei Dank nicht so schlimm und hat auch keine nachteiligen Folgen. Bis ich wieder einigermaßen gehen kann, werden noch ca. 14 Tage bis 3 Wochen draufgehen. Wenn es auch nicht gerade angenehm ist, Tag und Nacht im Bett zu liegen, so habe ich doch endlich mal einen gründlichen »Reinigungsprozess« durchgemacht. Es geht mir soweit ganz gut und das Gehen mit zwei Krücken klappt tadellos. Heute habe ich bereits einen kleinen Spaziergang durch den Park gemacht. Hoffentlich bekomme ich bald Gelegenheit, mir Wien etwas näher anzusehen. Die Verpflegung ist hier nicht so gut wie in Warschau, aber man kann noch zufrieden sein.

---

[*] Seit dem Anschluss 1938 war Österreich Teil des »Großdeutschen Reiches«.

Die Granatsplitter stecken noch in den Wunden drin. Wenn es mir beim Gehen später keine Schwierigkeiten macht, bleiben sie auch drin. Vorerst muß man also abwarten, wie die Heilung verläuft. In Warschau haben sie versucht, die Splitter zu entfernen, einen haben sie rausgemacht, die drei anderen stecken zu tief.

Liebes Friedchen, es sind schon bald 4 Wochen her, seit ich den letzten Brief von Dir erhalten habe. Die Briefe, welche Du noch unter meiner Feldpost-Nummer geschrieben hast, gehen sicher wieder an Dich zurück, ebenso wenn Du nach Warschau geschrieben hast. Da ich bis auf weiters hier in Wien bleibe, kannst Du also ruhig schreiben, meine Karte wirst Du ja erhalten haben. Ich warte also jeden Tag auf einen Brief von Dir.

Hoffentlich bist Du und unsere lieben Kleinen gesund und munter. Nütze das schöne Frühlingswetter gut aus und gehe mit den Kindern hinaus ins Freie, so oft es Deine Zeit erlaubt. Sehr wahrscheinlich bekomme ich auch bald Urlaub, ich freue mich jetzt schon darauf. Man soll sich ja nicht zu früh auf was freuen, aber ich gebe die Hoffnung nicht auf, daß wir uns bald wiedersehen.

Für heute schließe ich jetzt mit dem Wunsch, daß ich 1. bald einen lieben Brief und 2. ein Päckchen mit etwas Kuchen von Dir erhalte.

Mit den herzlichsten Grüßen und Küssen verbleibe ich wie immer

Alois und Papa.

Liebes Friedchen und Kinder!

Endlich ist die Verbindung wieder hergestellt, denn heute morgen erhielt ich schon in aller Frühe Deinen Einschreibebrief ausgehändigt. Der Inhalt des Briefes war für mich eine angenehme Überraschung. Ich danke Dir zunächst für Deine lieben Zeilen, die Du an mich richtest und werde auch Deinem Wunsche entsprechend öfter und ausführlicher schreiben.

Über die Auszeichnung durch die Kompanie mit dem Infanterie-Sturmabzeichen* habe ich mich ebenfalls sehr gut gefreut. Es ist für mich der beste Beweis, daß ich als Soldat meine Pflicht stets erfüllt habe. Wer dieses Zeichen trägt, muss mindestens drei Einbrüche in die feindliche Linie mitgemacht haben. Was das heißt, kann sich eigentlich nur der vorstellen, der mit dabei war. Es ist gut, daß die Zeit all das Schwere und Grauenhafte wieder vergessen macht. Nun bin ich ja für einige Zeit aus diesem Elend heraus. So langsam finde ich mich wieder ins Leben zurück und fühle, daß ich doch noch ein Mensch bin.

Ich habe gestern meinen ersten Spaziergang in den Park gemacht, die Sonne schien recht schön und zum ersten Mal seit langer Zeit empfand ich wieder so etwas wie Freude an all dem Schönen um mich herum. Im allgemeinen geht es mir so ganz gut, über meine Verwundung kann ich jetzt selbst noch nichts Näheres sagen. Ich muß abwarten, wie die Heilung verläuft. Wenn ich beim Gehen später keine Beschwerden habe, bleiben

---

*   Eine Tapferkeitsauszeichnung des deutschen Heeres.

die 3 Splitter drin, wenn aber die Heilung der Wunden nicht ordnungsgemäß verläuft, d.h. wenn die Wunden weiter eitern und ich beim Gehen immer noch Schmerzen habe, wird erneut eine Röntgenaufnahme gemacht, um die genaue Lage der Splitter festzustellen: dann werden sie entfernt.

In Warschau haben sie versucht, die Splitter rauszumachen, haben aber nur einen entfernt. Der Arzt erklärt mir, die anderen stecken zu tief, und da müßte er zu viel Gewebe und Adern durchschneiden. Im linken Bein hatte ich starke Schmerzen, wie ich in Warschau war. Ich wurde dann operiert, ca. 5 cm langer Schnitt in die Wade. Da hat es sich gezeigt, daß sich im Innern ein starker Eiterabszess gebildet hatte. Schon am nächsten Tag haben die Schmerzen bedeutend nachgelassen.

Wenn ich ruhig liege, habe ich fast gar keine Schmerzen, nur wenn ich gehe und dabei die Knie bewege. Alle drei Tage wird der Verband gewechselt, das machen die Schwestern. Die Assistenzärzte und der Oberarzt sehen sich von Zeit zu Zeit die Wunden an. Ich habe Dir nun ziemlich ausführlich berichtet, wie es mit meiner Verwundung steht, alles weitere wollen wir abwarten.

Ob ich von hier aus Urlaub bekomme oder von unserer Ersatzeinheit, weiß ich selbst noch nicht. Du brauchst keine Angst zu haben, bei der ersten Offensive bin ich jedenfalls nicht mehr dabei. Die Fahrt nach Russland werde ich schon nochmal antreten müssen, aber das hat schon noch etwas Zeit. Warum sollen wir uns auch jetzt schon Gedanken darüber machen? Die schlimmste Zeit, der Winter, ist ja nun vorbei. Ich habe ihn trotz allem gut überstanden. Da kannst Du schon sehen, was für ein zäher Knochen ich bin. Mein Leitspruch lautet ja auch: »Zäh wie Juchtenleder«.

Also, liebes Friedchen, Kopf hoch und wieder neuen Mut gefasst, es wird schon alles gut werden. Meine Stimmung ist manchmal wie das Wetter, draußen ist herrliches Frühlingserwachen. All das Elend und die Not der vergangenen Monate will ich vergessen, es liegt hinter mir wie ein böser Traum. Gefühle und Empfindungen, die in mir wie erstorben waren, werden wieder lebendig. Das uralte und ewig neue Lied der Liebe hält mein Herz befangen. Liebe, die sich selbst stets treu bleibt, die sich in Sehnsucht verzehrt, ist das Schönste, was es gibt. Ist das Leben draußen in der Welt auch noch so hart und von Hass erfüllt, wir wollen unsere Herzen rein halten und glauben an die göttliche Allmacht der Liebe. Halten wir uns an die Worte, die einmal Goethe gesprochen hat: »Edel sei der Mensch, hilfreich und gut«.

Liebes Friedchen, den Brief mit dem Bild von unserem lieben Günterchen habe ich schon vor längerer Zeit erhalten und habe Dir auch gleich darauf brieflich geantwortet und meiner Freude über das schöne Bild Ausdruck gegeben. Hoffentlich hast Du den Brief inzwischen erhalten.

In diesem Lazarett werde ich sehr wahrscheinlich bis zu meiner Genesung bleiben. Es wäre mir ja selbst viel lieber gewesen, wenn ich der Heimat etwas näher gekommen wäre, daß Du mich hättest mal besuchen können, denn so ist es doch zu weit, es sind ca. 1000 km. Einen Antrag zwecks Überweisung in ein anderes Lazarett brauche ich nicht zu stellen, da derartige Überweisungen hier nicht stattfinden. Warten wir vorerst mal ab, ich werde Dir über alles rechtzeitig Mitteilung machen. Für heute will ich jetzt schließen.

Ich grüße Dich und unsere Kinder auf das herzlichste
Alois und Papa.

41

Griechische Kirschen

Karl K., aus seinen Briefen vom 21. August und vom 2. Oktober 1941 bereits bekannt, ist nach wie vor auf Kreta. Von dort schreibt er seiner Frau den folgenden Brief, in dem er über Ausflüge zu Ausgrabungsstätten berichtet.

16./18.05.42

Liebes!

Deine ersten Briefe aus Detmold sind nun angekommen, und inzwischen wirst Du wohl schon wieder in Basthorst[*] gelandet sein. Gern hätte ich noch nähere Einzelheiten über mancherlei gehört, aber sicher hast Du mir noch vieles in den Briefen erzählt, die jetzt noch unterwegs sind.

Gestern, Sonntagnachmittag, war ich also wieder in Knossos[**] und kam müde und durstig von der stundenlangen Wanderung durch die Sonnenglut zurück. Da hab ich mir dann erst ein paar Eier mit Bollenziegen [?] in die Pfanne gehauen und dazu noch Erbsen gegessen, also wieder einmal geschlemmt.

---

[*]   Gemeinde im Kreis Herzogtum Lauenburg, Schleswig-Holstein, ca. 35 Kilometer von Hamburg entfernt.

[**]   Antiker Ort auf Kreta aus der minoischen-Zeit, etwa 5 Kilometer südlich von Heraklion.

So etwas ist aber auch nötig, weil die Hitze den corpus doch sehr belastet und anstrengt. Zum Glück haben wir zur Zeit noch den nötigen Appetit!

Am Sonnabend fuhr ich mit einem Lastkraftwagen zur Südküste. Die Fahrt durch die ausgedehnten Weinfelder, an riesigen Ölbäumen und 2000 m hohen Bergen vorbei, war recht schön, aber doch anstrengend. Unterwegs kamen wir auch an der zweiten Ruinenstätte Phaistos* vorbei. Vielleicht ist es mir möglich, noch einmal dorthin zu fahren. Dann werde ich unterwegs aussteigen und den Burghügel erklimmen. Durch die lange Fahrt bekam ich Kopfweh, das den ganzen Tag über nicht weichen wollte. Auf der Rückfahrt konnten wir die ersten Kirschen essen, dann auch zusehen, wie ein Ritterkreuzträger** (Feldwebel) vier Grecos abführte, die man mit Waffen geschnappt hatte!

Auf Deine letzten Briefe komme ich noch zurück. Zu der Kleiderfrage nur noch einmal das eine: »Wenn ihr's nicht fühlt, dann ...!« Deine Prognosen sind falsch, außerdem hast Du anscheinend doch nicht soviel Ahnung von der Stimmung eines Landsers, der von den schönen Dingen der Zukunft träumt und ein Abbild davon auch einmal sehen möchte!

Herzlichst!

Euer Vati.

---

* Bronzezeitliche minoische Siedlung auf Kreta, wo sich die Überreste des zweitgrößten minoischen Palastes nach Knossos befinden.

** Das Ritterkreuz (ursprünglich 1813 gestiftete Kriegsauszeichnung) war die dritte Stufe des Eisernen Kreuzes, die am 1. September 1939 von Hitler anlässlich des Polenfeldzugs neu gestiftet und während des Zweiten Weltkriegs über 7000-mal verliehen wurde. In seiner Mitte ist das Hakenkreuz abgebildet. Es gab fünf Stufen, und die Ritterkreuzträger galten als Helden.

42

Massaker

*»Dort, wo das Gute als Streif der Morgenröte aufsteigt [...], dort
werden Säuglinge und Greise sterben, und Blut wird vergossen«,
schreibt Ikonnikow in Wassili Grossmans Stalingradroman* Leben
und Schicksal. *Mehr als 1,5 Millionen Juden werden von den
Nazis und ihren Kollaborateuren in den besetzten russischen Gebieten erschossen. Ein Großteil der – vor allem weißrussischen –
zivilen Bevölkerung wird Zeuge der Massaker, die vor den Augen der Wehrmachtssoldaten begangen werden.*

*Heinz S. ist in Russland stationiert, als er diesen Brief an seine
Schwester schreibt. Geboren 1914 in Berlin, arbeitet der Junggeselle als Versicherungskaufmann. Wahrscheinlich kommt er 1942
zur Wehrmacht, wo er in der Brückbau-Kolonne 98 dient. Er
wird der Heeresgruppe Mitte in Russland zugeteilt. Ab 1944 ist
er in der Ukraine stationiert. Seit dem Frühjahr desselben Jahres
gilt er als vermisst.*

d. 20.5.42

Liebe Elly,

soeben kam Dein Brief vom 5.5. an und ich will auch sogleich
antworten. Die Post arbeitet jetzt scheinbar etwas unregelmä-
ßiger. Z. Z. habe ich die in Saarbrücken an 1 Tage abgeschickten

Päckchen mit 80 gr Abstand bekommen. Gestern kam der Rest: Schokolade, Drops und Pudding mit Sacharin. Prima. Habe mich sehr darüber gefreut, denn süße Sachen sind hier Raritäten. Dagegen habe ich von Onkel Alex nichts bekommen. Papa hatte mir vor Wochen den Eingang meiner Reismarken (es war übrigens mein Restbestand) bestätigt, geschickt haben sie aber nichts (außer dem Speck). Aber ich will die Hoffnung nicht aufgeben, vielleicht kommen doch noch mal ein paar Kekse. Im Augenblick ist das aber nicht mehr so wichtig, denn ich hatte in den letzten 10–14 Tagen ausreichend zu essen. D. h. an der Truppenverpflegung hat sich nichts geändert, ich habe mir aber Zusatzverpflegung beschafft, die hauptsächlich aus Eiern + Kartoffeln bestand und mengenmäßig so viel war, wie die Truppenverpflegung und qualitätsmäßig sicher noch besser. Auch 1 Brot + ca. 180 gr Speck waren dabei. Wenn es so weiter geht und alles klappt, bin ich für die nächsten 2–4 Wochen auch noch versorgt und brauche nicht mehr hungern. Allerdings habe ich das Rauchen radikal eingeschränkt. Fällt zwar schwer, muss aber sein, denn es ist die Grundlage meiner Geschäfte, die ich raffiniert + rücksichtslos betreiben muß, um dabei zurechtzukommen. Ich habe mich eben so langsam akklimatisiert und begriffen, daß man in Russland brutal und gewissenlos sein muß. Sonst geht man unter. Z. B. mein Tagesquantum Eier ist 4–12 Stück. Habe noch nie so viel Eier gegessen + werde sie wohl bald über haben.

Nun zu Deinem Brief: Für die geographischen Auskünfte schönen Dank. Ist für mich sehr interessant. – Z. T. sind ja Deine Fragen schon durch vorangegangene Briefe beantwortet. Hast Du alle bekommen? Die letzten waren vom

2.5.10.15./V. Es wäre gut, wenn Du Deine Briefe nummerierst, damit ich danach den Eingang bestätigen kann. – Honig gibt es hier noch nicht. Wird auch sehr teuer werden, da Süßigkeiten + Zucker etc. fast gar nicht zu haben bzw. von den Russen selbst gegessen werden. – Für das Geld kannst Du Stoff besorgen. Du wirst aber wenig Glück haben, fürchte ich. Auch in Frankreich, denn da gibt es auch nicht mehr viel. – Daß Ihr Euch mit Onkel Alex so gut steht, freut mich sehr und auch, daß er sich mit der neuen Situation so gut abfindet. Hat er was von Kettenbachs gesagt? Was sie so über uns reden etc.? Natürlich war das Bild richtig geknipft. Scheinbar hast du mich nicht ganz kapiert. Ich kann nicht immer so schreiben, wie ich möchte, aber jeder Satz ist überlegt und nur muß man immer zwischen Übersetzung und Ironie unterscheiden.

Das Wetter ist wundervoll. Richtig Sommer. Glühender Sonnenschein, dazwischen erfrischende Gewitter. Schon seit ca. 14 Tagen. Dazwischen war es auch schon wieder mal kälter und naß, wird aber jetzt wohl schön bleiben. – Pfingsten wird bei uns »gefeiert«. Seit einiger Zeit wird dafür eingespart: 1. Verpflegung (Fett, Fleisch, Portionsalkohol alle 14 Tage 1/8 l. Rum, Brot etc.). Schokolade. 2. Marketenderwaren (Zigaretten, Zigarren, Bohnen-Kaffee, Schnaps, Likör etc.). Zur Feier werden DRK Schwestern, Offiziere und Musiker eingeladen. Alle bekommen voraussichtlich warmes Essen, Kuchen, belegte Brote, Bohnenkaffee gratis. Dazu käuflich: Tabakwaren + Alkohol. Natürlich schneiden wir dabei schlecht ab, denn die Gäste bekommen ja auch von den uns zustehenden Sachen. Ob das aber viel ausmacht, ist bei dieser Art der Verteilung nun nicht zu kontrollieren, ist aber auch gleichgültig, denn schließlich ist es doch ein schöner Beweis der Kameradschaft zwischen DRK, den Vertretern anderer Einheiten und uns, wenn wir, ohne zu fragen, was wir einbüßen und trotz der knappen Zeit, Gäste einladen und bewirten. Bei anderen Einheiten gibt es solche Feste nicht, sondern da werden die Lebens- und Genußmittel gleichmäßig und gerecht verteilt, aber schließlich sind ja solche Feste sehr schön und Kameradschaft geht dann über Gerechtigkeit. Zunächst bin ich allerdings durch die Vorbereitungen schwer getroffen, denn ich bin wieder zum Singen kommandiert worden, obgleich ich gar nicht singen kann. Die Proben sind nun täglich 17 Uhr, also in der Zeit, wo ich sonst im Soldatenheim esse oder organisiere. (Es ist übrigens meine wachfreie Zeit.) Der Verlust ist für mich ganz beträchtlich, denn gestern gab es viele Zigaretten, die mir etwa 15 Eier eingebracht hätten. Ja, Feste feiern + Kameradschaft kosten eben Opfer.

Bin übrigens wieder auf Wache und versuche meine Gedanken zu sammeln, während das Radio quäkt. Das Programm ist ja jetzt immer sehr lustig. Schon mehrmals habe ich heute meine Lieblingsmelodie gehört: »Der kleine Postillion«[*] + »Es saßen einmal 4 Mädchen auf einer Bank«[**]. Eben wurde auch gespielt: »Es ist so schön, Soldat zu sein«[***] und das erinnert mich so an die Garnison. Oft hört man auch schöne deutsche Tanzmusik, und es fällt einem immer schwer, nicht

---

[*]   Volkstümliches deutsches Lied.
[**] Lied von Kurt Feltz (1910–1982), gesungen vor allem von der chilenischen Sängerin Rosita Serrano (1914–1997).
[***] In der Wehrmacht verbreitetes Marschlied von Herms Niel (1888–1954), der als der bedeutendste Marschliedkomponist des Dritten Reiches gilt.

aufzuspringen und den Kasten kaputt zu schlagen. (Verflucht! Das konnte ich mich nicht verkneifen. Das musste mal gesagt werden!)

Ja, ich könnte ja nun noch sehr viel schreiben, denn Stoff habe ich mehr als genug, aber die Zeit ist ja zu knapp und man wird blöde vom vielen Schreiben. Eines aber noch: Meinen Bericht über Russland und die Gegenüberstellungen vom nationalsozialistischen Deutschland + dem bolschewistischen Russland wirst Du ja inzwischen bekommen haben. Ich will dazu nur noch bemerken, daß Du allen Zeitungsberichten über Russland vollen Glauben schenken kannst, wenn auch viel propagandistisch herausgestellt wird. Es ist wirklich furchtbar, nicht nur jetzt, sondern auch gewesen. Aus Berichten der Bevölkerung habe ich vieles entnehmen können, obgleich es nicht zu einem abgerundeten Bild reicht. Aber einheitlich wird ungefähr folgendes gesagt: Lebensmittel, Schokolade, Alkohol + sonstige Genußmittel gab es in großer Menge. Wenn eine Hungersnot ausbrach, lag es an Transportschwierigkeiten. Für Vergnügen + Volksbelustigungen war ebenfalls reichlich gesorgt. Arbeitszeiten waren sehr günstig wurden aber streng eingehalten. Unberechtigtes Fehlen = Sabotage + schwere Strafen. Reisen verboten + Passzwang beim Überschreiten des Bezirks oder der Zone. Wohnungen katastrophal und für europäische Begriffe menschenunwürdig. Strassen in tollem Zustand. Eisenbahnlinien großzügig geplant und z. Z. auch schon gebaut. Überall große industrielle + landwirtschaftliche Produktionssteigerung. Viel Außenhandel. Aber jeder Fortschritt wurde für militärische Zwecke ausgenutzt.

Das Volk hatte Brot + Spiele, lebte aber sonst arm + bedrückt, denn außer an Essen + Vergnügen fehlte es an allem,

z. B. Wohnung, Möbel, Einrichtungs + Gebrauchs-Gegenstände, Kleidung usw. waren knapp + teuer. Das Proletariat + die Jugend waren scheinbar für die Regierung, ältere Leute aber, und solche die einen höheren Lebensstandard + Freiheit erstrebten, waren dagegen. Es ist interessant, einen Vergleich zwischen Deutschland + Russland zu ziehen und erfreulich, wenn man dabei die deutsche Einigkeit betrachtet, wo ein Volk geschlossen hinter seinem Führer steht, weil es weiß, daß er diesen aufgezwungenen Krieg nur führt, um dem Volk wieder die Freiheit zu geben und ein schöneres und besseres Leben. Und dazwischen steht nun noch England + der jüdisch-plutokratische Kapitalismus. England unterstützt nun Russland, nicht etwa, weil es besondere Sympathien für den Bolschewismus hat, sondern weil R. uns militärisch unterlegen ist und E. ohne eigene schwere Opfer den Krieg verlängern will, in der Hoffnung, daß R. + D. sich gegenseitig aufreiben, denn beide Länder + Regierungen sind ihm gleichermaßen verhaßt. Bestimmt keine schlechte Politik, aber sie werden sich irren. Wir sind ja auf einen langen Krieg eingerichtet und haben auf jedem Gebiet vorgesorgt und selbst wenn wir uns mit der Verpflegung noch mehr einschränken müssen, der Siegeswillen des Volkes ist nicht zu erschüttern. (Ich habe nämlich gehört, daß es im Sommer für die Zivilbevölkerung kein Fleisch + weniger Brot geben soll, da man ja bekanntlich im Sommer sowieso wenig ißt.) Aber wir werden auch das noch überstehen, denn es ist bestimmt der letzte Kriegssommer und ich glaube auch nicht, daß es noch einen Kriegswinter in Russland gibt. Wir werden und müssen siegen, denn sonst würde es uns schlecht gehen. Das ausländische Judengesindel würde sich fürchterlich am Volk rächen, denn hier sind, um der Welt endlich Ruhe + Frieden zu bringen, hunderttausende von Juden hingerichtet worden. Vor unserer Stadt sind auch 2 Massengräber. In einem liegen 20 000 Juden + und dem anderen 40 000 Russen. Zuerst ist man zwar davon erschüttert, aber wenn man an die große Idee denkt, dann muß man ja selbst sagen, daß es nötig war. Jedenfalls hat die SS ganze Arbeit geleistet und man hat ihr viel zu verdanken. Vielleicht werden wir später mal die ganze Größe der Zeit erfassen, vielleicht auch nie. Aber die Geschichte wird uns schon Antwort geben.[*] –

Seite 5 habe ich erst heute am 22. anfangen können, denn ich hatte inzwischen keine Zeit. Wache, Aufladen + Singen ohne Pause. Durch das Aufladen des schweren Gerätes, an dem ich mich beteiligen mußte, bin ich wieder vollkommen fertig. Werde mich nächste Woche wohl wieder krank melden müssen. Hoffentlich habe ich Erfolg. Will versuchen, daß ich versetzt werde. – Die neuesten Parolen: Die Kolonne soll nun ca. 200 km vorgezogen werden + die alten Quartiere beziehen. Die Urlaubsfrage schwebt noch. Vorläufig ist keiner mehr gefahren. Ob noch weitere gehen, halte ich für fraglich. Jedenfalls bin ich nicht sehr optimistisch. – 3 Mann von uns (2 alte, 1 neuer) kommen krankheitshalber ins Reich. Leider werden es immer mehr, die schlapp machen. – Montag startet unsere Feier. Von uns werden nicht viele teilnehmen können, denn nach Abzug der Wachen + Kommandos bleiben

---

[*] Die Argumentation von Heinz S. wiederholt in allen Punkten diejenige der Nazis: der Jude als Sündenbock für die politischen und sozialen Probleme. Der im Osten geführte Krieg erscheint aus dieser Sicht als Verteidigungsaktion gegen das Vordringen des »jüdischen Bolschewismus«.

nur noch 45–55 Mann. Dafür werden aber viele Gäste erwartet. (Die Schätzungen schwanken zwischen 40 + 100). – Die Kolonne hat jetzt auch Zusatzverpflegung besorgt. (Eier + Weißkäse). Haben die Woche fast nur Zwischenverpflegung von der Kolonne bekommen. Die Truppenverpflegung ist eingespart worden. (Nur 1 x gab es Wurst). – Die Frontzulage soll es jetzt nicht mehr geben, da wir nicht in der Kampfzone liegen. Das wären statt 25,– RM pro Dekade 15,– RM. Die endgültige Entscheidung liegt aber noch nicht vor und wird in den nächsten Tagen erwartet. Vor 4 Wochen ist es schon 1 x abgelehnt worden. Hoffentlich jetzt wieder. Man kann zwar nichts anfangen mit dem Geld, freut sich aber doch.

So, nun muß ich aber Schluß machen, denn sonst kommt der Brief gar nicht mehr weg. Ist ja wohl auch lange genug. Wenn Dir etwas unklar ist, oder Du Fragen hast, dann schreibe. Ich kann verstehen, wenn meine Briefe manchmal schwer zu verstehen sind, aber das lässt sich nicht anders machen. Ich gebe aber gern ausführlich Erklärungen.

Nächste Woche folgt ein Bericht über die Feier etc.

Und nun recht herzlichen Gruß auch an Fred und alles Gute
Heinz

An Papa + Onkel Alex schreibe ich extra. Du brauchst die Briefe nicht nach Saarbrücken zu schicken.

Liebe Elly,

falls Du in Berlin Esbit bekommen kannst, schicke mir bitte einige Schachteln. Esbit ist Trocken-Benzin in Tablettenform + bewährt sich hier fabelhaft. Mein Vorrat ist leider bald alle

+ jetzt kann man schlecht Feuer machen, wo es so warm ist. –
Dieses Papier stammt aus einem russischen Schulheft. Leider
kann ich diese verfluchte Schrift nicht lesen. Gibt es noch
R[ussisch]. Wörterbücher in Bln? Falls es noch einfache Aus-
gaben für den tägl. Gebrauch gibt, schicke bitte ebenfalls.
Aber nur eine kleine Ausgabe in deutscher Schrift. Für alle
Bemühungen im Voraus herzl. Dank. Nochmals herzl. Gruß
    Heinz

43

Glutofen Gazala

Robert W. (siehe seine Briefe vom 31. März und 19. Juni 1941)
nimmt an der Schlacht von Gazala – in Libyen in der Nähe von
Tobruk – teil, die vom 26. Mai bis zum 21. Juni 1942 stattfindet.
Sie endet siegreich für die deutsche und italienische Armee, doch
es ist ihr letzter Sieg. Die hohen Verluste an gepanzerten Kräften
bei Gazala sind für die schwere Niederlage der Achsenmächte bei
El Alamein in Ägypten im Herbst 1942 verantwortlich.

Afrika, d. 20.6.42

Meine liebe Ingeborg!

Nun kann ich endlich wieder etwas von mir hören lassen. Die
letzten Tage (seit Sonntag) waren eine Hetze. Am Sonntag
schlugen wir uns hinter der Gazala-Stellung, also dem Tommy
im Rücken, herum. In der Nacht stießen wir dann in Richtung Norden bis zur Via vor und im Morgengrauen besetzte
dann unsere Kompanie, mit Unterstützung von 4 Panzern,
die Straße. Pak[*] und MGs wurden in Stellung gebracht und
eine Minensperre angelegt. Die ganze Nacht war schon Kolonne
auf Kolonne durchgerollt, (natürlich englische Kolonnen) –

---

[*] Panzerabwehrkanone.

alles in Richtung Tobruk. Und auch jetzt kam es dick heran, Fahrzeug hinter Fahrzeug. Als sie dicht genug heran waren, sausten die ersten Pak-Granaten und MG-Garben in den dichten Haufen. Etwa 6 km hinter uns in der Wüste, am hohen Dschebelrand, stand die Division mit der Artillerie und 8,8 cm Flag. Ein wahrer Feuersegen ergoß sich über diese Ahnungslosen. Von der Straße bis zum Meer waren es noch mal etwa 6 km; dahin schwenkte nun alles ab, und hinter den Dünen verdeckt wälzte sich der Haufen weiter. Ital. Jäger, die uns erst irrtümlich im Tiefflug angenommen hatten, hatten sie aber auch bald entdeckt. Etwa 2 Stunden hielten wir die Straße, dann wurden wir von 2 Bataillonen einer anderen Division, die noch weiter rechts von uns marschierte und nun endlich herangekommen war, abgelöst. Diese stießen bis zum Wasser durch, und damit war dann alles in der Gazala-Stellung eingeschlossen.

Unsere Division machte nun wieder kehrt und zog nach Süden, um Tobruk zu umgehen. Schwere Gefechte gab es nun in den folgenden Tagen, doch immer wurde der Tommy, zum größten Teil aus Indern bestehend, geschlagen. Jedoch der Tommy schlief auch nicht in der Zeit. Fast stündlich wurden wir von Bombern und Jägern angegriffen. Sie hatten ein leichtes Spiel, da man sich ja hier nicht verstecken kann – und unsere Jäger wohl alle überm Mittelmeer beschäftigt waren. – Herrgott, wie das zermürbt, und dann noch bei dieser Hitze, wo man jetzt alles anbehalten muß. Und dann kann man sein, wo man will, die leichte, englische Artillerie taucht immer ganz plötzlich von irgendwoher auf und knallt einem den Laden voll. – Dann kamen zwei fürchterliche Nachtfahrten. Wer das noch nicht miterlebt hat, macht sich keinen

Begriff davon. Jedenfalls haben wir mit vielen Zwischenfällen und Nachtgefechten den Flugplatz »Gambut«[*] genommen und stehen nun wieder hinter Tobruk. Gestern hat das Btl. allein 1600 Gefangene gemacht[**], zum größten Teil Inder und Schwarze.

Sonst geht es mir gut, was ich auch von Dir hoffe und wünsche.

Für die Karte von der Sommerblumenschau und den Brief v. 4.6. herzl. Dank. Ich habe beides gestern bekommen, nachdem der Nachschubwagen schon einige Tage unterwegs war.

Ich wünsche Dir und den Eltern weiterhin alles Gute und lasse alle herzlich grüßen.

Dir selbst nun einen Kuß und viele liebe Grüße von Deinem Robert.

---

[*]   Gamut oder Kambut ist ein Dorf im Osten Libyens.
[**] Ungefähr 35000 Soldaten der alliierten Streitkräfte gerieten während der Schlacht von Gazala in Gefangenschaft.

44

Ein letztes Bad

Nach einem kurzen Aufenthalt in Rostow am Don (siehe seinen Brief vom 23. November 1941) ist Franz S. bis zur deutschen Offensive vom Sommer 1942 im Südosten der Ukraine stationiert. Hier schreibt er seiner Familie in Nordhausen. Die Truppen der Wehrmacht setzen sich in Bewegung. Die Heeresgruppe Süd wird aufgespalten: die Heeresgruppe B marschiert in Richtung Leningrad, während die Heeresgruppe A sich auf den Weg nach Süden, zum Kaukasus macht, zu den Ölfeldern von Aserbaidschan, die für die Fortsetzung des Krieges unerlässlich sind.

Russland, den 5.7.1942

Ihr Lieben Alle!

Aus Feindesland sende ich Euch einen herzlichen Sonntagsgruß. Heute früh gab's ziemlich viel Arbeit, weil jetzt des öfteren neue Fahrzeuge kommen. Das Mittagessen wäre auch mal wieder überstanden. Die Masse war es zwar nicht, doch immerhin schmackhaft. Zwei Stunden später hat man ja sowieso wieder Hunger. Nachher will ich baden gehen. Ein schöner Teich ist in der Nähe, sauberes Wasser und schlammfrei. Man weiß nicht, wie oft man noch Gelegenheit dazu hat. Gestern waren wir morgens in Stalino*, und sind entlaust worden und haben gebadet, leider war nur wenig Wasser vorhanden. Am Nachmittag war ich im Theater und sah dort eine russische Oper. Es war ganz leidlich, das Theater selbst ist ein ganz großartiger Bau, der sich auch überall in Deutschland sehen lassen könnte. Gestern und heute kam Post, doch war für mich überhaupt keine dabei. Das ist wirklich eine Seltenheit, denn mein Name wird sonst am meisten aufgerufen. Vielleicht ist dann beim nächsten Male mehr für mich dabei. Wie geht es Euch denn noch? Hoffentlich sehr gut. Zum Sonntag werdet Ihr wohl im Garten sitzen. Was macht Mathilde? Kann sie schon wieder aufstehen? Ich wünsche Ihr alles Gute. Wie gesagt gibt's bei uns z. Zt. viel Arbeit und für morgen habe ich auch schon wieder einen langen Termin in Aussicht. Aber das gehört eben mal dazu, und im übrigen mache ich mich ja sonst nicht tot. Wäre man doch auch schön dumm. Am Mittel- und Südabschnitt der Front ist der Vormarsch nun bereits wieder losgegangen. Da werden wir bestimmt nicht mehr lange warten und in den nächsten Tagen oder Wochen gleichfalls wieder antreten. Und dabei ohne auf Urlaub gewesen zu sein. Aber von dem sonst in jedem Briefe erwähnten Thema will ich dieses Mal nichts bringen, denn dadurch wird es ja auch nicht besser und Urlaub gibt es auch nicht. Paul Grebin schrieb mir, daß er im Juli hoffe nach Hause zu kommen. Dann wäre ich so der einzige, der sich noch nicht hätte blicken lassen. Aber einer muß eben

* Heute Donezk, Zentrum des Kohlereviers Donbass und fünftgrößte Stadt der Ukraine.

den Max machen. Sonst wüsste ich für heute nicht mehr. Grüßt alle Verwandten und Bekannten. Schließt mich in Euer Gebet ein. Nochmals alles Gute und tausend herzliche Grüße und Küsse,

Euer Junge.

45

Ein Fussballspiel

Franz S. bekommt endlich Post von seiner Familie. Augenblicke der Unbeschwertheit begleiten die Vorbereitungen der Offensive. Die Truppen nutzen die Atempause, um Fußball zu spielen. Der Obergefreite S. macht sich mit der 14. Panzer-Division auf den Weg nach Stalingrad, nachdem er auf dem Balkan und in der Ukraine gekämpft hat.

Russland, den 15.7.1942

Ihr lieben Alle!

Mit großer Freude konnte ich heute Euren lieben Brief Nr. 67 von 7.7. per Luftpost in Empfang nehmen. Habt vielen herzlichen Dank dafür. Die paar Minuten, die von der Mittagspause noch übrig geblieben sind, will ich nun dazu benutzen, um schnell einige liebe Zeilen zu senden. Wolf kommt also nun doch fort. Ich freue mich mit ihm mit. Unterdessen wird er wohl schon die Schönheiten des Mosellandes kennengelernt haben. Mutti hat ja nun ein bisschen Ruhe im Hause und einen gewaltigen »Fresser« weniger. Schade ist nur, daß Mathildchen nicht mit konnte. Die fährt dafür eben im nächsten Jahre. Mir tun die Knochen noch weh vom gestrigen Fußballspiel, daß wir nach anfänglichem Rückstand von

2:0 am Ende 5:2 gegen unsere 2. Batterie gewonnen. Es war ein feines Spiel, und alle unsere Offz. waren vertreten. Bis Sonntag haben wir schon wieder drei Angebote, doch haben wir zwei ausgeschlagen und spielen nur am Sonnabend gegen eine Mannschaft der Gebirgsjäger. Zu viel darf man sich ja auch nicht zumuten, denn bei der Kost kann man keine großen Sprünge machen. Was den Urlaub anbetrifft, so sieht es damit doch nicht mehr ganz so trostlos aus, wie es bisher der Fall war. In den nächsten Tagen fährt wieder ein Schwung von fünf Mann mit instandzusetzenden Fahrzeugen. Zehn Mann waren dafür vorgeschlagen und ich war dabei, doch hat der Chef abgelehnt, weil erst die älteren drankommen und ich z. Zt. unabkömmlich bin. Aber man hat doch wenigstens jetzt die Gewissheit, daß man zur engeren Auswahl schon gehört und daher in diesem Herbst vielleicht mal nach Hause kommt. Wollen aber keine Luftschlösser bauen, sondern nur das Beste hoffen. Man weiß ja nicht, ob noch mal so ein Transportzug in die Heimat geht. Das wäre wie gesagt sehr günstig, denn sonst kommt auf die Platzkarte mit dem Urlauberzug alle 14 Tage, wenn es gut geht, mal ein Mann. Und das ist ja herzlich wenig. Also hoffen wir auf bessere Zeiten. Daß jetzt monatlich ein Päckchen zu 1000 g geschickt werden kann, habe ich auch gehört. Doch hat es bis jetzt noch keine Marken dafür gegeben. Ja, manche Leute führen doch einen schönen Krieg. Erstmal verleben sie ihn in der [?] und außerdem machen sie dann noch großartige Reisen. Man sieht immer eben immer wieder, daß der eine mehr Glück hat als der andere. Doch das wird nie anders werden. Wir fühlen uns auch so glücklich und die Hauptsache ist ja, daß wir gesund wieder nach Hause kommen. Und dann trösten wir uns mit der Hoffnung, daß wir doch vielleicht bald mal auf Urlaub fahren können. Sonst gibt's bei uns auch nichts Neues mehr. Ich sollte jetzt Fahrschule mitmachen und zwar Klasse 2 und 3 (Personen- und Lastwagen), doch erlaubt es die Zeit nicht. Der Schirrmeister ist fast den ganzen Tag wegen Ersatzteilen unterwegs und da muss ich eben in der Bude bleiben und ihn vertreten. Wäre ganz nett gewesen, wenn man alle Führerscheine gehabt hätte. Na, vielleicht später. Das wäre heute mal wieder alles. Grüßt Wolf von mir, wenn Ihr ihm schreibt. Schließt mich in Euer Gebet ein. Nochmals alles Gute und Tausend Grüße und Küsse von

Euer Junge.

46

Festbankett auf dem Weg nach Stalingrad

Theodor K., 1924 in Hamburg geboren, ist Mitglied der Hitlerjugend und macht eine kaufmännische Lehre, bevor er 1942 zur Wehrmacht eingezogen wird. Er ist noch keine achtzehn Jahre alt, als er am Vormarsch auf Stalingrad teilnimmt. Nach Monaten des Stillstands wird die Offensive der Wehrmacht in Richtung Süden zu Beginn des Sommers 1942 fortgesetzt. Theodor K. ist zu diesem Zeitpunkt Kraftfahrer; er wird zum Kompaniechef befördert und später zum Leutnant. Nach dem Krieg kehrt er aus sowjetischer Kriegsgefangenschaft nach Deutschland zurück.

18.7.1942

Liebe Eltern und lieber Heinzi!

Auf einer kleinen Rast möchte ich Euch wieder mal ein paar Zeilen schicken. Wir sind augenblicklich im Vormarsch mit den Panzern in südlicher Richtung. Ich glaube unser Ziel ist vorläufig Stalingrad. Wenigstens hörte ich es von den Panzersoldaten so. In diesem Abschnitt laufen die Russen, daß wir mit den Rädern gar nicht folgen können. Und unsere Tagesmärsche sind bestimmt nicht klein (50–120 km) Wann wir wohl im Irak sein werden?

Gestern haben wir (Besatzung des Küchenwagens) ein herrliches Festbankett abgehalten. Ich allein habe 11 Eier als Rühreier und 7 Zuckereier gegessen. Ferner 1 ganzes gebratenes Huhn (!!) mit neuen Kartoffeln (in guter Butter gebraten). Dazu gab es erbeuteten russ. Süßwein. Also Ihr könnt Euch sicher vorstellen, in welchen seelischen Regionen ich geschwebt habe!! Eins habe ich nur vermisst. Das ist unsere gute Stube in der Feuerwache. Aber allzu lange wird das ja auch nicht mehr dauern, obgleich im September nun doch nicht mehr mit unserer Entlassung zu rechnen ist. Vielleicht im Oktober. Ich bin bisher mit meinem Wagen 1326 km durch Russland gefahren. Die Wasserpumpe musste einmal ausgewechselt werden. Bisher war das die einzige Reparatur. Sehr wenig, wenn man bedenkt, daß die Wagen vollkommen neu sind und auf russ. Strassen eingefahren werden müssen. Von den 20 Wagen, die wir in der Gruppe hatten, sind bisher 7 gänzlich ausgefallen. 2 Wagen sind von 13 russ. Panzern überfallen worden und in Brand geschossen. Die Fahrer konnten rechtzeitig flüchten.

Eben hörte ich, Stalingrad sei gefallen[*]. Das wäre ja prima. Unsere Panzer lagen nämlich schon ein paar Tage vor der Stadt und konnten wegen Benzinmangel nicht weiter. Die Benzinwagen saßen nämlich oft fest und so flogen die Ju 52 ununterbrochen nach vorn und landeten neben den Strassen und brachten den Panzern Sprit. Überhaupt liegt alles am

---

[*]   Der Vormarsch auf Stalingrad war zunächst von Erfolg gekrönt. Doch durch den sowjetischen Gegenangriff im November 1942 wurden die 6. Armee sowie rumänische, kroatische, ungarische und italienische Verbände eingekesselt, obwohl sie die Stadt fast vollständig erobert hatten.

Brennstoff (den wir in Baku* ja reichlich finden werden). Munition ist, da ja nicht viel geschossen wird, Nebensache.

So, nun will ich wieder schließen. Es grüßt Euch vielmals Euer Theo

---

* Hauptstadt Aserbaidschans an der Küste des Kaspischen Meeres und Knotenpunkt mehrerer Erdölleitungen sowie ein bedeutender Erdölhafen.

47

Unser Vater

Geboren 1922 in Berlin in einer protestantischen Familie, studiert Siegfried W. Theologie und wird Pfarrer. Im November 1941 tritt er in die Wehrmacht ein. Nachdem er in verschiedenen Einheiten der Luftwaffe gedient hat, kommt er zum Regiment 30 der Kriegsmarine. Auf diese Weise gelangt er nach Norwegen, Finnland und auf die Eismeerinseln.

Auf See erfährt er auch vom Tod seines Vaters und schreibt an seine Mutter den folgenden Brief.

22.8.1942

Meine liebe Mutti!

Nun ist endlich der Brief von dir bei mir! Ganz still ist es jetzt in meiner Stube, nur die Lampe rauscht und die Uhren ticken. Eine sehr ernste Feierstunde, wo ich deine lieben Worte lesen kann, die von der großen Grenze sprechen, wo wir Menschen von uns aus nicht weiter wissen, der Augenblick, wo wir spüren können, ob wir Gott als Führer haben. All das Große und Tiefe, was du liebe Mutti in diesen furchtbar schweren Tagen durchlebt hast, das hämmert unerbittlich in wenigen Minuten in deinen Zeilen auf mich ein. Weißt du, was das bedeutet, wenn man das alles in »meiner« Sprache hört und alles klingt und fühlt und leidet mit der Mutter mit? Wie dankbar kann ich wieder sein, daß da unsere beiden Hände nicht allein sind, daß wir beide Gottes Hand spüren, der uns so vieles abnimmt und vieles andere gibt. Aus der großen Trauer spricht doch in deinen Zeilen das tapfere Gottvertrauen, das uns unser Vati gelehrt hat. Ich bin ja noch nicht reif genug. Die ganze Größe dieses Wertes zu schätzen wird mich erst das Leben lehren. Ja, liebe Mutti, jetzt sollst du mir der Kamerad sein, der mir Vati war. Das »Halte dich sauber« unseres Vati wird für mich das Ziel sein und in dem Christenglauben und der tiefen Harmonie in der Seele, die wir von unserem Vati absehen dürfen, wollen wir zusammenhalten. Wie wir mit Vati immer unseren Herrn Jesus jeden Mittag zu Gast beten, so soll Vati immer bei uns sein. Für das alles, was ich im Vati hatte, kann ich mir danken, indem ich so lebe, wie ich weiß, daß es Vati von mir verlangt.

Ich bin im Gebet bei dir,
Dein Siegfried

48

Siegen oder sterben

Ludwig S. ist Musiker. Geboren 1911 in Dresden, dient er als Funker in einer Nachrichtenabteilung der 294. Infanterie-Division. Er nimmt an den Theateraufführungen teil, die an der Front für die Soldaten organisiert werden. Er ist verheiratet mit Gretl, hier schreibt er jedoch an seine Schwester, die in Dresden lebt. Zu diesem Zeitpunkt setzt die Wehrmacht die Ostoffensive fort und erreicht den Don. Seit 1944 gilt Ludwig S. als vermisst.

Im Osten, den 25.8.42

Liebste Schwester!

Heute erhielt ich Deinen Brief endlich vom 29.7. Ja, die Post geht sehr unregelmäßig. Du wirst ja unterdessen wieder Post von mir erhalten haben.

Wir liegen nun immer noch am Don[*] ganz in der Nähe ungarischer u. italienischer Truppen[**]. Du weißt ja, unsere

---

[*] Die Schlacht am Donbogen dauerte vom 17. Juli bis zum 20. August 1942.

[**] Einheiten Ungarns und Italiens, die mit Nazideutschland verbunden waren, kämpften an der Seite der Wehrmacht. Ab August 1942 wurde die Verteidigung der Ufer des Don diesen Hilfstruppen anvertraut, was den Deutschen erlaubte, ihre eigenen Streitkräfte bei Stalingrad zu konzentrieren.

Division ist kaum mehr einsatzfähig, das heißt aber nicht, daß wir rausgenommen werden. Im Gegenteil, alle Anzeichen sprechen dafür, daß wir auch diesen Winter hier mitmachen müssen. Ja, Schwesterchen, ich habe es satt, und wir müssen alle damit rechnen, daß unsere Stunde früher o. später kommt. Die Zukunft ist für uns schwarz geworden und die Hoffnung schwindet dahin. Wir haben eben Osterfahrung und müssen hier sterben oder siegen. Damit haben wir uns alle schon abgefunden. Es geht um Leben oder Tod. So einen Krieg hat die Welt noch nicht gesehen. Jetzt geht es uns noch einigermaßen gut, der Sommer war sehr schön bei uns, aber vor dem Winter bangt alles. Ein Päckchen mit Zigaretten habe ich Dir doch schon bestätigt.

Zu Hause ist alles wohlauf. Gretl hat Dir nicht wieder geschrieben. Nun, sie schreibt ja so ungern, sie ist schon froh, wenn sie meine Briefe beantwortet hat. Und mich hat sie doch so lieb. David hat mir auch eine Karte geschrieben. Er ist zur Erholung in der sächs. Schweiz. Ich hatte ihm Zigarren geschickt. Und Dir geht es gut, was mich freut. Gretl aus Kronburg[*] ist zu bedauern, sie will gar nicht mehr gesund werden. Na, es hat jetzt jeder seine Sorgen, aber trotzdem hört man von der Heimat nicht gutes. Der Geist ist an der Front besser. Sonst gibt es weiter nichts. Schreibe Dir das nächste Mal mehr, es ist schon Mitternacht.

Bis dahin viele Küsschen

Dein Bruder Ludwig

---

[*] Gemeinde im schwäbischen Landkreis Unterallgäu.

49

Herbst in Stalingrad

Franz S. (siehe seinen Brief vom 23. November 1941) kommt nach Stalingrad. Mitte September 1942 ist das Schicksal der Stadt an der Wolga noch ungewiss. Stalingrad ist von großer strategischer Bedeutung: Es stellt die Verbindung zwischen dem Norden und dem Süden Russlands dar und sichert die Versorgung der Roten Armee. Darüber hinaus hat Hitler die Stadt zum Schauplatz einer ideologischen und symbolischen Schlacht gemacht: Er schickt seine Truppen, um die Stadt Stalins zu erobern.

Franz S. fällt bei Stalingrad, ein paar Wochen nachdem er den folgenden Brief an seine Familie geschrieben hat.

Vor Stalingrad, 15.9.42

Ihr lieben Alle!

Von der Front sende ich Euch die herzlichsten Grüße. Herbst ist es nun mit aller Macht geworden, ein kalter Wind pfeift über die Steppe. Plötzlich kam es. Über Nacht fiel leise Regen und frierend lagen wir in den Erdlöchern. Halb nass stand man dann beim Morgengrauen auf, weil man doch nicht mehr schlafen konnte. Ich sitze fast den ganzen Tag schon im Wagen, denn draußen weht der Wind mich fast um. Vielleicht wird es doch noch mal ein bisschen wärmer, denn wenn es schon jetzt so kalt werden würde, dann dürfte der Winter wohl nicht allzu lange auf sich warten lassen. Und einen zweiten Winter hier in der Steppe zu überleben, das wäre nicht nach meinem Geschmack. Mal sehen, was die Zukunft bringt. Über uns ziehen die Stukas eine Welle nach der anderen gen Stalingrad. Allzu lange dürfte es ja nicht mehr mit der Stadt dauern. Im Westen und Süden sind wir schon am Stadtrand, die Wolga liegt in 6 km Breite vor uns. Wer hätte das wohl gedacht, daß wir einmal an diesen heiligen Strom der Russen kommen würden. Es kommt eben doch oft anders als man denkt. Wie gesagt, mit Urlaub rechne ich schon nicht mehr. Wenigstens für dieses Jahr nicht. Wir haben jetzt eine Aufstellung gemacht und da sind es wohl immerhin an die 60 Mann. Und ich würde noch an die 40 Kameraden vor mir haben. Es könnte natürlich auch schon etwas eher der Fall sein, denn man kann ja nicht stur nach Schema arbeiten. Aber wie gesagt hoffe ich für dieses Jahr nicht mehr. Wenn nicht unvorhergesehene Ereignisse eintreten sollten. Die Post geht jetzt wieder ziemlich lange. Wir sind ja dafür einige hundert km von der Heimat entfernt. Euer letzter Brief war der mit Luftpost v. 29.8. In einigen Tagen wird wohl sicher wieder welche kommen. Das Warten haben wir ja in der langen Zeit gelernt. Sonst gibt es hier auch nichts Neues weiter. Wie geht es Euch denn allen? Mutti wird mit der Einkocherei wohl bald am Ende sein. Denn die Bohnen und was sonst noch da sind, werden wohl bald geerntet sein. Wie steht es denn mit den Äpfeln in diesem Jahr? Ist die Ernte gut? Hier sieht man weit und breit keinen Strauch. Ja, wir sind eben ganz in östlicher Wüste. –

Das wäre für heute mal wieder alles. Grüßt herzlich alle Verwandten und Bekannten. Wie geht es Papa im neuen Dienst und wie den beiden Hübschen? Schließt mich in Euer Gebet ein. Nochmals herzliche Grüße und Küsse von

Eurem Jungen.

50

Ein Holzkreuz

Während der Kampf um Stalingrad beginnt, geht im Norden Russlands die Belagerung Leningrads weiter. Die Einwohner der Stadt sterben zu Tausenden an Hunger. Im Januar 1942 greift die Rote Armee bei – 42 °C an und schlägt + Bresche zwischen die Heeresgruppe Nord und die Heeresgruppe Mitte. Angriffe und Gegenangriffe wechseln sich ab.

Rudolf K., geboren 1913 in Zehdenik, ist vor dem Krieg kaufmännischer Angestellter gewesen. Er kämpft als Obergefreiter in Frankreich, Polen, in der Ukraine und in Weißrussland und nimmt an der Belagerung Leningrads teil. Während des Krieges schreibt er fünfzig Briefe an seine Frau. Er fällt in der Nähe des Ladogasees im Norden Russlands. Hier einer seiner letzten Briefe und das Schreiben, in dem seiner Frau sein Tod mitgeteilt wird.

Russland, 30. August 1940

Mein innigstgeliebtes Trudchen!

Gestern habe ich den ersten Brief von Dir erhalten, vom 18./8. mit den gelben Blumen. Auch Post von Müllers und von Margot habe ich bekommen. Über die Post habe ich mich sehr gefreut, na, Du weißt ja wie es ist, wenn man [einen] erhält. Enttäuscht war ich aber, daß nur kein Briefpapier geschickt wurde, ich habe mir dieses wieder zusammen gebettelt.

Über Margots Leiden oder vielmehr über meinen Vater habe ich mich geärgert. Haben denn die beiden in dieser schweren Zeit nichts weiter zu tun, als sich das Leben schwer zu machen? Wie ich zwischen Margot's Zeilen lese, ist mein Vater Dir sehr wenig gewogen. Ärgere Dich nicht darüber, ich werde zur gegebenen Zeit ihm meinen Standpunkt klarmachen. Wie der ausfällt, dürfte Dir wohl so ziemlich klar sein. Ich habe nichts dagegen einzuwenden, daß Du mit Margot verkehrst, wenn auch das Verhältnis zu meinem Vater nicht so ist wie es sein sollte. Daß Dein Vater wieder erkrankt ist, bedaure ich aufrichtig, ich wünsche ihm gute Besserung. Ich wünsche mir ihn wenigstens nochmals sprechen zu können. Reinholdchen soll mir man auch gesund bleiben, denn sonst ist sein Papa traurig.

Wenn ich in Stellung liege, das Gewehr in Anschlag, die Granaten um mich her einschlagen, ich auf den Russen schieße, da denke ich oft an Euch, sehe Euch so ganz lebendig vor mir, könnte Dich und die Kinder küssen. In Gedanken habe ich dann Reinhold in der Hand, zeige ihm die Stellungen und erkläre ihm und Dir da so manches. Wir waren auf einer Dnjeper Insel in Stellung, liegen jetzt in Ruhe um unser Waffen und Ausrüstung in Ordnung zu bringen. Der Russe schießt mit Gewehrgranaten, noch gemeiner als Dum Dum Geschoße. Auffallend war die Ruhe in letzter Zeit, die Flieger kommen nicht mehr und die Russische Ari schießt selten. Der Russe scheint wieder auf dem Rückzuge zu sein. Müller's kannst Du berichten, daß ich bestimmt öfter geschrieben hätte, wenn ich Papier hätte. Erlebt habe ich bestimmt sehr viel und auch gesehen, da wir immer am weitesten vorn waren. Tomaten habe ich hier auch schon geerntet, allerdings sind diese sehr klein und schmecken nicht so pikant wie Eure. Ich empfehle Dir, von unreifen Tomaten Marmelade zu kochen, welche sehr gut schmeckt. Heute habe ich 100-Mk an Dir per Feldpostzahlkarte abgeschickt. Ich habe jetzt noch 52,80 Mk hier, ich kann hier das Geld gar nicht gebrauchen. Pilze habe ich hier nur weiße gesehen und sie erst für Vogeleier gehalten sonst keine. Schön ist es, daß Du Geld ersparen konntest, denn jedes wird uns unserem Ziele näher bringen. Ich beschäftigte mich oft mit diesen Gedanken. Mit den Schwaben kann man sich kaum unterhalten, es geht mir mit denen so wie Dir mit den Wiener Mädchen. Obst esse ich sooft ich dazu komme, ich hatte schon häufig Durchfall davon. In den Gärten wächst alles wild durcheinander, Tomaten unter Kartoffeln neben Kürbis dazwischen Gurken und Melonen. Weißt Du, ich bin ja mächtig scharf auf ein Motorrad, bin mir allerdings über die Type noch nicht klar. Hoffentlich kommt bald Lenchen's Geburtstagsspende die Drops. Also, ich habe noch kein Päckchen erhalten. Wenn der Krieg zu Ende ist? Ja, das müßt Ihr besser abschätzen können als wir. Wir sehen nur Örtliche Erfolge, Ihr habt aber den gesamt Überblick. Also versucht mir öfter's zu schreiben und Briefpapier zu senden. Wenn es geht erfüllt mir auch kleine Wünsche, Traubenzucker, Pfeife, Waschbürste, Taback haben wir selten. Zeitschriften. Rasierklingen. Übrigens hatte ich einen 12 tägigen Bart, mehr Haare im Gesicht wie auf dem Kopf. Na alles Gute und auf Wiedersehen, hoffentlich bekommst Du meine Post eher wie ich Eure.

Gruß und Kuss DeinRudolf

Grüße Reinhold, Gerhard, Eltern u. Müllers, Hilde

2/9. Päckchen mit Drops erhalten und Postkarte vom Vater vom 8/8.

Sehr geehrte Frau K.,

ich habe die traurige Pflicht, Ihnen mitzuteilen, daß Ihr Mann, der Gefreite Rudolf K., am 29. September 1942, gegen 16.30 Uhr, in soldatischer Pflichterfüllung getreu seinem Fahneneide den Heldentod für Führer, Volk und Vaterland gestorben ist.

Ihr Mann war an dem betreffenden Tage als Melder dem Arbeitskommando, welches vorne eingesetzt war, zugeteilt. Die russische Artillerie streute am Nachmittag die Gegend ab. Eine Granate platzte unmittelbar in seiner Nähe. Ein Granatsplitter drang ihm in die Brust und führte seinen sofortigen Tod herbei. Irgendwie gelitten hat Ihr Mann nicht mehr, da der Tod auf der Stelle eintrat.

Am 30.9.1942 haben wir ihn in Anwesenheit des Divisions-Pfarrers auf dem Heldenfriedhof in Kelkowo[*] (Nordabschnitt, südlich Ladogasee[**]) zur letzten Ruhe gebettet. Er ruht neben Kameraden, die ihm im Tode vorausgegangen sind.

Ihnen und Ihren Kindern spreche ich zu dem schweren Verlust, den Sie erlitten haben, zugleich im Namen seiner Kameraden, meine innige und aufrichtige Teilnahme aus.

---

[*] Gemeint ist die heutige russische Stadt Kelkolowo, die östlich von Sankt Petersburg zwischen Mga und dem Ladogasee liegt.

[**] Der Ladogasee war während der Belagerung des früheren Leningrad die einzige Verbindung nach draußen. Die dicke Eisdecke, die ihn im Winter bedeckte, erlaubte den Transport von Lebensmitteln, aber auch die Evakuierung von Zivilisten.

Die Kompanie wird Ihrem Mann ein ehrendes Gedenken bewahren. Er war ein pflichttreuer Soldat und ein guter Kamerad. Ich kann ihm nur das beste Zeugnis ausstellen.

Möge die Gewissheit, daß Ihr Mann sein Leben für die Größe und den Bestand von Volk, Führer und Reich hingegeben hat, Ihnen ein Trost in dem schweren Leid sein, das Sie betroffen hat. Sollten Sie über Ihren Mann noch etwas wissen wollen, so bitte ich Sie, an mich zu schreiben. Ich werde Ihnen bereitwilligst über jede Frage Auskunft geben. Sobald die Ruhestätte Ihres Mannes in würdiger Form hergerichtet ist, werde ich sie selbst fotografieren und Ihnen nach Fertigstellung ein Bild zugehen lassen.

In aufrichtigem Mitgefühl grüße ich Sie
(gez. Schulz)
Hauptmann und Kompanieführer

51

Die Verurteilten der Wolga

Anfang September 1942 hat sich die Nordfront von Stalingrad stabilisiert. Die deutschen Truppen haben der Armee von General Schukow, ab Januar 1943 Marsehall, empfindliche Niederlagen zugefügt, aber dieser ist es dennoch gelungen, den Vormarsch der Wehrmacht zu verlangsamen. Es folgen erbitterte Straßenkämpfe, die von den Deutschen als »Rattenkrieg« bezeichnet werden. Die Kämpfenden sind gezwungen, die Kellergeschosse und die Kanalisation zu benutzen, die als Einziges nicht vollständig von Luftwaffe und Artillerie zerstört worden sind. Ende September, als Rudolf O. den folgenden Brief an seine Familie schreibt, flattert die Hakenkreuzfahne über dem Zentrum von Stalingrad, doch die sowjetischen Truppen haben sich in den Arbeitersiedlungen und den Dörfern Orlowka und Rynok verschanzt.

Rudolf O. arbeitet vor dem Krieg auf dem elterlichen Hof. Nach seiner Militärausbildung in Hamburg kommt er zum Artillerie-Regiment 295. Nachdem er in Frankreich, Polen und in der Ukraine gekämpft hat, nimmt er an der Schlacht um Stalingrad teil. Seitdem gilt er als vermisst.

Ihr Lieben!

Wie geht es Euch? Hoffe doch das Beste. Sind hier noch immer an Stalingrad beschäftigt, es dauert doch länger wie wir's uns gedacht hatten. Vorgestern war ich direkt in der Stadtmitte, [wir] haben ein Geschütz, welches im Straßenkampf eingesetzt war, zurückgeholt. Dort waren wir auch bis auf einen km. an der Wolga ran. Die Stadt wird aber vollkommen zerstört, es bleibt nichts heile drin, jedes Haus ist als eine Stellung ausgebaut und wird von den Russen bis aufs Letzte verteidigt, und dadurch sind unsere gezwungen, alles zu zerstören. Heute war wieder ein Großangriff, auch die Flugzeuge waren wieder stark dran beteiligt, den Russen scheinen die Flugzeuge doch schon etwas knapper zu werden, er kommt nicht mehr so oft. Heute haben die russischen Flieger sich mal wieder recht blamiert, bei einem Angriff sind 2 Bomber zusammengestoßen und abgestürzt, – schöne Sache, nicht wahr? Sonst gibt's nichts Neues. Es geht mir recht gut, macht Euch nicht zu viel Sorgen um mich. Wenn es hier mit Stalingrad zu Ende ist, werden wir wohl abgelöst werden, damit rechnet jeder stark von uns. Vor ein paar Tagen habe ich eine Karte von Mutter vom 24. August, und das zweite Kilo Päckchen erhalten, meinen besten Dank dafür es hat sehr gut geschmeckt, das letzte davon wird morgen früh gegessen. Hast du denn wieder ein paar Bienen bekommen, lieber Vater? Konntest dich doch wohl nicht gut von Ihnen trennen. Hat Wilhelm denn schon einen Hirsch abge-

schossen. Hoffe doch, daß du jetzt bald wieder restlos hergestellt bist, lieber Wilhelm.

Jetzt grüßt Allen herzlich, Euer Rudolf

Aufwiedersehn!

52

Die Schamlosen

Lublin im südöstlichen Polen gehört seit Kriegsbeginn zum Ge-
neralgouvernement und wird zwischen Juli 1942 und Oktober
1943 zum Zentrum der »Aktion Reinhardt«, die gewisserma-
ßen den Auftakt zur »Endlösung der Judenfrage« bildet. Ihr
Ziel und Auftrag ist die Liquidierung der rund zwei Millionen
Juden, die zu diesem Zeitpunkt bereits in den Ghettos des Ge-
neralgouvernements zusammengetrieben worden sind. In den
eigens errichteten Vernichtungslagern Belzec, Sobibór und
Treblinka, die nach Ende der Aktion zugunsten von Auschwitz
aufgelöst werden, kommen erstmals Gaskammern zum Ein-
satz.

Karl-Ludwig S. wird 1924 in Leipzig in einer evangelischen
Familie geboren. Nach dem Abitur meldet er sich im März 1942,
kaum achtzehnjährig, freiwillig zur Wehrmacht. Er macht seine
Militärausbildung in Naumburg und dann in Lublin, bevor er
in das Grenadier-Regiment 101 eintritt. Er schreibt mehr als
dreihundert Briefe, vor allem, wie hier, an seine Eltern und seine
Schwester Annerose. Am 23. Juli 1944 wird er in Russland als
vermisst gemeldet.

Liebe Eltern und Annerose!

Besten Dank für Mamis langen Brief, der heute ankam und mir wieder Gewissheit und Hoffnung gebracht [hat]. Trotzdem wäre es mir noch lieber gewesen, wenn sich die Entscheidung noch etwas hinausgezögert hätte, denn in 3 $\frac{1}{2}$ Wochen sind wir hier mit dem Lehrgang fertig, dann hätte ich endlich mal einen Lehrgang zu Ende gebracht und nach Oberstleutnant B. ist es ja zur Rückkehr nie zu spät. Außerdem lebt es sich als Gefreiter besser als Schütze oder Kanonier. Na, ich muss nun erst mal abwarten, wie lange es dauert, bis der Instanzenweg von Dresden bis Lublin zurückgelegt ist.

Bis jetzt geht es mir immer noch ganz ausgezeichnet. Am Sonnabend habe ich wieder ordentlich und reichlich gegessen, ebenso am Sonntag. Mit einem Kameraden habe ich Sonnabend nachmittag einen kleinen Streifzug durch ein echt polnisches Stadtviertel gemacht, studienhalber. So viel Dreck, Primitivität und Abschaum der Armut und des Elends hält man in einer Großstadt einfach für unmöglich. Aber wir sind ja in Polen!

Gestern, Montag, war ein schöner Tag, denn wir sind aus unseren Baracken in die Stadtwohnungen umgezogen. Hier ist es sehr schön. Jede Gruppe hat Wohn- und Schlafzimmer, Bad, fließendes Wasser und Innen-WC. Man könnte sich direkt wie zu Hause fühlen, denn es ist hier sehr wenig kasernenmäßig. Gestern abend habe ich noch einmal im Soldatenheim ordentlich gegessen.

Heute war dann wieder Dienst, $^3/_4$ 6 ist Wecken, dann eine Stunde Kaffeepause (in Naumburg eine halbe!), Abmarsch, drei Stunden Gefechtsausbildung, Mittagessen, eine Stunde Unterricht, 1 $^1/_2$ Stunden Fußdienst oder Waffenausbildung, Dienstausgabe, eine Stunde Waffenreinigen und eine Stunde Arbeitsstunde. Dann ist es gerade 19 h. Von da ab haben wir immer Ruhe. Im allgemeinen gesehen, ist der Dienst also ruhiger als bei Müller[*], obwohl natürlich der infanteristische Gefechtsdienst auch anstrengend ist, doch uns alten Naumburgern können sie nicht bange machen.

Mamie fragt, ob ich jemanden gefunden hätte, der meine Taschentücher wäscht. Ich habe wohl jemanden, aber der Jemand bin ich selber. Am Sonnabend habe ich erst fünf Taschentücher und noch verschiedenes anderes gewaschen. Strümpfe brauche ich nicht, aber Marmelade könnte ich gut verwenden. Gebrauchen könnte ich noch wollene Handschuhe, ab und an etwas Seife und auch – wenn möglich – etwas schwarze Schuhcreme. In der Kantine[**] gibt es nur noch polnische, da kostet eine ganz gewöhnliche Schachtel 3,50 Zloty = 1,75 RM, dafür bekommt man im Reich mindestens fünf gleiche Dosen. Um Gottes willen nur nicht Hemden oder Schuhe schicken, wo wir doch sowieso in der Dienstuniform ausgehen müssen. Wenn Ihr mir mal Marken schickt, bitte keine Urlauber[***]. Alle anderen kann ich nämlich

---

[*]   Müller war sein Oberleutnant in Naumburg.
[**]   Gemeint ist die Soldatenkantine, wo die Männer Nahrungsmittel, Getränke, Zigaretten und andere Gegenstände kaufen konnten.
[***] Man gab für die Soldaten auf Urlaub besondere Marken aus, die sie in den besetzten Ländern verwenden konnten.

hier in die doppelte Menge Gouvernements-Marken[*] umtauschen. Bitte vor allem ein paar Fettmarken, weiter brauche ich nichts.

Heute kamen wieder drei Päckchen von Gläsern, sehr gut zu gebrauchen.

Doch für heute erst mal Schluss. Morgen oder übermorgen mehr. Beste Grüsse, auch an das neue Mädchen.

Karl-Ludwig.

Geld Sonntag (zur richtigen Zeit!) mit bestem Dank erhalten!

---

[*]   Es handelte sich um Lebensmittelmarken, die im Generalgouvernement gültig waren.

53

Stalinorgeln

*Nach mehren Monaten im Donbass (siehe seine Briefe vom
9. Januar und 2. Februar 1942) kommt Karl N. nach Stalingrad.
Nach anstrengenden Kämpfen gerät er in sowjetische Kriegsgefangenschaft, in der er stirbt. Sein letzter Brief datiert vom Januar
1943.*

*»Die Feldpostprüfstelle der 4. Panzerarmee prüfte über 11 237
Briefe, die zwischen dem 20. Dezember 1942 und 16. Januar
1943 von und nach Stalingrad geschickt wurden, und stellte dabei fest, dass die Soldaten fast bis zum bitteren Ende Hitler die
Treue hielten und an ihn glaubten.«*

*(Omer Bartov, Hitlers Wehrmacht,
Reinbek bei Hamburg 1995, S. 250)*

Rußland, den 30.10.42

Liebe Eltern, Willi und Lene!

Heute komme ich endlich mal wieder dazu, Euch einige Zeilen zu schreiben. Vorgestern machte ich ein Päckchen mit
zwei Filmen und eins mit B.Kaffee fertig, die ich beide zusammen gebunden habe, ich wünsche guten Empfang. Nun

will ich Euch mal schreiben, wo ich stecke. Also, seit vier Tagen sind wir wieder im dunkelsten Winkel bei Stalingrad. Gleich vor der Stadt in unserem Dorf Olowka liegen wir und warten auf die Übernahme der Batterie, im Einsatz sind wir nicht, aber knallen tut's hier auch noch, die letzte Nacht war unbeschreiblich. Die Flieger haben uns kaum ein Auge zumachen lassen, aber getroffen haben sie nichts von Bedeutung. Stalingrad an und für sich ist in deutscher Hand, nur ein Fabrikgelände und ein Dorf am Rande der Stadt wird immer noch zäh und verbissen verteidigt. Die Stalinorgel* spielt den ganzen Tag und auch des nachts, aber auch unsere Orgel spielt Tag für Tag ihre Lieder. Einige Kameraden unserer alten Batterie habe ich schon begrüßen können. Die Batterie liegt etwa 3 km von hier in Stellung. Denkt Euch, unser Harry ist auch gefallen und ein Mann von meinem Geschütz. Am 3.9. verabschiedete ich mich von ihm mit dem Wunsch auf alles Gute und viel Glück. Am 12.9. glaube ich, schickte ich ihm das Kistchen Zigarren und am 9.9. war er schon gefallen, hat er also das Päckchen gar nicht mehr bekommen. Der Kampf um die letzten Häuserwinkel dauert noch in unvermindertem Maße an. Die Zivilbevölkerung hat die Häuser räumen müssen und wir haben sie uns zur gemütlichen Heimat gemacht. Wir schlafen mit zwanzig Mann in einem Haus. Hoffentlich lassen uns bzw. mich die »Bienen« in Ruhe, mir gruselt es schon wieder, wenn ich nur dran denke.

---

* Die Stalinorgel war ein Mehrfachraketenwerfer, der in der Roten Armee benutzt wurde. Sie verdankt ihren Namen dem pfeifenden Geräusch, das sie beim Abschuss macht. Die Russen nannten sie »Katjuscha« nach dem gleichnamigen Volkslied, das in den Reihen der sowjetischen Armee sehr populär war.

Sonst wüßte ich für heute nichts Neues zu berichten. Mir geht es gut, dasselbe hoffe ich auch von Euch. Seid nun alle von ganzem Herzen gegrüßt von Eurem Sohn Karl. Gruß an die Holz und [...]straße*.

Auf Wiedersehen!

---

*   Name nicht eindeutig zu lesen.

54

Finsternis

Nachdem er, von seinen Verwundungen genesen und zu seiner Einheit zurückgekehrt ist, wird Alois S.(siehe seine Briefe vom 9. Juni 1941 und von Ostern 1942) an die Ostfront geschickt. Am 25. November 1942 starten die Sowjets unter dem Namen »Operation Mars« eine Offensive gegen den Brückenkopf Rschew. Die Kämpfe sind äußerst blutig. Alois S. fällt gleich am ersten Tag dieses Angriffs. Hier seine letzten Briefe.

Demjachi[*], den 5.11.1942

Mein liebes Friedchen!

Ich bin immer noch nicht beim alten Verein angekommen. Wir liegen in obigem Dorf in Russenhütten zusammengepfercht wie die Heringe. Der Fußboden ist mein Bett, die Decke dient als Unterlage, mit dem Mantel decke ich mich zu. Es liegt sich zwar etwas hart und unbequem, aber man muss sich damit zufrieden geben und kann noch froh sein, daß man wenigstens ein Dach über dem Kopfe hat. Seit gestern ist es etwas kälter geworden, gefroren ist es aber noch nicht.

---

[*] Dorf in Weißrussland in der Gegend von Witebsk im Nordosten des Landes.

Die Zivilisten müssen nun das Dorf verlassen und ziehen mit Sack und Pack weiter in das rückwärtige Gebiet, da mit einem Angriff der Russen jederzeit gerechnet werden kann. Wir sind jetzt dabei, Bunker zu bauen. Morgens um 6.30 Uhr ist Wecken, um 7.00 Uhr Kaffeempfang, um 8.00 Uhr treten wir an, dann machen wir Arbeitsdienst bis zum Mittagessen, um 3.00 Uhr wird es schon dunkel. Bis jetzt fühle ich mich ganz wohl und von Läusen merke ich noch nichts, aber die kommen schon noch früh genug.

Ich habe Dir bereits meine alte Feldpost Nr. 13672 E mitgeteilt von der 8. Kompanie. Es kann aber auch möglich sein, daß ich zur 4. Kompanie komme, die hat die Nr. 11890 E. Teile mir genau mit, ob Du alle Briefe erhalten hast, dies ist der 6. Brief. Wenn Du mir schreibst, dann schreibe unter der Nr. 13672 E. Schicke aber noch kein Päckchen, bis Du von mir genauen Bescheid erhältst, das dauert noch einige Tage.

Bis jetzt ist bei mir noch alles in bester Ordnung, brauchst Dir also noch nicht viel Sorgen um mich zu machen. Alles weitere wollen wir in Ruhe abwarten.

Wie ist es denn mit den Bildern? Ich bin sehr gespannt darauf. Ich darf wohl hoffen, daß zu Hause alles gesund und munter ist. Sei immer lieb und gut zu den Kindern und denke stets in Liebe an mich.

Soviel für heute.

Ich grüsse und küsse Dich und die Kinder in Liebe

Alois und Papa.

Liebes Friedchen!

Ich will Dir heute wieder ein paar Zeilen schreiben. Bis jetzt geht es mir noch gut, in dieser Stellung könnte ich es über Winter aushalten. Wir haben einen schönen warmen Bunker, bekommen jeden Tag satt zu essen. Was will man da noch mehr? Unser Geld wird uns bei der Kompanie gutgeschrieben. Wenn ich eine größere Summe von ca. 150,– RM habe, werde ich es nach Hause schicken.

Es ist viel wert, daß wir uns jeden Morgen sauber waschen können, sogar unsere Wäsche wird alle 8 Tage gewaschen. Über Tag halten wir uns bei den Russen im Hause auf und nachts gehen wir in unseren Bunker. Die Sonne scheint noch jeden Tag. Es ist zwar gefroren, aber trotzdem ist es das schönste Wetter im Vergleich zu dieser Jahreszeit. Hoffen wir auch weiterhin das Beste.

Nun, wie geht es Dir, meine Liebste, und unseren lieben Kindern? Immer muß ich an Euch denken. Wie schön es doch wäre, wenn wir bald wieder beisammen sein dürften. Wie lange wird es noch dauern? Wir wissen es nicht. Eines aber wissen wir, daß unsere Liebe zueinander unsterblich ist.

Ich grüße und küsse Dich und die Kinder mit einem Herzen voll Sehnsucht

Dein Alois und Papa

O 17.11.1942

Liebe Frau und Kinder!

Obwohl wir hier in einer ruhigen Stellung liegen, habe ich zum Schreiben nicht viel Zeit. Den ganzen Tag sind wir beschäftigt mit Bunker bauen. Holz holen usw. Um $^1/_2$ 4 Uhr ist es schon dunkel und bei unserer Beleuchtung kann man nicht viel machen. Der Winter hat jetzt begonnen. Am Sonntag ist der erste Schnee gefallen, kalt ist es aber noch nicht.

Sonst geht es mir noch gut und ich hoffe auch, daß Ihr zu Hause alle gesund und munter seid. Hoffentlich erhalte ich bald einen lieben Brief von Dir, ich sehne mich sehr danach.

Die herzlichsten Grüsse und Küsse
Dein Alois und Papa.

Im Osten, den 25.11.1942

Liebes Friedchen!

Da ich wenig Zeit habe zum Briefschreiben, ich Dich aber nicht warten lassen will, schreibe ich Dir diese Karte. Mir geht es noch gut, dasselbe hoffe ich von Dir und auch allen zu Hause.

Ich grüße Dich und die Kinder herzlich
Alois und Papa.

55

Am Fuss des Kaukasus

Nach Frankreich und der Tschechoslowakei setzt Heinz R. (siehe seine Briefe vom 17. Juli 1940, 10. September 1940 und 26. Juni 1941) den Krieg im Kaukasus fort. Er ist der Heeresgruppe A zugeteilt. Wiederum nutzt der Pfarrer seine Freizeit, um die Kirche des Ortes zu besichtigen, in dem er stationiert ist.

Die Wehrmacht rückt im Rahmen der »Operation Edelweiß« rasch in den Süden Russlands vor und erobert die Städte Krasnodar am Ufer des Kuban und Naltschik. Doch die Versorgung der Truppen, insbesondere mit Treibstoff, ist nicht durchgängig gesichert. Die Heeresgruppe A, die vom Rest der deutschen Armee abgeschnitten zu werden droht, muss nach den Niederlagen von Stalingrad und Charkow den Rückzug antreten.

Al.[*], den 16. November 1942

Meine liebe Ursula!

Da wir auch heute noch nicht abgeholt wurden, unternahm ich heutevormittag einen Gang in die Stadt. Es war entsetzlich schmierig draußen auf den Straßen. Vereinzelt hörte man in der Ferne Geschützdonner, sonst war es ganz friedlich.

---

[*]   Abkürzung eines Ortes im Kaukasus.

Mich zog dabei wie ein Magnet die Kirche an.* Man sieht der ganzen Anlage an, daß sie von der Staatskirche eines Reiches gebaut wurde, das hier in dem fremdvölkischen, mohammedanischen Land seine Macht bekunden wollte. Die Kirche ist nur klein, in byzantinischem Stil. Sie ist umgeben von einem kleinen Park mit hohen Bäumen. Das ganze ist abgeschlossen durch eine Mauer mit mehreren Türmen und 4 Eingangstürmen. Die Anlage ist sehr hübsch. Außen davor sind noch kleine Grünanlagen gewesen, und an der Hauptstraße ist eine Reihe sehr hoher Pappeln, die der ganzen Anlage einen großzügigen Abschluß gibt. An der Mauer entlang – seltsamerweise außen – befinden sich zahlreiche deutsche Soldatengräber, drinnen auf dem Kirchhof nahe der Kirche beerdigte gerade ein rumänischer Capitan eine Anzahl eigener Gefallener. Als ich in die Kirche hineinging, war ich erstaunt, eine Anzahl brennender Kerzen zu finden. Das Gebäude ist gut erhalten. Es scheint sehr lange noch, vielleicht bis in die Gegenwart, als Kirche benutzt worden zu sein. Die Bemalung der Wände, der Kronleuchter, zwei riesige Eisenöfen, alles war erhalten. Nur die Bilderwand fehlte. Da haben die Rumänen einen schlichten Altar mit einem Holzkreuz aufgebaut. Das wirkte geradezu »protestantisch«. Zwei kleine Ikonen standen vor dem Kreuz. Ich war glücklich, »eine lebendige Kirche« entdeckt zu haben. Ob wohl auch Russen da hineingehen? Die lange Kirchenanlage beherrscht das Städtchen, alle übrigen Gebäude sind ärmlich und unansehnlich.

---

* Die Sowjets hatten in den Dreißigerjahren zahlreiche Kirchen und Gotteshäuser geschlossen. In manchen Gegenden öffneten die Deutschen sie wieder und erlaubten das Abhalten von Gottesdiensten.

Nachmittags habe ich mich in Landkarten vertieft. Man wird nicht froher dadurch, wenn man die gewaltige, vor uns liegende Aufgabe ermißt. Sag mal, lächelst Du nicht öfters, wenn ich irgendwelche Termine angebe, wie z. B. kürzlich bei Or.*? Ich tippe doch jedesmal gründlich daneben, wie Du ja schon beim Empfang der Briefe feststellen kannst. Ist es nicht so?

18. November

Gestern früh stand ich bei klarem Wetter auf und beschloß, nun endlich Verbindung mit der Kompanie herzustellen. Ich ließ mich von einem Kübelwagen mitnehmen bis Ar. Hier traf ich zunächst auf den Gefechtstand von Oberleutnant Herdegen. Der erzählte, daß Hauptmann Steinberg, seit ein paar Tagen als Genesener wieder anwesend, ebenfalls als Führerreserve keine Funktion hat. Das Bataillon ist vorne eingesetzt und soll sich mal wieder mit Bunkerbau beschäftigen. Daß es die Winterstellung wird, kann ich mir nicht denken, da Or. doch unbedingt noch in unsere Hand kommen muß, damit wir die grusinische Heerstraße** [] bekommen und den Nachschubweg von Tiflis her unterbinden. Nun, ich bin kein Stratege. Ich kann mich ja irren. Herdegen hat Urlaubs- und Heiratspläne. Er ist ein feiner Kerl. Jedenfalls verstehen wir uns gut. Was mit mir wird, konnte ich durch

---

*   Abkürzung einer Stadt im Kaukasus.
**   Bekannt als Georgische Heerstraße, durchquert den Kaukasus, verbindet
       auf 213 Kilometern Georgien und Russland.

ihn nicht erfahren. Und Büschleb zu sehen, hatte ich keine Neigung. Hoffentlich bekomme ich, wenn man mich einmal brauchen sollte, wenigstens meine 6. Kompanie. Aber ich habe eine Scheu, selbst etwas in dieser Hinsicht zu unternehmen.

Hier beim Troß fand ich ein sehr nettes, sauberes Quartier, in das ich nun mit Schaufel, meiner Ordonnanz, eingezogen bin. Als ich mich gestern abend hinlegte, war es erst sehr warm. Deswegen zog ich sogar meine Strümpfe aus und legte mich einfach mit Hemd und Hose bekleidet schlafen. Das war recht ungewohnt, aber sehr wohltuend. Um so überraschter war ich, als ich nachts Wanzen merkte und erlegte. Da mußten Trainingsanzug, Handschuhe und Moskitonetze wieder für Ordnung sorgen. Dann schlief ich sehr gut. Zum Glück hatte nachts Regen eingesetzt. Vorher war die russische Luftwaffe sehr aktiv. Durch den Regen war es dann vorbei. Heute früh ist nun wieder klares Wetter, so daß man auch das Gebirge sehen kann. Wir sind ihm jetzt doch ziemlich nahe gerückt. Da auch im Rücken kleine Höhen, die bekannten von El.*, sind hat man das Gefühl, wirklich in einer Bergwelt drin zu sein, auch wenn wir uns noch auf einer weiten Hochfläche vor den Bergen befinden. Aber hinein kommen wir wohl nie, weil das Gelände für uns ungeeignet ist. Das muß man schon den Gebirgstruppen überlassen. Für sie ist das etwas. Jetzt warte ich sehnsüchtig auf die Wintersachen, oder

---

* Es handelt sich vermutlich um den Berg Elbrus in der Nähe der Grenze zu Georgien. Als höchster Berg des Kaukasus ist er mit einer Höhe von 5642 m höher als der Montblanc. Allerdings ist umstritten, ob die Gipfel des Kaukasus zu Europa oder Asien zählen.

richtiger auf das, was da sonst noch mitkommt. Vor allem einen Brenner brauche ich sosehr dringend, sonst kann ich meine Karbidlampe nicht mehr benutzen. Ich bin ja nur froh, daß ich meine Sachen noch alle habe. Hätte ich alles mitgemacht, säße ich jetzt ohne alles da. Besorgst Du mir mal zwei Heftchen »Schlag nach«? Eins über Italien und eins über die Türkei/Irak usw. Daß ich nun dringend Sterne benötige, schrieb ich wohl. Sie sind, falls welche unterwegs waren, auch draufgegangen. Tinte und Umschläge schickst Du wohl bei den Wintersachen mit? Die zwei Päckchenmarken sind die letzten von Ende Dezember.

Recht von Herzen grüße ich Dich, meine liebe Frau!

Dein Heinz

56

Bis zum letzten Atemzug

Am 19. November 1942 starten die sowjetischen Truppen die »Operation Uranus«, in deren Verlauf sie die 6. Armee von General Paulus vor Stalingrad einkesseln. Nur die Luftwaffe, die nach wie vor, wenngleich eingeschränkt, in dem Kessel landet, versorgt sie notdürftig und evakuiert die Verwundeten. Nachdem Hitler einen Ausbruch aus dem Kessel untersagt hat und die erwartete Hilfe von außen durch drei Panzerdivisionen geschehen ist, ergeben sich die Reste der geschlagenen Armee am 31. Januar (Sektor Nord) und 2. Februar (Sektor Süd) 1943.

Rudolf O. (siehe seinen Brief vom 27. September 1942) schickt seinen letzten Brief am 1. Januar 1943 aus dem Kessel von Stalingrad ab. Laut einem seiner Kameraden ist er am 22. Januar 1943 noch am Leben. An diesem Tag dringt seine ganze Einheit in die Stadt ein. Man hört nichts mehr von diesen Männern. Es ist sehr wahrscheinlich, dass Rudolf O. im Kampf gefallen ist – sofern er nicht in einem sowjetischen Kriegsgefangenenlager gestorben ist.

Im Felde, den 14.12.42

Liebe Eltern!

Muß Euch heute abend wohl mal wieder einen kleinen Brief schreiben. Hoffe doch, daß es Euch noch recht gut geht, was bei mir ja auch noch der Fall ist. Nach langen, langen Warten hab ich gestern mal wieder einen Brief bekommen, und zwar den von Wilhelm vom 16ten 11., er war ja grad wieder in Urlaub gekommen, er hat ja wirklich Glück gehabt, daß er noch mal 3 Wochen bekommen hat, jetzt fehlen ihn ja noch die 3 Wochen Fronturlaub, hoffentlich bekommt er die auch noch. Ja, ihr Lieben, 4 Wochen auf Post zu warten ist doch eine lange Zeit, und für Euch ist diese Zeit bestimmt noch schlimmer gewesen wie für mich, habt doch sicher diese Zeit auch von mir keine Post bekommen.

Wißt Ihr auch, warum die Post nicht gegangen ist??

Unsere Armee war nämlich gut 3 Wochen von den Russen eingekesselt, in den ersten Tagen war ein ganz buntes Durcheinander, alles hat sich auf eine Flucht aus dem Kessel heraus vorbereitet, die ganzen Geheimakten und alles überflüssige Zeug ist verbrannt worden. Aber zum Glück hat der Führer die Flucht nicht geduldet, und angeordnet das die Stadt und sämtliche Stellungen bis zum letzten verteidigt werden müßten[*] und es hat jetzt ja auch geklappt, der Kessel ist seit ein paar Tagen wieder auf. Der Russe hat hierbei wieder unheimliche Verluste gehabt, so etwas wird er bestimmt so leicht nicht wieder unternehmen können. Allerdings haben wir ja auch viel Schaden und Verluste dadurch gehabt, es wird sich auch noch längere Zeit ungünstig für uns auswirken, denn es wird noch längere Zeit dauern, bis alles wieder richtig in Ordnung ist. Diese ganzen vier Wochen hatten wir nur Ver-

---

[*] Hitler befahl am 24. November, die Stellungen an der Wolga um jeden Preis zu halten und keinen Ausbruchversuch, wie Paulus ihn wünschte, zu unternehmen.

bindung durch unsere Flugzeuge, die Transportflieger haben hier wieder großes geleistet, haben aber hauptsächlich nur Benzin für unsere Panzer ran gebracht[*], das war ja auch erstmal die Hauptsache, daß diese wenigstens ordentlich wirken konnten. Verpflegung und Post ist ja nicht viel ran gekommen, sind aber trotzdem noch immer ganz gut durch gekommen, solange wir noch Pferde schlachten können, ist es nicht so schlimm, die gehen uns sonst ja auch doch alle kaputt, haben ja kein Futter. In [den] nächsten Tagen werden wir wohl auch so wie so kein Pferdefleisch mehr essen brauchen, dann werden die Verpflegung und auch die Päckchen wohl laufend eintreffen, es ginge doch wohl auch nicht gut, unter solchen Umständen Weihnachten zu feiern, und so können wir jetzt ja gute Hoffnung haben, es wird schon alles für uns rangeschafft werden[**].

Der Russe wollte uns hier mal so kurz weg putzen, es ist ihn aber nicht gelungen, danach ist er doch noch nicht ganz gewachsen, – diese alte Dreckspatz.

Wie Wilhelm schreibt, hat er ja doch noch mal das Glück gehabt und einen Hasen erwischt, inzwischen habt ihr aber doch wohl schon etwas mehr zu Strecke gebracht. Sieh dich aber vor lieber Vater, und hol dich keine Krankheit wieder auf dem Hochsitz weg. –

Jetzt grüßt herzlich, Euer Sohn Rudolf

---

[*] Die Versorgung war ein echtes Problem. Benzin wurde beispielsweise vorrangig an die Truppen geliefert, die zum Kaukasus unterwegs waren, die Heeresgruppe A.

[**] Der Brief verschweigt die furchtbaren Bedingungen im Kessel von Stalingrad: den Hunger, die Kälte, die Straßenkämpfe und die Aktionen der Heckenschützen, die Angst und das Elend.

Liebe Eltern!

Vorweg wünsche ich ein frohes und gesegnetes neues Jahr, und will hoffen, daß Ihr gesund und munter den Jahreswechsel erlebt habt.

Mein Glückwunsch zum neuen Jahr kommt ja allerdings etwas spät, aber wo hier immer noch keine geregelte Verhältnisse sind, ist dieses wohl auch mal zu entschuldigen. Liebe Eltern, wir sind unsern Allmächtigen viel Dank schuldig, daß er uns im vergangenen Jahr, in allem, rechtzeitig Hilfe zuteil hat werden lassen, und wollen zu gleicher Zeit bitten, daß er auch im neuen Jahr uns unter seinen Schirm und Schild nimmt.

Hier ist sonst noch alles beim Alten, der Kessel ist immer noch nicht auf, und wann er wirklich auf kommt, ist wohl noch nicht vorauszusehen, hoffentlich recht bald. Weihnachtspost haben wir noch nicht bekommen – können also noch in Hoffnung leben, – schöner Trost nichtwahr?

Hier herrscht aber trotz allem, immer noch recht gute Stimmung. Gestern abend gab's wieder $^1/_2$ Flasche Schnaps und Rauchwaren. Aber die Rauchwaren sind sehr sparsam, kann dir diese Zeit keine übersparen, lieber Vater, mag es den Kameraden gegenüber nicht tun. Das Wetter ist verhältnismäßig ganz gut, es liegt ja allerlei Schnee, aber es ist nicht so kalt dabei wie im vorigen Jahr.

Jetzt schließt mit den besten Grüßen Euer Sohn Rudolf
Gruß an alle im Haus, u. a. ganz Oehus.
Aufwiedersehn!

57

Ein Sonntag im Reich

Wolfgang P. wird 1896 in München geboren, studiert Geografie und ist seit 1934 Mitglied der NSDAP. Am 27. August 1937 wird er zur Wehrmacht einberufen. In den Stab der 263. Infanterie-Division versetzt, nimmt er am Frankreichfeldzug teil. Im Januar 1941 wird er der Abteilung für Kriegskarten und Vermessungswesen beim Generalstab des Heeres zugeteilt und kommt im September 1943 in den Stab des Oberkommandos der Heeresgruppe B. Im Juni 1944 wird Wolfgang P. verwundet und nach mehrmonatigem Lazarettaufenthalt als Major der Reserve entlassen.

Mit seiner Frau Martha hat er drei Söhne. Das Ehepaar schreibt sich während des Krieges mehrere hundert Briefe. Als er den folgenden schreibt, ist er gerade in Berlin.

Berlin, 1.2.1943
Im OKH

Du mein geliebtes Fraule!

Der gestrige Sonntag war so still beschaulich, daß ich deswegen nicht zu einem Brief gekommen bin. Ich saß vormittags still mit einem Zigärrle am Schreibtisch, hab allerlei Post erledigt, gekramt, aufgeräumt, und bin dann schon vor 12 zu Eichen gefahren, der nach dem guten Sonntagsessen [auf] eine von der NSDAP geschenkte Kinoeinladung wartete (die ganzen Berliner Lichtspielhäuser waren am 31.1. zur 10-Jahresfeier für das Publikum geschlossen und nur von der Partei an Pg.[Parteigenossen] und Anhang vergeben, ein großzügiges Geschenk!) mit einem nicht gerade guten aber sehr unterhaltsamen Film mit Marika Rökk »Hab mich lieb«[*], den ich mit Eichen besuchte am Kurfürstendamm, während Ernst mit Mutter in ein Südostkino ging, in das er den Major nicht schicken zu können glaubt! Nach der Heimkehr wurde noch ein Kaffeele getrunken, eine ausgezeichnete Radiosendung mit Furtwängler[**] (Brahms, Mozart, Beethoven) genossen, geplaudert, das Kr. Verd. Kreuzbündle [Kriegsverdienstkreuz-] unter das des EK [Eisernen Kreuzes] (mit Spange) genäht und mit einem Mischschnäpsle à la Hesselbarth begossen. Dann las ich die ganze Tannhäuser-Partitur, saß am Ofen, kurzum es war ein reizender beschaulicher Tag, dessen friedliche Ruhe mir sehr wohlgetan hat.

Heute erhielt ich dein liebes schnell geschriebenes Briefle mit dem Beibogen, von dem ich nur erst den Brief an Martin H., mit Staunen u. Betrübnis, las. Wie kann ein Mann, der führend in der Partei stand u. wohl auch weiter stehen will, so erbärmlich in seiner Haltung sein, gar jetzt als Soldat?!! Und dann zum Schluß noch um eine Verwendung bei mir bitten!! Jetzt sollten sich die Alle erwähren, die in einstigen friedlichen Zeiten immer ihre »kämpferische Haltung« betonten

---

[*] Film von Harald Braun (1942).

[**] Wilhelm Furtwängler (1986–1954), seit 1922 Chefdirigent des Berliner Philharmonischen Orchesters, von den Nationalsozialisten wegen seines internationalen Ansehens hofiert, gab in den Kriegsjahren zahlreiche Konzerte, die im Rundfunk übertragen wurden.

gegen Leute, die ihnen gar nichts getan hatten! Wie kann man nur so klein sein! Ich bin hier so froh über Herberts famose Haltung, und mein eigener Glaube ist unerschütterlich. Ich hole mir Kraft auch ganz besonders aus dir und aus der Liebe, die mich mit dir und den Kindern verbindet. Wie dankbar müssen wir unseren Eltern sein, daß sie uns zu einer über den Dingen stehenden Einsicht und gründlichen Zuversicht erzogen haben! Ich erkenne nun einmal den richtigen und unerschütterlichen Grundgedanken des Nationalsozialismus an und bekenne mich darum zu ihm, nicht als zu einem Parteiprogramm, sondern als Ausdruck meines und des deutschen Wesens! Darin wollen wir Alle ganz stark sein, und ich weiß, daß du ganz auf meiner Seite stehst und mich stützest, du einzig geliebte Frau. Laß dich darum inniglich umarmen und dir danken dafür, daß du mein bist, du mein Fraule! Ich bin dein Wolf

58

Der Tunesienfeldzug

Am 8. November 1942 landen die Alliierten im Rahmen der »Operation Torch« in den marokkanischen Häfen Casablanca und Oran sowie in Algier, da die nordafrikanische Küste zwar nominell zu Vichy-Frankreich gehört, jedoch unverkennbar unter deutschem Einfluss steht. Als die Truppen des Marschalls Pétain kapitulieren, gibt Hitler den Befehl, auch den Süden Frankreichs zu besetzen. Gleichzeitig wird auf der anderen Seite des Mittelmeers das Gros der deutschen und italienischen Truppen im französischen Protektorat Tunesien konzentriert, wo sie jedoch schnell von Osten und Westen in die Zange genommen werden. Der Tunesienfeldzug der Alliierten, der im Februar 1943 beginnt, endet im Mai mit der Kapitulation der Achsenmächte.

Afrika den 10.2.43

Meine lb. gute Hedwig!

Mit übergroßer Freude durfte ich innerhalb [von] zwei Tagen zwei Briefe u. einen Neujahr Gruß u. einen Kartengruß in Empfang nehmen, ja meine lb. gute Hedwig, ich kann mich nicht genug bedanken bei Dir. Das Bild, was Du jetzt von mir erhalten sollst ist noch nicht ganz fertig, aber Du wirst noch alles erhalten, was Du Dir gewünscht hast.

Erstens, lb. Hedwig Du hast einen lb. Bruder in Stalingrad, ja es ist sehr schwer so ein Kampf mitzumachen u. nun ist diese Schlacht zu Ende, hoffentlich ist Dein Bruder mit davongekommen, aber der größte Teil ist in die Gefangenschaft gekommen. Ja lb. Hedwig, ich weiß, wie das zugeht, ich kann froh sein, daß ich immer ein Auto bekommen hatte, sonst wäre ich heute beim Tommy, zwei Kameraden von mir haben den Anschluß verpaßt. Z. Zt. liegen wir jetzt westlich von Gabes*, bevor wir diese Stellung bezogen haben, konnten wir 9 Engländer in Empfang nehmen, es war ein Glück daß sie gerade am Schlafen waren, sonst hätten sie uns zur Sau gemacht, denn sie waren auch sehr schwer bewaffnet u. sechs Fahrzeuge haben wir auch in die Hand bekommen. Ja lb. Hedwig, so ist das Leben, aber mach Dir keine Sorgen, wenn etwas vorkommen soll, so ist es Gottes Schicksal, denn wir können bestimmt nichts dagegen tun, uns kann nur das große Glück noch retten, ein baldiges Ende. Nun lb. Hedwig, Dir geht es sonst noch gut, am Tage hast Du Deine Beschäftigung, u. nachts machst Du Dir Sorgen um uns, Deinen Bruder u. mich. Meine Gute, auf meinem Urlaub mußt Du noch eine Zeit warten, denn jetzt bekommen wir keinen, u. die Kameraden die jetzt in Urlaub fahren, werden alle zurückbehalten u. kommen alle nach Rußland, so müßen wir den Kampf allein ausfechten, nun hoffen wir das beste.

Lb. Hedwig; ich sollte Dich im Geschäft anrufen (Telefon N. 353); ja; wie Du schreibst, bis dahin ist noch lange Zeit, deine lb. Eltern dürfen es nicht wissen, ja darüber mach ich

---

* Stadt am gleichnamigen Golf in Tunesien. Gabès wurde während des Tunesienfeldzugs Anfang 1943 fast vollständig zerstört.

mir doch Gedanken, wirst Du oder Deine Eltern noch so streng gehalten, oder hast Du einen andern Grund, ich kann es mir nicht denken, aber das mußt Du ja selbst wissen? Denn Du bist ja auch alt genug, genau wie ich auch, mir macht keiner Vorschriften, wenn ich einmal heiraten möchte, ja lb. Hedwig wir sind alle sehr arm daran, das Glück kann uns nur noch retten.

Aber meine gute mach Dir keine Sorgen, alles vorüber, u. alles geht vorbei? Nach einem Dezember kommt wieder ein Mai! Für heute will ich schließen, bis ein andermal. So wünsche ich alles Gute u. Gesunde. Sei tausendmal gegrüßt und geküsst

Dein Gottfried

Lb. Hedwig heute haben wir Regenwetter, alles ist nass, den heißen Sand aus Afrika wirst Du ein andermal erhalten?

59

Bittere Einsamkeit

Ludwig K., 1924 in Münster in Westfalen in einer katholischen Familie geboren, wird nach dem Abitur im Oktober 1942 zur Wehrmacht eingezogen. Seine Versetzung zum Panzer-Artillerie-Regiment 91 führt ihn nach Norwegen und Frankreich. Ludwig K. ist Junggeselle und hat zahlreiche Briefe an seine Familie geschrieben, an seine Mutter, seine Großmutter, seinen Vater und an seine Tante Lies, wie den folgenden im März 1943.

Obwohl die gemeinsam durchlittenen Erfahrungen und Schwierigkeiten bei den Soldaten ein starkes Gefühl der Kameradschaft entstehen lassen, fällt es manchen Wehrmachtsangehörigen schwer, sich zu integrieren.

O.U. 14.3.43

Liebe Tante Lies,

über Deinen Brief habe ich nachgedacht; aber ich glaube, Du urteilst doch von Dir aus, wie Du die Jungens kennen gelernt hast. 99% der Jungen, die aus einfachen Kreisen stammen – denn das wird ja heute noch meist durch den Schulbesuch dokumentiert – sind auch ganz in dieser Sphäre aufgewachsen. Ihr Denken und Leben kreist um die Pole der (schweren)

Arbeit und der Entspannung. Diese aber finden sie in der leichten d.h. meistens leichten Unterhaltung (Variete, Spielfilm) und Alkohol. Besonders das letztere wird hier doppelt groß geschrieben. Ihr Schönheitsempfinden erstreckt sich fast ausschließlich auf Filmschauspielerinnen und »schöne« Mädchen. Du brauchtest nur einmal den Kitsch anzusehen, der hier die Stube schmückt, und die »Musik« anzuhören, die hier angestellt wird. Mit diesen hat man nun so gut wie gar keine gleichlaufende Gefühle oder dieselben Interessen. Wenn man ihnen aber seine Ansichten, nur die Freude an der Schönheit der Natur, nahebringen wollte, würde man entweder verlacht oder als Großsprecher und Eingebildeter verhöhnt und ausgeschlossen. Das wäre ja vollkommen falsch. Das könnte man höchstens bei einem, dem man schon näher gekommen ist. Aber der Ansatzpunkt, wo man anfangen kann, der fehlt eben. Die Kameradschaft, alles Schöne und weniger Angenehme miteinander zu teilen, jeden überall behilflich zu sein usw., hat damit nichts zu tun. Sie ist eine Selbstverständlichkeit. Aber zu einem engeren Bund kann es erst über den Weg des Kennenlernens und Verstehenlernens, das ist das Wichtigste, kommen. Dazu fehlt aber die Gelegenheit, da keiner mit seinen innersten Gedanken und Gefühlen herauskommt. »In Gesellschaft muß man den Schlüssel vom Herzen ziehen«, sagte Goethe einmal, unter Kameraden auch, wenn man nicht der Masse beistimmt.[*] Zu einem

---

[*] Goethe in einem Brief an Johann Caspar Lavater vom 26.6.1774: »Sobald man in Gesellschaft ist, nimmt man vom Herzen den Schlüssel ab und steckt ihn in die Tasche. Diejenigen, welche ihn stecken lassen, sind Dummköpfe.«

engeren Bund kann es aber erst kommen, wenn man sein Herz aufschließt.

Nun siehst Du, die höheren und Mittelschüler, das sind nämlich die aus den gebildeteren Kreisen, haben wenigstens zum Teil dieselben Interessen und das selbe Wissen, auf denen aufbauend man sich unterhalten und seine Meinungen austauschen kann. Als Mensch steht man diesem dabei vielleicht genauso fern wie dem anderen, wenn sie auch nicht von zu Hause schon mehr wirkliches Schönheitsgefühl in Natur und Kunst eingepflanzt bekommen haben – wie ich auch.

Ludwig

60

Kleine Nöte des Soldaten

Ludwig K. ist nicht der Einzige, der sich nur widerwillig dem Alltagsleben des Soldaten anpasst. Hans St., 1921 in Berlin geboren, wird nach dem Arbeitsdienst zur Wehrmacht eingezogen, zur Ausbildung nach Holland oder Belgien geschickt und dem Grenadier-Regiment 132 zugeteilt. Beide Länder sind von den Deutschen besetzt und stehen unter Militärverwaltung.

Seine genaue Stationierung ich nicht bekannt, doch kann es nicht weit von Antwerpen gewesen sein, denn er bekommt die britischen Bombenangriffe auf die Stadt mit. Obwohl sie in erster Linie Industrieanlagen gelten, verlieren Tausende Einwohner ihr Leben.

8.4.43

Ihr Lieben!

Vorgestern kam ein Brief von [den] Tanten und heute der vom Ohm Karl. Was Lesbares brauche ich nicht. Es ist hier so, daß man kaum zum Briefeschreiben kommt. Um gleich von hier und dem hiesigen Leben anzufangen: Also heute war 40 km-Marsch. Wir hatten ein großes Tempo drauf, sodaß wir das Stück von 7 bis $^1/_2$ 3 schafften. Dann sollte noch eine Stunde Waffenreinigen und hinterher Ruhe sein. Es kam aber anders.

Der U.v.D.*. hatte auf uns vom Kompanietrupp eine Wut. Beim Essen mussten wir von uns das Essen für die Herrn Uffz. in das Kasino im Dorf tragen, wo sie von Tellern und weißen Tischtüchern essen, während wir wie die Schweine alles zusammen aus dem Kochgeschirr fressen. Als ich, der ich auch dabei war, zurückkam, faßte ich mein Essen nach, kam aber nicht dazu, es warm zu essen, denn der Kompanietrupp mußte raustreten. Wir hatten die ehrenvolle Aufgabe, die Bude der Uffz. in Schuß zu bringen, in der es wie in einer Räuberhöhle aussah. Das Stroh, das da lose auf dem Boden herumlag, und auf dem sie schliefen, mußten wir in Strohsäcke stopfen, Stühle, Bänke und alles schrubben. Decken ausschütteln und Mäntel bürsten usw. was alles dazugehört. Bis ich dann mit Essen und Füße- und Körperwaschen draußen an der eiskalten Pumpe fertig war, war es 9, und um 10 muß alles im Schinkenetui liegen. Jetzt muß ich gleich Schluss machen, und da ich noch viel schreiben wollte, werde ich morgen weitermachen. Müde bin ich vom Marsch auch ganz schön, zumal ich, da ich gestern Stubendienst hatte, erst um 12 zum Schlafen kam. Morgen geht es um 5.30 wieder raus. Also für heute gute Nacht. Hans.

9.4. Jetzt ist es 9.30 abends; von 5.30 morgens bis jetzt habe ich nicht eine Minute Zeit gehabt, etwas zu tun, was ich wollte. Schon wieder Stubendienst, verbunden mit Kaffeeholen usw. Dann wurden heute Strohsäcke gestopft. Das gab viel Dreck. Als wir alles sauber hatten, kamen Doppelholzbetten. Wieder ging die Umräumerei los. Und dann der viele Dreck, der in der Luft herumfliegt und aus den staubigen Decken kommt. Am ganzen Leibe fühlt man sich so unsauber und wagt sich nicht,

---

* Unteroffizier vom Dienst.

ins Gesicht zu fassen. Ich hasse das. Heute hatte ich außerdem schon seit dem Aufstehen schlechte Laune; woher weiß ich nicht. Es war jedenfalls mal wieder sehr gemütlich! Das lange Anstehen nach dem Essen, das »Waschen« an der Pumpe morgens im kalten Wind, wo der Wasserstrahl an die Hose und überallhin geweht wird, die Angst vor den Unteroffizieren usw. usw. Das langt mir wieder alles. Jetzt haben wir uns schon seit einer Woche wieder nicht ausgezogen, bis auf die Schuhe und Jacke. Zum Glück habe ich mir gestern auf dem Marsch keine Blasen gelaufen. Ach, wenn bloß bald Schluß ist. Ich glaube ja immer noch an den Sieg in diesem Jahr. Anfang dieser Woche war ein schwerer Tagesangriff auf Antwerpen. Wir hatten draußen gerade Fahrradappell und sahen Unmengen von Flugzeugen in großer Höhe fliegen. Es gab über 2000 Tote, da keine Warnanlagen vorhanden sind. So wurde eine vollbesetzte Straßenbahn in die Luft gesprengt, eine Schule mit 180 Kindern getroffen[*], alle tot, und die großen Michelinwerke[**] gingen »im Arsch«. Die Innenstadt hatten sie nicht vor. Ein Kamerad von der Stube war da und erzählte davon, wie Schutt geschaufelt wurde und starre Leichen herausgezogen wurden. Es muß furchtbar gewesen sein.

Morgen ist Sonnabend. Da will ich eventuell nach Gent mit meinen beiden Kameraden aus dem Kompanietrupp, aber was wird da noch alles dazwischen kommen!! Man ist jetzt tatsächlich bald soweit, daß Schlafen, Scheißen und Pinkeln das Schönste des ganzen Soldatenlebens sind. – So, eben war der

---

[*]   Die Bombenangriffe der Alliierten forderten Tausende von zivilen Opfern in den von den Nazis besetzten Gebieten.

[**]   Es handelt sich wahrscheinlich um Montagehallen von General Motors.

U.v.D. durch. Diesmal ein ruhiger Mann. Wie kommt man sich da bloß vor, wenn in ruhigem Ton und ohne Zynismen angesprochen wird. Dies Nest ist genau dasselbe wie Haasdonk[*], bloß, daß es mehr Einwohner hat. Sonst habe ich mich hier noch nicht viel umgucken können. Das Uelte ist eine niedliche Eiskonditorei mit gutem Eis und vielen Bonbons und Fondants; natürlich alles sehr teuer. Aber was hat man sonst vom Leben. Übrigens gestern der Marsch war sehr interessant. Wir zogen wie ein großer Wurm durch den Matsch bei richtigem Aprilwetter, also Sonne, Sturm, Hagel, Regen und wieder Sturm durch die Gegend. Immer in einer Richtung, auf einer Wiese machten wir eine halbe Stunde Pause. Dann ging es genau dieselbe Strasse wieder zurück, und da wir vor der vorgeschriebenen Zeit wieder zu Haus zu sein drohten, was ja der Leutnant des Dienstplanes nicht verantworten konnte, so machten wir noch mal km vor Kalcken eine Pause. Als wir wieder losmarschierten, merkten wir natürlich die Füße mehrmals so stark, als wenn wir das Stück auch noch gelaufen wären. Dann noch etwas. Heute hieß es, daß die Leute unter Jahre Zusatzverpflegung empfangen sollten. Sie rasten natürlich alle zum Fourier[**], und was gab es? Eine Scheibe = 100 Gr. Brot. Donnerwetter, wie doch für alles gesorgt wird. An die Eltern wollte ich auch noch schreiben, aber das geht nicht mehr, denn die Stubengenossen schreien schon, daß das Licht ausgemacht wird. Ihr könnt ja zu Haus anrufen. Ich brauche nichts, kein Anti-Läuse-Mittel usw. Also für heute Euch allen viele Grüsse von

Eurem Hans

---

[*]   Gemeinde in Belgien.
[**]   Der für Verpflegung und Unterkunft einer Einheit zuständige Unteroffizier.

61

Die letzten Stunden des Afrikakorps

Im April 1943 sind die deutschen und italienischen Streitkräfte von den englischen und amerikanischen Truppen im Nordosten von Tunis eingekesselt worden. Diese letzte Phase der Befreiung Tunesiens läutet das Ende der Besetzung Nordafrikas durch die Achsenmächte ein.

Gottfried W. (siehe seinen Brief vom 10. Februar 1943) gerät am 12. Mai 1943 in der Nähe von Tunis in britische Kriegsgefangenschaft und arbeitet dort als Koch. Später wird er in ein amerikanisches Lager verlegt.

Tunesien den 15.4.43

Meine liebe gute Hedwig!

Mit großer Freude durfte ich heute von Dir ein Brief vom 4.4. in Empfang nehmen, also meinen allerherzlichsten Dank dafür! Lb. Hedwig Du hast wieder einmal krankgefeiert, aber ich weiß, Ihr in der Heimat seid sehr in Anspruch genommen von der vielen Arbeit u. das gönne ich Dir, dass meine lb. Hedwig sich etwas ausgeruht hat, wie würde es sein wenn ich zu Dir in Urlaub käme, würdest Du dann etwas Urlaub bekommen, oder nicht, Mein Bruder hat für mich Arbeitsurlaub eingereicht, da er selbst z. Zt. eingezogen ist, voraus sichtlich soll er auch nach Afrika kommen, aber ich habe Ihn nicht hier hergewünscht.

Ja lb. Hedwig Du wirst die Lage nicht genau kennen, aber ich würde heute am liebsten in Urlaub fahren, aber wir kleinen Fische zählen nichts, aber ich habe eine Hoffnung! Unser Adolf ist nicht um sonst mit dem Duce in Berlin gewesen. Von unsern letzten Rückzug von der Marett Stellung* bis hier her hat der Tommy 30000 Mann gefangen, lb. Hedwig, das ist für Afrika allerhand, davon waren 7000 deutsche Kameraden, etwas muß bei uns bald geschehen. Auf ein großes Soldatenglück warte ich noch, daß ich gesund in die Heimat zurück darf. Ja dann liebe Hedwig, könnte auch Dein Wunsch in Erfüllung gehen. So wie Du schreibst, im schönen grünen Wald gehen zu dürfen, wir beide ganz allein, was würde dann geschehen? Ein süßen Kuß sende ich Dir heute schon, u. die die andern tausend noch dazu! Dein schönes großes Bild habe ich vor mir liegen, so muß ich Dich in weiter Ferne ans Herz drücken, u. Du lb. Hedwig wirst schon schlafen, es ist jetzt schon abends elf Uhr, u. der Tommy kreist über uns u. die Bomben krachen nicht weit von uns herunter, aber das sind wir

---

* Die Mareth-Linie war eine Festungslinie in Südtunesien zwischen Medenine und Gabès. Sie war, die in den Jahren 1936 bis 1939 von den Franzosen als Schutz ihres Protektorats gegen einen Angriff aus dem damals italienischen Libyen errichtet worden. Während des Zweiten Weltkriegs war sie der Schauplatz zahlreicher militärischer Operationen, insbesondere der Schlacht von Mareth vom 16. bis 28. März 1943, in dem Einheiten des Afrikakorps und die italienischen Truppen von General Messe gegen die Briten und die 2. Panzerdivision von General Leclerc kämpften.

gewöhnt, denn unser Ende ist doch schon bestimmt*, darum den Kopf nicht hängen lassen, mag noch eine Zeit vergehen, dann wird der Urlaub nahe sein.

Nun liebe Hedwig ich muß für heute schließen, das ander mal etwas mehr.

So wünsche ich Dir alles Gute u. tausend Küsse sendet Dir Dein Gottfried

---

* Die deutschen Soldaten machten sich keine Illusionen mehr über den Ausgang des Krieges in Nordafrika. Mangels Nachschub musste Rommels Armee den Rückzug antreten.

62

Ostern

Hans-Joachim S. nimmt am Überfall auf die Sowjetunion und dem nachfolgenden Feldzug teil (siehe seinen Brief vom 5. Juli 1941). Als er den folgenden Brief schreibt, wird Deutschland verstärkt bombardiert, insbesondere Berlin, wo seine Frau und seine Kinder leben. Der Leutnant überlebt den Krieg und kehrt nach Hause zurück, ohne in Kriegsgefangenschaft geraten zu sein.

O.U., den 23. April 1943, Karfreitag

Meine liebe E.!

Dieses Mal war das Gerücht nun wahr, welches uns [die] Post verhieß. Vier große Säcke trudelten ein, in diesen die ersten Päckchen nach der Sperre. Du kannst Dir vorstellen, welche ungeheure Spannung und Erwartung auf allen lastete, als die Verteilung losging. Die jungen unverheirateten Kameraden bekamen teilweise bis zu 4 Päckchen. Mit diesen hat es aber eine besondere Bewandtnis! Sie haben einen riesigen Briefwechsel mit jungen Mädchen vom Lande, die alle an »unbekannte Soldaten« schrieben[*]. Dieser Briefwechsel wird nun le-

---

[*] Diese Praxis gab es bereits im Ersten Weltkrieg, damit die Soldaten, die Waisen oder Junggesellen waren, Briefe mit der Heimat austauschen konnten.

diglich unter dem Motto: schicke mir ein nahrhaftes Päckchen, geführt. Die treuen Mädchen, die aber liebeshungrig sind, schicken nun treu u. brav. Mancher Soldat, der nach dem Kriege dann plötzlich untreu wird, wird versch. geknickte Mädchenherzen auf dem Gewissen haben. Groß war aber die Freude, als ich in Deinem lb. Brief las, daß auch 2 Osterpäckchen noch unterwegs sind. Mein Liebes, auch bei den verheirateten Männern geht die Liebe noch durch den Magen! Die größte Freude bereitete aber die Nachricht, daß Du in der letzten Zeit durch die Besuche bei Looses, Grothes und Hagens etwas Zerstreuung und Freude gefunden hast. Es sind ja alles nette Menschen, in ihrem Kreise wirst Du Dich sicher wohl gefühlt haben und etwas dem Chausseestr.-Milieu* entrückt worden sein. Nur fehlt mir eine Nachricht von dem Zusammensein mit den Eltern! Lassen die Eltern oder Du nicht von sich hören? Wie geht es Vater, ist nun endlich alles behoben und fühlt sich Vater hundertprozentig wohl?

Immer wieder lese ich Deine Briefe, trage sie, bis sie durch neue Post ersetzt werden, immer in der Brieftasche. Sie sehen zwar manchmal nach 8 Tagen doch [schlimm] aus, aber das macht nichts. Heute, am Karfreitag, gehen wieder meine Gedanken ganz besonders stark zu Euch, zu Dir, zu Klaus, zu Thusnelda. Wie schön war doch oft dieser Tag, wenn wir abends in der Oper saßen u. uns durch den guten Gurnemanz** Lebensweisheiten predigen ließen. Österliche Vorfreude wurde erweckt und Ostern selbst ging's hinaus in die eben erwachte

---

* Straße im Berliner Stadtviertel Oranienburg.
** Figur in Richard Wagners Oper *Parsifal*.

Natur und es wurden Pläne für die Sommer geschmiedet. Auch jetzt sitze ich, an einem strahlenden Karfreitagstage, draußen im Freien, blicke in endlose Weite und denke an den schweren Sommer, der uns sicher manches Schwere bringen wird – denn hier ist Hochbetrieb! Die nahe Rollbahn dampft und staubt unentwegt durch die riesigen Autoschlangen, die sich vorwärts bewegen. In der Luft dröhnt es ununterbrochen u. unsere Stukas fliegen einen Einsatz nach dem anderen. Wir sehen sie immer abfliegen, bombenbeladen, zählen genau ihre Anzahl und konnten bis jetzt immer feststellen, daß alle zurückkehrten. Es stimmt also sicher wenn es im Heeres-Bericht heißt: ohne eigene Verluste. –

Des Führers Geburtstag[*] ist nun auch vorüber, und den Fliegerangriff, der vielleicht Berlin gegolten hatte, mußten nun Stettin und Rostock über sich ergehen lassen. Ob man dem Engländer nicht doch noch auf den Leib rückt, denn die Zerstörungen durch Fliegerangriffe sind doch im Westen recht beträchtlich! Meine ganze Hoffnung sind aber die Japaner – vielleicht greifen sie doch jetzt in diesem Krieg gegen Russland mit ein[**] und bei einer großangelegten Offensive von 2 Seiten müßte man den Russen den letzten Schlag versetzen können!

Nun mein Liebes, Ostern werdet Ihr schon verlebt haben wenn Ihr diesen Brief bekommt, aber trotzdem habe ich noch für alle Lieben herzliche Ostergrüße. Vor allem für die

---

[*] Adolf Hitler wurde am 20. April 1889 in Braunau am Inn, damals Österreich-Ungarn, geboren. 1943 beschloss Himmler einen Tag vor Hitlers Geburtstag, das Warschauer Ghetto endgültig zu liquidieren. Der heldenhafte Aufstand der Juden, die sich gegen die Deportation wehrten, dauerte bis zum 16. Mai. Nicht viele überlebten.

[**] Das war nicht der Fall.

liebe Schwiegermutti u. Opa. Wenn ich auch nur an Dich schreibe, so denke ich oft u. immer wieder an sie, an ihre unermüdliche u. treue liebe Unterstützung, die sie uns beiden immer wieder zuteil kommen ließen. Meine Aufgabe soll es nach dem Krieg sein, durch meine Arbeit ihre schweren Pflichten u. Aufgaben zu erleichtern u. dem guten Opa u. der Mutti dadurch einige Stunden u. Tage der Entspannung u. Erholung zu verschaffen.

So grüße ich Euch an diesem herrlich-sonnigen Karfreitagstage aus weiter weiter Ferne – u. bin trotz allem in Eurer Mitte!

Euer Vatile

63

Eine russische Witwe

*Geboren 1908 in Berlin, arbeitet Georg S. vor dem Krieg als Post-
beamter. Er ist verheiratet und hat zwei Kinder. Mitglied der SA
und der NSDAP, tritt er 1942 in das Grenadier-Regiment 88 ein.
Nach seiner Ausbildungszeit in Frankreich wird er an die Ostfront
geschickt.*

*Die Truppen der Wehrmacht befinden sich nach der Niederlage
in Stalingrad auf dem Rückzug. Doch der Gegenangriff im
Februar/März 1943 bei Charkow erlaubt ihnen, diese Stadt wieder unter ihre Kontrolle zu bringen.*

Rußland, den 9.5.43

Liebes Muttichen u. Kinder,

vor allem denke ich heute an Dich, mein lieber Gerd, Du bist
heute vier Jahre alt und Vati kann nicht bei Dir sein. Bleibe
schön gesund und werde ein anständiger großer Junge. Habe
eben Mittag gegessen, es war ein Geburtstagsessen, sogar
Götterspeise hat es gegeben. Unsere Madka* tut mir leid,
denn der Mann ist in Stalingr. gefallen, nun steht sie da mit

---

*   Die Soldaten der Wehrmacht waren sehr häufig bei der einheimischen
     Bevölkerung untergebracht.

den 3 Kindern. Ihre Sonnenblumenkerne sind alle. Neulich sah ich die Kleine (1 Jahr) an einer gekochten Kartoffel knabbern, sie fiel ihr einige Male in den Dreck, aber immer wieder angelte sie danach u. aß weiter. Sowas kann ich immer nicht sehen, gestern habe ich mein Abendbrot draußen vor der Tür verzehrt, da kam der vierjährige Junge u. schaute so bittend, nicht etwa verlangend oder frech, daß ich eine Scheibe Brot nahm, etwas Butter raufstrich u. sie der Madka gab für die Kinder. Es ist mir der schönste Lohn, wenn ich einen dankbaren Blick auffange. Heute gab ich ihr einige Kartoffeln u. für die Kleine etwas Götterspeise. Nicht etwa wie ich übersättigt war oder sie mir nicht schmeckte. Ich kann anders handeln u. ich frage mich manchmal, ob alle Kirchenschnellläufer auch immer so handeln. Und trotzdem, die Kinder sind gesund u. kräftig, es sind eben Naturkinder. Du solltest nur sehen wie sie leben, sicher haben sie früher besser gelebt. Heute gab's schon wieder 3 Eier (unlängst 5 Stck.) ferner Marketenderware u. zwar 50 Zigaretten und ein Paket Tabak. Du siehst ich verderbe nicht. Auf der vorgestrigen Karte bat ich um Kuchen, was meinst Du, kann ich [den] nach 14 Tagen noch essen? Ich denke doch, ja! Denn der Kartoffelkuchen ist doch immer etwas feucht. Heute wurde uns eröffnet, daß wir sofort um unser Dorf (Tschepel*) eine Verteidigungsstellung bauen, d.h. also, daß wir noch längere Zeit verweilen u. die Stellung unbedingt halten müssen. Wir rechnen nämlich mit einem Angriff der Sowjets. (Madka geht eben vorüber u. lächelt, sie ist ungefähr 36 Jahre alt, mir kommt's so vor, als hätte sie mich ganz gern). Es sind nicht mehr viele Frauen u.

---

* Tschepel ist ein Dorf in der Gegend von Charkow in der Ukraine.

Mädchen hier (der Russe hat alles mitgeschleppt) und doch haben sich 6 Landser den Trio geholt, aber nicht aus unserer Komp. Hätte nicht geglaubt, daß die Frauen auch hier schon so verseucht sind. Ich bin ja auch kein Kostverachter, aber wenn ich den Kopf schüttele, dann ist nischt! Es ist doch verdammt heiß hier, wie wir trinken, hier geht's ja noch, man kann sich Kaffee u. Tee kochen, aber wie soll es werden, wenn wir erst mit einer Feldflasche auskommen müssen. Sag mal, gibt's bei Euch in der Heimat nicht so ein Pulver zum Herstellen von Limonaden? Wenn ja, dann schicke bitte! Bin nun gespannt, wie lange dieser Flugfeldpostbrief läuft, es kommt eben drauf an, wie hier die Annäherung an die Flugstation möglich ist. Lege 10,– Reichsmark mit rein (Kreditscheine)

10.5.43 10 Uhr vorm. Bin eben aufgestanden, damit der Brief heute Mittag mitgeht. Träumte, auf dem Komp.-Gefechtsstand hätte man mir nach Einsicht meiner Papiere erklärt, daß ich ja noch 3 Wochen Urlaub zu beanspruchen hätte, Gleich wurde der Urlaubsschein ausgeschrieben, dann wachte ich auf u. war wütend. Übrigens, wenn man einen Panzer vom Iwan[*] erledigt, gibt's 4 Wochen Sonderurlaub, also wollen wir mal sehen, was sich machen läßt. Aber hier wird er kaum mit Panzern kommen, da das Niemandsland zwischen ihm u. uns ziemlich sumpfig ist. Als wir gestern Abend auf Posten standen, hörten wir aus einiger Entfernung Schüsse u. Schreie. Heute früh vernahmen wir dann, daß ein feindl. Spätrupp eine Feldküche von uns überfallen hatte[**].

---

[*] Spitzname der Deutschen für die russischen Soldaten.
[**] Feldküchen zu überfallen war eine verbreitete Strategie, um den Feind zu demoralisieren.

Der Rest uns. Komp. wurde alarmiert, absuchen des Geländes erfolglos. 2 Pferde tot, 2 Mann tot u. 2 verwundet, den 5. haben sie mitgenommen. Hör mal, ich wollte mein ganzes Geld schicken, aber es ist wohl besser, wenn man einige Märker bei sich hat. Heute bekommst Du also 10,– RM, eine Marke für Luftfeldpost u. 2 Zulassungsmarken. Ich werde dann ja an dem Luftfeldpostbrief sehen, daß Du in den Besitz dieses Briefes gekommen bist. Sonst geht's mir gut, entwickle hier einen regen Appetit, so daß das halbe Brot täglich man so reicht.

Lebt nun wohl, meine 3 liebsten Menschenkinder, laßt Euch umarmen und innigst küssen von Eurem fernen Vati.

Habe die ganze Nacht an Euch gedacht, denn nach dem Vorfall wurden die Posten verstärkt u. so gab es keine Ablösung. Der Brief ist schön voll, was?

Der Luftfeldp-Brief darf nicht schwerer als 10 Gr. sein, deshalb lege ich lieber nur 5,– RM rein!

64

Gefangene in Shorts

*Der Krieg in Nordafrika endet im Mai 1943 mit einem Sieg
der alliierten Streitkräfte. Mehrere zehntausend deutsche und
italienische Soldaten werden gefangen genommen. Walter K.
(siehe seinen Brief vom 20. Oktober 1941) ist einer von ihnen. Er
wird in ein amerikanisches Internierungslager und ab 1947 nach
Frankreich verlegt. Im August 1948 kann er nach Hause zurückkehren.*

P.O.W. camp 208
den 8.6.43

Liebe Eltern!

Endlich schlägt mir wieder eine Stunde wahren Glücks, da
ich Euch erneut Nachricht geben kann. Ich bin gesund und
guter Dinge. Kleine Kreislaufstörungen des Gemüts kenne
ich ja auch aus Libyen, warum sollte es mir als Prisoner of war
unter den gleichen Sternen anders gehen? Wo mögt ihr mich
denn vermuten? Wir wandern stets im Geist in einem ver-
schrobenen Winkel dieser Welt und sind doch tatsächlich
nicht schlauer als Ihr, sondern fluchen über die Hitze, die uns
sogar die Shorts als zuviel Bekleidung erscheinen läßt. Es
wäre halt schön und wahrlich an der Zeit, daß ich Euch

meine feste Anschrift melden könnte. Aber damit werden wir uns noch gedulden müssen, bei den gegenwärtigen Verhältnissen schwindet die Hoffnung, Weihnachten die erste Post von zu Hause zu erhalten, zusehends. Ich wünsche und hoffe von Herzen, daß Ihr gesund seid und Euch keine unnötigen Sorgen macht. Dieser Gedanke läßt mich auch alles leichter tragen. Unsere Zeltgespräche drehen sich einem manchmal [mehr, als einem] lieb sein kann um die Heimat und an das, was sie einem in dieser Jahreszeit an Schönem bieten könnte. Die einzige Abwechslung bieten die gelegentlichen Verlegungen von einem Lager zum anderen, deren Erlebnisse durch die Fahrten in der herrlichen Landschaft viel für die trüben Tage des Herumlungerns und Wartens entschädigen. Gerhard ist noch immer mein treuer Begleiter, zum Glück sind auch die Kameraden der ehem. Abt. noch in meiner Nähe. Nun leider Schluß, bald wieder, herzlichst Walter

65

Trinkgelage

Hans St., immer noch in Flandern (siehe seinen Brief vom 8. April 1943), feiert mit seinen Kameraden das Ende ihrer Militäraus-bildung und ihren Aufbruch an die Front. Im folgenden Brief malt er seiner Familie ein farbiges Bild der Trinkgelage der deut-schen Soldaten, an denen er teilnimmt.

Kalcken, am 27.7.43

Ja, Ihr Lieben, es ist soweit! Stöckchen kommt zum Einsatz. Wie ich schon annahm, war alles gepackt, als wir gestern abend nach Haus kamen. Wir schliefen die Nacht angezogen, ohne Decke, da wir jeden Moment auf den Abmarsch warte-ten. Jetzt sind wir noch hier, fahren wohl noch heute abend. Wohin???? Parolen lauten von Russland, Orel[*] über Balkan bis nach Italien. Ich selbst habe das Gefühl, daß wir nicht nach Russland kommen, obwohl wenig Anzeichen dafür sprechen. Wenn das ist, so geht schon alles gut. Ich werde es schon machen! Heute für Grünwald noch mal nach Post. Euer Brief v. 22.7. war dabei. Ihr wisst nicht, was ich mache. Jetzt habe ich Euch von hier ja schon so oft geschrieben. Nach der neuen Lage ist es ja unnötig, die letzte strapaziöse

---

[*]   Gemeint ist wohl die Stadt Orjol in Zentralrussland.

Woche Truppenübungsplatz noch zu schildern. Ich bin den größten Teil des langen Marsches mit dem Omnibus gefahren. Zur Übung! Als einziger! Man hat es nicht gemerkt. Hier geht es seit gestern zu, als fürchte man einen neuen Ausbruch des Vesuv, wie »Die letzten Tage v. Pompei«*. Als wir gestern ankamen, klang uns schon von ferne das Gebrüll der besoffenen Kompanie entgegen. Die Kantine machte Inventur (da wir alles belgische Geld abgeben mussten, auf Kredit) Bier, Schnaps, Wein usw. Zigaretten haben wir in rauhen Mengen, Marmelade, Kunsthonig, Tabak usw. In der Kantine sieht es aus als wenn die Vandalen dort gehaust hätten, in den Unterkünften auch. Die Hälfte blieb über Nacht weg, die andere liegt nackt auf den Äckern und kann nicht hoch (Besoffen!). Überall sprudelt die Flüssigkeit aus den kotzenden Mäulern, aus den oberen Betten klatscht es auf den Fliesenboden, alles schwimmt. Die Besoffenen hauen die Stühle entzwei, schmeißen sie aufs Dach, zanken sich, hauen sich, bedrohen sich ernsthaft mit geladenen Pistolen, daß man seine Not hat, sich zu retten und sie auseinander zu bringen. Es ist ein Krach, wie er schlimmer in der Schlacht nicht sein kann. Eine tolle, ungewohnte Stimmung, der ich ratlos gegenübersitze Andauernd werde ich umarmt, soll trinken, rauchen, mitgehen, die Mädels im Dorf bearbeiten. Die haben seit gestern nichts zu Lachen. Alle Kneipen sind voll, überall stehen die Flaschen rum. Die Offiziere kriegt man nicht zu sehen mit ihren Weibern. Lächelnd stehen sie manchmal vor den Fenstern der Unterkunft und blicken auf das Getöse und Geraufe in den Zimmern. Patronen knallen in die Decke, oder das Pulver

---

* Roman von Edward Bulwer-Lytton (1803–1873), erschienen 1834.

wird rausgepolkt und auf dem Tisch verbrannt. Ihr könnt es Euch nicht vorstellen. Ich schreibe alles so frisch erlebt, damit ich es später wirklichkeitsgetreu lesen kann, da ich sicher alles vergesse. Die Uffz. heulen vor Besoffenheit. Wir sind ihre besten Kameraden, und sie fallen uns um den Hals. Der Spieß* lässt sich in der Kantine rasieren. Mundharmonika wird geblasen, gesungen, geboxt, auf dem Lokus stöhnen sie, da sie Birnen kiloweise gefressen haben. Seit 24 Std. wird jetzt gesoffen und kaum gegessen. Es wird über Politik im Rausch diskutiert, alles freut sich, daß der Krieg bald aus ist. Es ist ja auch der Deibel los. Hätte der Urlaub bloß eine Woche früher geklappt! Gestern in Gent habe ich keinen Corot mehr bekommen, dafür aber eine sehr schöne kupferne Milchkanne, innen Zinn, für Karl kaufen wollen. Das Geld reichte nicht, ich hab sie für heute zurücklegen lassen, konnte sie aber nicht nun auch nicht holen. Überdies gab es ja auch kein Geld. Heute vormittag habe ich meine ganzen Lebensmittelkarten (auch den Wollbezugsschein) im Dorf verkauft oder vertauscht für eine Büchse Fleisch für die Fahrt, Bonbons für die Fahrt, 1 Pfd. Butter für Oehlmanns. An sie habe ich noch drei Pakete geschickt. Eine Büchse Champignons aus Frankreich, ein Buch, Kerzen, Pudding, Butter, ein ganzes Paket Oetker Vanillezucker, und 30 Päckchen Imperial. 10 Päckchen Pfeffer. Damit war das Geld alle. Es werden für lange Zeit die letzten Päckchen sein. Ich spüre Südfrankreich – Oberitalien. Ob ich wohl Recht habe? Wo und wann der Brief weggeht, weiß ich nicht. Hauptsache, Ihr kriegt ihn

---

* Hauptfeldwebel, der Begriff leitet sich von dem Säbel ab, den er früher trug.

und wisst Bescheid. Wie ist der Name des Bekannten von Vater (Bildhauer) der da ist, wo Onkel u und Tante i hinwollen, und wohnt er in a oder i? Ich habe unheimlich dreckige Hemden an und bin selbst sehr schmutzig. Drückt die Daumen für mich! Ich werde alles gut machen. Ich habe genug geübt. Grüßt alle. Sobald es geht, schreibe ich wieder. Grüßt alle und gehabt Euch wohl. Im Geiste sehe ich, wie der »Duce« am Fenster steht und »Leckt mich am Arsch« murmelt. Hoffentlich ist alles bald aus.

Gruß Hans

66

Eine deutsche Witwe

Nachdem er in der Nähe von Charkow stationiert war (siehe seinen Brief von 9. Mai 1943), fällt Georg S. in der Schlacht von Kursk in Russland. Sein Tod wird seiner Frau von einem seiner Kameraden mitgeteilt.

Im Osten, d. 29.7.43

Sehr verehrte Frau S.!

Nachdem nunmehr die Kompanie Ihnen die Nachricht von dem plötzlichen Tod Ihres geliebten Gatten hat wohl zukommen lassen, will ich, wie ich von Georg, meinem allerbesten Kameraden, damals, als wir gen Osten fuhren, verpflichtet wurde, Ihnen einen Bericht über das schreckliche Unglück, das Ihnen sowie auch uns als seine treuen Kameraden widerfahren ist, geben. Wie schon lange erwartet u. durch Gefangenenaussagen bestätigt, hatte der Russe einen Großangriff auf unseren Stützpunkt [ge]starte[t]. Am Sonnabend den 17.7.43. morgens zwischen 4.30 u. 5.30 belegte er daher unseren Abschnitt mit einem unerhörten Artillerie u. Granatwerferfeuer. Zu jener Zeit lagen Georg u. ich 50 Meter vor u. zwischen uns auf 50 Meter getrennt in unseren Löchern auf Horchposten. Die Einschläge waren so schwer u. lagen so dicht bei uns, daß eine Verständigung nicht möglich war u. jeder so gut wie möglich sich in seinem Loch verkroch. Wir hatten nun den Auftrag bei einem etwaigen Angriff des Russen, uns die 50 Meter, die wir weiter vorlagen, zurückzuziehen u. unsere Stellungen dort hinten zu besetzen. Georg hatte sich nun zurückgearbeitet u. stand aufrecht oben vor dem Laufgraben u. war im Begriff in den sicheren Graben zu springen, als plötzlich nur einen halben Meter hinter ihm eine Granate aufschlug u. explodierte. Er wurde von den großen Splittern am linken Fuß u. im Rücken schwer getroffen, sodaß er vollkommen bewußtlos zusammenbrach, noch ehe jemand zu ihm eilen konnte, war er schon für immer entschlafen. So schön ein solch schneller Tod ohne weitere Qualen ist, so bitter ist er jedoch für die Hinterbliebenen. Nicht nur Sie, der Sie nun Ihr Alles verloren haben, sondern auch wir Kameraden unserer Gruppe sind tief erschüttert von dem schweren Verlust, der Sie betroffen hat u. wir fühlen alle mit Ihnen, da wir fast alles Männer im Alter von Georg sind u. auch daheim Frau u. Kinder haben. Nehmen sie daher unser tiefstes Mitgefühl entgegen u. seien Sie recht herzlich gegrüßt von den Kameraden Ihres Georg, insbesondere von seinem treuesten

Erwin P.

67

Pariser Nacht

Zahlreiche Wehrmachtssoldaten sind an der Besetzung Frankreichs beteiligt gewesen. Der Schreiber des folgenden Briefes, Lenz M., ist einer von ihnen. Es ist der einzige Brief von ihm, über den wir verfügen. Das Pariser Nachtleben ist nach den Vorstellungen der deutschen Besatzungsbehörden geformt worden. Die Deutschen drängen sich in den Kabarettlokalen der Hauptstadt, die sich den Wünschen ihres neuen Publikums anpassen.

P. 26.8.43

Meine liebe Mizzi!

Heute erhielt ich Deinen lieben Brief vom Montag, also wieder in drei Tagen. So schmerzlich die ersten brieflosen Tage, weil es so schnell geht. In Bordeaux bekam ich ja Deine Montagsgrüße immer erst Freitag oder Samstag, das ist wieder ein Grund mehr, um mit der Versetzung nach Paris zufrieden zu sein. Man kann sich auch kaum vorstellen, daß es für einen Soldaten irgendwo schöner sein könnte – außer in der Heimat natürlich – als seinen Dienst in Paris machen zu können. Du weißt ja, daß ich nicht übertreibe, aber es ist so. Ginge mein Traum, Dir nach dem Kriege einmal nur wenigstens ein paar Tage lang Paris zeigen zu können in Erfüllung, ich würde gern dafür auf so manches andere verzichten. Sehr gefreut habe ich mich, daß Du den kommenden für Wien vielleicht schweren Zeiten so ruhig entgegensiehst. Du hast schon recht, man darf nicht gleich alles so schwarzsehen, und ich glaube auch nicht, daß, wenn es wirklich dazu kommt, Wien das gleiche Schicksal wie vielleicht Köln oder Hamburg erleiden wird.[*] Das hoffe ich bestimmt nicht, wenn, dann rechne ich eher nur mit den größten Rüstungsfabriken, und davon ist ja doch keine in unserer Nähe. Von W. Neustadt könnte das schon stimmen, wie Du schreibst, das ist ja fast immer das größte Malheur, daß der Alarm erst kommt, wenn die Bomben schon fallen. Vorgestern, als sie hier waren, hörten wir die Explosionen der Bomben ganz deutlich von dem Krachen der Flak auseinander, und gleich darauf sehr viel Rauch von den Bränden. Aber es war auf der anderen Seite der Seine. Gestern und heute war nichts los. Übrigens regnet es heute, das erste Mal ganz schön so daß kein Wetter für die Flieger sein wird. Für seinen Bereitschaftstag paßt der Regen ganz gut, ich habe mir 1 kg Trauben in die Kaserne mitgenommen, die liegen neben mir am Tisch und ab und zu greife ich hinüber (So wie jetzt gerade wieder.) Vorher hatte ich wieder ein sehr gutes Nachtmahl im Fliegerheim, »Kalbsbraten mit Nudeln« und das übliche Glas Rotwein, jetzt noch die Weintrauben dazu. Habe ich also nicht recht? Gestern habe ich mir ein erstklassiges Vergnügen geleistet abends. Ich ging in eines der berühmtesten und schönsten Kabarettlokale

---

[*] Der größte Luftangriff (1000 Bomber) auf Köln fand in der Nacht vom 30. auf den 31. Mai 1942 statt. Hamburg wurde vom 24. Juli bis zum 3. August 1943 bombardiert; es gab 40 000 Tote.

von Paris, welches ich schon voriges Jahr besuchen wollte, ins »Casino de Paris«*. Das ist neben »Folies Bergère«** und »Tabarin«*** im gleichen Rang, und ist so wie »Folies Bergère« nicht mit Tischen ausgestattet wie alle übrigen, sondern ein Theater. Die Ausstattung der Revue war eine Pracht für das Auge, aber auch Szenen und artistische Sachen sehr gut. Ich habe ein bisschen über die Schnur gehaut, und mir einen schönen Orchestersitz gekauft um 5,– RM, aber ich dachte mir wenn schon was Schönes, dann darf es auch etwas kosten. (Selbstverständlich gehen wir auch dann zusammen dorthin!) Solche ähnlichen Lokale aber im kleinen Stil gibt es ja hier massenhaft, die Pariser lieben diese Note sehr; Witz, Chansons, und ein großer Aufwand an Frauen in allen möglichen Kostümen (wenn man es noch so nennen kann.) 1 Bild war auch (gewiss aus Sympathie) »Walzer aus Wien«, und dazu spielte die übrigens sehr gute Musik, »An der schönen blauen Donau«. Du kannst Dir denken, daß mir bei diesen Tönen, trotz der Begeisterung für die Revue, ein bißchen das Herz weh tat. Aber ein Schönheitsfehler war dabei, ich mußte $^1/_2$ Stunde vor Schluß weggehen. Zapfenstreich / 1 h! Für diese Woche muß dieser Ausgang ja reichen, morgen ist Exerzieren,

---

* Das Casino de Paris, gegründet 1880, befindet sich in der Rue de Clichy. Nach der Schließung des Nachtlokals im Frühjahr 1940 durch die deutschen Besatzungsbehörden öffnete es unter der Besetzung rasch wieder seine Pforten mit Auftritten von Maurice Chevalier und Mistinguett.
** Die Folies Bergère in der Rue Richter im 9. Arrondissement waren in der ganzen Welt für ihre Revuen bekannt, darunter diejenigen von Josephine Baker.
*** Ebenfalls im 9. Arrondissement von Paris gelegen, lockte das Tabarin zahlreiche deutsche Offiziere an. Der Nachtclub existiert nicht mehr.

Samstag wieder Bereitschaft, und Sonntag Telefondienst in der Garage. Aber das Exerzieren steht nur auf dem Papier, bis jetzt hielt der Einheitsführer immer nur einen Vortrag ab. Ich muß wirklich sagen, in Bordeaux hatte ich es schön was Dienst anbelangt, hier aber noch schöner. Darüber wieder im Samstagsbrief mehr. Wegen dem Stoffmuster für Deinen Mantel, bin ich nun froh, daß Du endlich einen bekommen hast. Die Farbe ist zwar ein bisschen hell, aber das macht ja nichts, die Hauptsache ist die Qualität, und wie er gemacht wird. Wegen der Façon kann ich Dir nichts Spezielles raten, Du weißt ja, eine einfache gerade Linie, etwas tailliert, sehe ich am Liebsten. Vielleicht kaufe ich morgen ein Modeheft und schicke es Dir. Ich bezeichne Dir dann, was mir gefällt, wenn Du es wünschst. Heute schicke ich noch das kg Mandeln weg.

An Claudi 1000 Bussi und viele viele Küsse an Dich [...]
Dein Lenzi

68

Rückkehr aus Afrika

Zwischen Deutschland und den westlichen Alliierten werden Ge-
fangene, vor allem Verwundete, ausgetauscht. Einer von ihnen ist
Hellmut R., 1908 in Halle an der Saale geboren und von Beruf
Zahnarzt. Nachdem das Afrikakorps am 12. Mai 1943 kapituliert
hat, wird er von britischen Truppen gefangen genommen, doch ein
Gefangenenaustausch erlaubt ihm, nach Deutschland zurückzu-
kehren. Von dort wird er an die französische Atlantikküste geschickt,
wo er als Angehöriger einer Nachschubeinheit im Rang eines
Unteroffiziers Anfang September 1944 fällt. Den Brief an seine
Frau schreibt er nach dem Gefangenenaustausch.

Auf einem deutschen! Dampfer, den 20.10.43

Mein liebes Frauchen!

Immer mit meinen Gedanken bei Dir und meinen Kindern,
schreibe ich Dir schon heute meinen ersten Brief. Ich bin kein
Gefangener mehr! Gestern abend am 19.10. 9.00 Uhr bin ich
mit den ausgetauschten Kameraden auf das deutsche Schiff gegangen. Es war alles für mich kaum glaublich in diesen Stunden. Nun ist es aber doch wahr! und ich bin bald auf Urlaub bei
Dir. Und bin auch Weihnachten bei Euch! Gesund bin ich und
mächtig braun gebrannt. Dünn geworden bin ich ja ziemlich,

das habe ich erst in den großen Spiegeln an Bord gesehen. Ich wohne hier auf einem schönen ehemaligen franz. Schiffe, welches so groß und auch so ähnlich wie der Deutsche gebaut ist. – 24 Stunden liegen wir schon vor Oran[*] vor Anker. Es werden wohl 2 Lazarettschiffe mit uns fahren und noch 3 Frachter alles belanden mit schwer Verwundeten und Zivilinternierten von uns. Nach Marseille geht die Fahrt an Spanien und den Balearen vorbei. Ein Mittelmeer im herrlichsten Wetter liegt vor uns, ein Wetter wie wir es damals hatten nur viel, viel wärmer. Verpflegt werden wir gut. Neue Illustrierte und Radio aus Deutschland haben wir wieder. Nachdem ich die Monate in Zelten und immer an der Erde gelebt habe, strengt das Sitzen am Tisch ziemlich an, auch in dem weichen Bett habe ich die erste Nacht wildes Zeug geträumt. Vielleicht müssen wir eine Quarantäne von einigen Wochen durchmachen. Es hatten viele Ruhr, Typhus und Malaria. Ich hatte aber nichts und da wird auch die Zeit für diese Soldaten abgekürzt und ich komme bald zu Dir! Die Amerikaner haben uns auch bei Oran in einem bekannten Malariagebiet mit Salzwasser sechs Wochen in einem Talkessel, wo schön die Sonne reinballerte, untergebracht. Wir Deutschen sind aber nicht kleinzukriegen, und bis auf einige Angeschossene, die noch humpeln, sind wir alle zusammen zum Austausch gekommen. Gestohlen wurden mir auch alle Sachen, nur die Uhr habe ich gerettet. Na, ich erzähle Dir alles lieber selbst, geschrieben klingt es so schrecklich. Gemeinsam hatte sich das alles leichter ertragen, und wir haben es nicht so sehr empfunden. Aber hinter Stacheldraht möchte ich nun nicht wieder! [...]

---

[*] Küstenstadt in der gleichnamigen Provinz im Westen von Algerien.

69

Weissrussische Insekten

Der Leutnant Robert W. hat bis 1942 an den Kämpfen in Nordafrika teilgenommen (siehe seine Briefe vom 31. März 1940, vom 19. Juni 1941 und vom 20. Juni 1942). Er wird schwer verletzt und nach Europa gebracht. In der Folge wird er als Reserveoffizier der Heeresgruppe Mitte zugeteilt und kommt nach Minsk in Weißrussland, wo er den folgenden Brief an seine Frau schreibt.

Im März 1945 trifft ihn in der Nähe von Kirn in Süddeutschland bei einem Kampf gegen die amerikanischen Truppen eine Kugel in den Magen. Er hinterlässt Frau und zwei Kinder. Während des Kriegs wird die Familie aus Berlin nach Züllichau am Oderknie (heute polnisch Sulechóv) evakuiert, um in der ländlichen Umgebung sicher vor Bombenangriffen zu sein.

Rußland /7.11.1943

Meine liebe Ingeborg!

Heute ist Sonntag. Der erste Schnee ist gefallen, und ich sitze immer noch in Minsk. Jeden Abend beim gemeinsamen Abendessen werden die Namen verlesen von den Herren, die am nächsten Morgen zur Fronteinheit abgestellt sind. Es sind immer 20–30 Namen, bis jetzt war aber von uns Landauern noch niemand dabei. Wie lange noch?

Rußland ist ein Drecknest! Dagegen leben wir hier noch in sehr sauberen Verhältnissen. Die ganze Führer-Reserve ist hier in einem großen Steinbau untergebracht. Der Bau ist 5 Stockwerke hoch und hat unendlich viele kleine Zimmer. In jedem Zimmer steht ein einfacher Schrank, ein Tisch, 2 oder 3 Stühle und vier Holzgestelle als Betten mit einem Strohsack; je 2 übereinander. (Die Betten natürlich) So wird also jedes Zimmer mit 4 Mann belegt. Da wir hier 2 Decken empfangen und 2 mitgebracht haben, müßte man eigentlich zufrieden sein und gut schlafen können. Aber leider!! Sobald man auf seinem Strohsack liegt und das Licht ausmacht, kommen sie aus ihren Schlupfwinkeln hervor und die Jagd nach Wanzen, Wanzen, Wanzen beginnt. Der Kamerad über mir hat besonders darunter zu leiden. Wenn ich in der Nacht mal eingeschlafen bin, werde ich meist wieder durch ihn geweckt. Wenn er auf der Jagd ist, wackelt das ganze Gestell. Die ganze Nacht brennt bei uns jetzt das Licht, da sind die Biester nicht so sehr unterwegs. – Seitdem ich hier bin, hatte ich oft ein Jucken und Beißen am Körper; und nachdem ich heute den ersten Floh gefangen habe, ist auch der Fall geklärt. Na, das kann ja hier noch was werden.

Eine einzige Abwechslung hat man hier. In dem großen Lenin-Haus ist ein Soldaten-Kino und ein Soldaten-Heim eingerichtet; allerdings gibt es da auch nur Sprudel und hin und wieder mal Bier zu trinken. Sonst darf man nie alleine ausgehen, weil man dann Gefahr läuft, abgeschossen zu werden. Jede Nacht gehen [einige] von uns Offz. Streife. Vormittags und nachmittags haben wir einige Stunden Offz.-Ausbildung. Wenn nachts Fliegeralarm gegeben und nicht geschossen wird, wissen wir, daß wieder Partisanen abgesetzt wurden[*].

So sieht es hier also aus. Und wie geht es meinen Lieben? – Es hat keinen Zweck, daß ich Dir hier die Feldpostnummer angebe, denn von hier aus kann die Post mir nicht nachgeschickt werden. Aber ich will schon zufrieden sein, wenn ich bis Weihnachten überhaupt Post von Dir habe.

Und nun mein liebes Frauchen, laß Dich herzlich umarmen und küssen. Einen Kuß auch unserem lieben Herzchen und seid nun alle herzlich gegrüßt

Dein Robert

---

[*] Die weißrussischen Partisanen kämpften immer zahlreicher in den Wäldern, aber auch in den Ruinen von Minsk gegen die deutschen Besatzer.

DRITTER TEIL

Verbrechen und Strafe
1944–1945

»Ich bin überzeugt, daß wir nicht umsonst stillhalten, wenn auch vorerst noch die Viermotorigen sich über unseren Städten austoben, daß wir nicht umsonst den mit kostbaren Blutopfern im Osten erkämpften Raum Schritt für Schritt preisgeben. Wir haben noch Trümpfe!«

Brief von Günther W., 24. Juli 1944

»Liebes Mutzelein, in was für einer schweren Zeit leben wir doch! Wenn man die augenblicklichen Wehrmachtsberichte liest, dann kann einem nur angst und bange werden. So schlecht hat es für uns noch nie gestanden. Wie soll das alles noch mal enden?«

Brief von Heinrich E., 27. Januar 1945

70

Verlorene Illusionen

Nachdem Hans St. ausschweifend das Ende seiner Militärausbildung gefeiert hat (siehe seinen Brief vom 27. Juli 1943), verliert er an der italienischen Front schnell seine Illusionen. Im Jahr zuvor sind die Alliierten auf Sizilien gelandet. Die deutschen Streitkräfte haben sich hinter der Gustav-Linie verschanzt. Im Zentrum dieser Verteidigungslinie, die Italien quer durchläuft, von Ortona an der Adria bis zur Küste am Tyrrhenischen Meer, liegt der Monte Cassino. Dieser Berg, auf dessen Gipfel sich ein Kloster befindet, wird zum Schauplatz äußerst blutiger Kämpfe zwischen den Alliierten, die nach Rom vordringen wollen, und der Wehrmacht.

Als Hans St. den folgenden Brief schreibt, hat die Schlacht um Monte Cassino gerade begonnen. Er desertiert Ende Januar 1944 aus der Wehrmacht und ergibt sich den Amerikanern. 1946 kehrt er aus der Gefangenschaft zurück.

In Italien, 17.1.44

Ihr Lieben!

Ich habe Läuse, Scheißerei und schlechte Laune. Es ist alles zum Kotzen. Seit Wochen kein warmes Essen, da es immer kalt ankommt, daher Scheißerei. Seit Wochen ungewaschen und ungepflegt, daher Läuse. Seit Wochen keine Post und das Kuchenpaket vom 19.11. ist immer noch nicht da. Und das Warten auf die Sache mit Stich. Hätte ich doch nie etwas davon gewußt, so wäre für mich jetzt der ganze Mist vorbei, und ich könnte mit P. sprechen. Was ich mir wegen dieser Sache habe entgehen lassen, kommt nie wieder. Nie so gut. Und die Aussichten, von der Granate zerrissen zu werden, sind weit größer als die Aussichten auf Peenemünde. Es wird wie üblich wieder zu spät werden. Daher meine schlechte Laune. Daß keine Post mehr kommt, hängt wohl alles mit der Auflösung meiner alten Schreibstube zusammen, so glaube ich, daß die Post zurückgeschickt wird, da man sich über meinen Verbleib nicht im Klaren ist. Aber Ihr müßtet doch meine neue Nr. schon längst wissen. Wo bleibt bloß die Post für mich. Die anderen kriegen welche. Wir sind ein Stück zurückgegangen und bauen wieder Stellungen. Diese ewige nächtliche Graberei und Schlepperei im Granatenfeuer machen mich fertig. Die Haut von meinen Händen pellt sich in großen Fladen, und millimeterdicke Risse, die bluten und wehtun, sind an den Fingern. Es kommt kein Telegramm und gar nichts. Ich lebe zwischen Tür und Angel in Hoffnung und Entgehenlassen. Ich warte jetzt nur noch bis zum 15. Februar. Dann ist mir mein Leben mehr wert als alles andere. Mal trifft es jeden. Seht zu, was Ihr bis dahin machen könnt. Am besten wäre eine blitzartige neue Anforderung an meine neue Nr. 08691 E. Die alte geht sicher verloren. Schade, daß ich Stichs Adr. nicht weiß. Es ist wie verhext, daß immer etwas dazwischen kommt. Gleich muß ich mich wohl wieder verkriechen, denn sie schießen jetzt Salven in die Nähe. Phosphor und Spreng[sätze]. –

Da sitze ich hier, und lauere auf mein Glück, das sich wer weißwo herumtreibt. Und keine Post. Ist Euch etwas passiert, oder dauert die Post so lange. Am 27.12 habe ich Euch doch die neue Nr. geschrieben. Habt Ihr laufend alle Nr. bekommen? Wenn ich mir vorstelle, wie es mir jetzt gehen könnte, wenn ich von Stich nichts wüßte, könnte ich weinen. Schreibt wenigstens gleich, wenn es ins Wasser gefallen ist. Ich will hoffen, daß mich mein Engel noch solange beschützt. Die Splitter pfeiffen mir täglich um die Ohren. Mein Rheuma in der Hüfte läßt mich schlecht schlafen. Ich träume hier im Bunker viel von zu Haus. Von der Bismarckstr. Und guten alten Zeiten. Ich lief von Geschäft zu Geschäft, kaufte schöne Keks, Waffeln, Bonbons und Schokolade, alles Sachen, auf die ich Heißhunger habe. In Cafés aß ich schönen Kuchen. Neulich sah ich Vater im Traum in einer Kneipe sich besaufen und singen, worauf ich nach Hause rannte, wir hatten einen Eisenladen, wie Mewes, und weinte, worauf mich T. Ä, tröstete. Das hängt wohl alles mit meiner Stimmung zusammen. Ich könnte den ganzen Tag heulen. Heute träumte ich, Ihr und Alex wäret hier wie in Staaken gewesen, und ich hätte Euch alles gezeigt, wir saßen in einem feinen, noch heil gebliebenen Restaurant mit Tanzmusik. Wir saßen auf der Terrasse und sahen den Fliegern beim Bombenschmeißen und Bordwaffenschießen zu, sahen Autos mit Verpflegung fahren und Einschläge. Dann knallte es bei unserem Bunker, und ich wachte auf, merkte die Läuse rennen und spürte ihre Bisse. Dann taten mir Hüft- und Armgelenke weh. Hoffentlich kommt das Kuchenpaket noch. Ich hätte Appetit drauf, auch wenn er hart ist. So, jetzt grüße ich alle recht herzlich und erwarte mein Schicksal. Hans

71

Der Schachspieler

*Die 61. Infanterie-Division erleidet schwere Verluste in der drit-
ten Schlacht am Lagodasee, mit der die Rote Armee die Blo-
ckade Leningrads endgültig durchbrechen soll. Die Wehrmachts-
einheit bleibt bis Anfang Januar 1944 in der Gegend von Mga
im Nordwesten Russlands stationiert und zieht sich dann an die
Grenze zu Estland zurück in Richtung der Stadt Narwa.*

*Gerd von A.-S. ist im Frühjahr 1942 auf der Halbinsel Sörve an
der südlichen Spitze der estnischen Insel Saaremaa (Ösel) stationiert.
Anschließend wird er nach Ostpreußen geschickt, nach Gumbinnen
(heute Gussew im Verwaltungsgebiet Kaliningrad in Russland).*

Estland, den 18.1.1944

Liebe Eltern,

Nun habe ich schon mehrere Tage wieder keine Post von
Euch. Es ist so, daß ich die Post an der Front viel schneller
hatte. Trotzdem ich ja hier viel näher an der Heimat bin. Etwas Besonderes weiß ich Euch nicht zu schreiben. Mein Leben ist ohne Aufregung und spielt sich zwischen Papier und
bei Radiomusik ab. Bei dem Nachbarbauern bekomme ich
gut zu essen. Hoffentlich seid Ihr mir nicht böse, daß ich mit
Maschine schreibe.

Es ist gar nicht kalt draußen, Schnee liegt aber bergeweise. Alles verkehrt hier nur mit Schlitten. Die Bauer holen jeden Tag Holz aus den Wäldern.

Die Marmelade, die Ihr mir gesandt habt, schmeckt wunderbar. Ich schmiere sie mir immer noch auf den Kuchen von Euch. Dann schmeckt das wie Torte.

Jetzt habe ich auch bei der Nachrichten-Abteilung einen Unteroffizier entdeckt, der sehr gerne Schach spielt. Morgen werde ich da mal hingehen. Im Soldatenheim, damals, habe ich viel gespielt. Ich habe aber nie einen gefunden, der besser spielte als ich. Ich möchte aber gerne mal einen finden, der einen in die letzten Geheimnisse des Spiels einweihen kann. Denn was ich spiele, kann ich ja nur von meiner Erfahrung darin.

Hoffentlich kommt nachher mit der Post endlich etwas von Euch.

Vor allem auch Rolfs Anschrift möchte ich doch gerne haben.

Heut habe ich morgens von weit hier mal mit einer deutschen Nachrichtenhelferin sprechen können, die mir einen Fernspruch durchgab. Das ist mal etwas Anderes.

Nun alles Gute und Liebe für Euch und meine herzlichsten Grüße und Küsse von Eurem treuen

Gerd

72

Cavalleria rusticana

Werner O. wird 1920 in Berlin geboren. Wie Hans St. ist er im Januar 1944 in Italien stationiert. Der Junggeselle, 1940 zur Wehrmacht eingezogen, hat in mehreren Divisionen der Luftwaffe gedient. Sein fünftes Kriegsjahr beginnt er in einem kleinen italienischen Dorf unweit der Gustav-Linie.

Italien am 22.1.1944

Liebe Eltern! Liebe Gloddes!

Gestern Abend erhielt ich Eure lieben Briefe vom 30.12., 3.1. und 7.1. Für alle meinen herzlichsten Dank. Ich bin wohl auf, und es geht mir gut. Ich freue mich ganz besonders, daß ihr bei den vielen Bombenangriffen der letzten Zeit keinen Schaden erlitten habt[*].

Bei mir ist die Lage immer noch unverändert. Gestern erhielt ich auch einen Brief von Tante Martha aus Grünau, durch den ich erfuhr, daß Gunter in Missouri in Amerika steckt[**]. Hoffentlich geht es ihm dort einigermaßen.

---

[*]   Die Alliierten flogen verstärkt Luftangriffe auf Deutschland in der Hoffnung, die kriegswichtigen Industrien lahmzulegen und die Moral der Bevölkerung zu brechen.

[**] Die Amerikaner evakuierten einen Teil ihrer Gefangenen in Lager in den Vereinigten Staaten.

Bei uns ist das Wetter in den letzten Tagen wieder etwas freundlicher geworden. Der wenige Schnee, der hier in den Bergen lag, wir liegen 700 m hoch, ist verschwunden. Die Sonne scheint schon wieder ganz nett, nur hat sie noch nicht die richtige Wärme.

Abends gehen wir meistens in das nahe Städtchen. Dies ist ein typisches Abbruzzendorf, hoch oben auf der äußersten Spitze eines Berges sind die Häuser zwischen den Felsen eingebaut. Enge Gassen, die fast nur treppauf und treppab gehen, verbinden einige kleine Plätze mit einander. Das Volk läuft hier heute zum Teil noch rum, wie einst in A. Ein Ziegenfell über den Rücken geschlagen, ein paar Lappen um die Füße gewickelt, die wiederum mit Lederriemen am Bein festgehalten werden. An Sonntagen sieht man dann die Schafhirte und Ziegenhirte so im Dorf aus [der] Kirche gehen. Ansonsten ist hier überhaupt nichts los. Alles liegt wie weltabgeschlossen da.

Nun, liebe Eltern, will ich für heute schließen und grüße Euch, sowie Oma und die Tanten auf das Herzlichste.

Euer Werner.

73

Die verlorene Zeit

Christian-Friedrich R. wird 1921 in Berlin geboren. Er verbringt dort seine Kindheit und Jugend. Aus einer sehr frommen protestantischen Familie stammend, gründet er mit fünfzehn einen Kinderchor an der Parochialkirche und begeistert sich für die Orgel. Er studiert Mathematik, Physik und Biologie an der Kaiser-Wilhelm-Universität der Hauptstadt, bevor er im Herbst 1940 zur Luftwaffe eingezogen wird. Als er den folgenden Brief schreibt, ist er in Deutschland stationiert. Während eines Urlaubs wird er mit den schrecklichen Folgen der alliierten Bombenangriffe konfrontiert.

Zwischen November 1943 und März 1944 fliegt die Royal Air Force zahlreiche Bombenangriffe auf Berlin. Die Luftangriffe vom 22. und 23. November, auf die Christian-Friedrich R. in seinem Brief anspielt, haben mehr als dreitausend Berliner das Leben gekostet, und fast 27 000 obdachlos gemacht. Die Viertel Tiergarten, Charlottenburg, Schöneberg und Spandau werden durch Bombentreffer und anschließende Brände weitgehend zerstört. Am Ende der Luftschlacht hat die Royal Air Force 1047 Bomber und an die siebentausend Mann verloren. Dennoch ist das Ziel, die Kapitulation Nazideutschlands nicht erreicht worden.

Das Flugzeug von Christian-Friedrich R. wird am 23. August 1944 im Seinetal abgeschossen. Der Unteroffizier ist dreiundzwanzig.

(...) Daß meine gute Sonntagsschullehrerin auch einem Bombenangriff zum Opfer gefallen ist, hat mich tief erschüttert, war sie doch ein prächtiges Menschenkind, immer nur an ihre Nächsten denkend und für sie sorgend, sie ist in der Tat eine rechte Christin gewesen. Ich sehe sie noch, wie sie uns, die Kinder ihrer Gruppe, bei der Adventsfeier, die sie Jahr um Jahr aus ihren eigenen Mitteln für uns in ihrer Wohnung in der Kirchstrasse gemacht hat, umsorgte und verwöhnte. Ich sehe sie noch vor uns stehen und aus der biblischen Geschichte erzählen, was sie in so feiner und inniger Weise verstand. Und doch paarte sich bei ihr mit der Güte ihres warmen Herzens auch eine gewisse Strenge, die uns ja so Not tat. Sie hätte ruhig noch strenger sein sollen, es hätte uns nicht geschadet. Und wie lebte sie in den Weihnachtsfeiern des Kindergottesdienstes, die in der nun auch in Schutt und Asche liegenden Johanniskirche immer so schön waren, unter dem Lichterglanz der so hübsch geputzten Weihnachtsbäume. Ja, unserem Fräulein Jaretzky wollen wir und müssen wir auch ein gutes Plätzchen in unserer Erinnerung geben, sie hat es verdient, daß sie von uns nicht vergessen wird.

Als ich in den Novembertagen durch das zerstörte Berlin ging und auch die Kirchstrasse sah, sah ich auch das zerstörte Haus, in dem sie früher gewohnt hat. Da dachte ich auch an sie, ohne zu ahnen, daß ihr diese Nächte bereits den Tod gebracht hatten. So stirbt einer nach dem anderen, der unsere Jugenderinnerungen bereichert hat, Stätten unserer Jugendzeit stürzen zusammen und vergehen. Was bleibt uns überhaupt noch? So schließen sich hinter mir nun auch langsam die Tore meiner Kindheit und Jugendzeit, und all das, was gewesen ist, kann ich bald ausschließlich zu den Schätzen der reinen Erinnerung legen, die durch nichts mehr belegt ist als durch mich selber, der ich in dieser vergangenen Umwelt aufgewachsen bin. Das geht zu schnell, viel zu schnell, als daß man sich daran gewöhnen kann, daß nun für uns junge Menschen eine neue Periode des Lebens sich aufgetan hat, die uns durch die Zeit bedingt gewaltsam wegreißt, von der Zeit, die uns vom Kinde zum Jüngling gebracht hat ...

74

Eine Patrouille in der Bretagne

Wolfgang A., geboren 1926 in Berlin, ist noch keine achtzehn, als er zur Militärausbildung in den Westen Frankreichs geschickt wird. Mit Schülerschrift schreibt er den folgenden Brief an seine Eltern. Im Frühjahr 1944 verstärkt die Wehrmacht ihre Anstrengungen, um die Küsten des Atlantik und des Ärmelkanals gegen eine mögliche Landung zu sichern. Die Errichtung des Atlantikwalls durch die Organisation Todt, eine dem Reichsminister für Bewaffnung und Munition unterstehende, 1938 gegründete Bauorganisation für militärische Anlagen, hat 1942 begonnen.

Bretagne, den 1. März 1944

Liebe Eltern!

Heute habe ich euren lieben Brief mit vielen Dank und großer Freude erhalten. Außerdem trafen noch ein Brief von Inge und ein Brief von Irmchen mit einem Bild von ihr ein. Ich muss sagen, sie sieht sehr niedlich aus. Da ich heute Wache habe will ich auch gleich deinen lieben Brief beantworten. Mir geht es soweit gut, was ich auch von euch hoffe. Die Franzosen in Glomel* waren sehr nett, und die haben nur

---

* Gemeinde im Département Côtes-d'Armor in der Bretagne.

eine Wut auf die Offiziere, denn denen haben sie nichts verkauft. In dem Ort, wo wir uns jetzt befinden, muß man vorsichtig sein, denn so eine Feindseligkeit haben wir [bis] jetzt noch nicht kennengelernt. Ich bin vorsichtig geworden. Gestern Abend kam auch jemand die Straße lang, da habe ich ganz laut »Halte wer da« gerufen. Es war unser eigene Streife. Hätten die keine Parole gesagt, die wären keinen Schritten näher herangekommen, denn dann hätten wir beide geschossen. Ich sage mir, lieber die als ich, zumal die Hunde so verflucht frech sind; denn vor kurzen haben sie unseren Stabsfeldwebel am hellen Tage angepöbelt. Es wurde verdammte Zeit, daß man diese Soldaten einquartiert hat.

Der Pudding war verdammt alt. Das zweite Päckchen, das ich abgeschickt habe, ist zurückgekommen, denn es war zu schwer. Da ich den Pudding nun bereits [?]; schicke ich ihn auch ab. Ich werde aus dem Päckchen zwei machen, denn sonst bekomme ich es noch einmal zurück. Von den Angriffen auf London habe ich wenig gehört, da man ja keine Zeitung hat. Ab und zu erhalte ich welche von der Firma. Schicke mir doch bitte die Börsenzeitung[*] und die Deutsche

---

[*] Die *Berliner Börsen-Zeitung*, wurde 1855 von Hermann Killisch von Horn (1821–1886) auf Veranlassung Bismarcks als ein publizistisches Organ für die Börse gegründet, entwickelte sich jedoch rasch zu einer alle Gebiete umfassenden Zeitung, die auch unter den höheren Offizieren und in Kreisen des Großgrundbesitzes viele Leser hatte. Sie führte eine wirtschaftliche Wochenbeilage, den *Berliner Börsen-Courier*, der sich 1868 von ihr trennte und seitdem als selbstständige Tageszeitung erschien, bis sie im Januar 1934 erneut mit der *Berliner Börsen-Zeitung* verschmolzen wurde. 1944 wurde die *Berliner Börsen-Zeitung* mit der *Deutschen Allgemeinen Zeitung* fusioniert.

Allg. Ztg.[*] Vielleicht hat Irmchen keine Traute und ist zu schüchtern. Sie ist sonst bestimmt ein liebes, gutes und nettes Mädel und schreibt mir immer sehr nett und freut sich schon auf mein Kommen. Der Urlaub hat mit dem Einsatz nichts zu tun, denn in Frankreich gibt es jedes $1/2$ Jahr 14 Tage Urlaub. Wenn ich auch manchmal vom Einsatz schrieb; so ist das eine Truppe; die vollwertig ist und die Ausbildung beendet hat. Wohin wir kommen; weiß bis jetzt noch keiner. Wir können hier bleiben und können auch nach Italien, Rußland oder nach irgendeiner anderen Stelle Frankreichs kommen. Wäre ich bei einer Schützenkomp. so wäre die Ausbildung wahrscheinlich schon zu Ende aber ich bin ja zum Glück bei der schweren Komp., denn wir haben Maschinengewehre, Granatwerfer, Pak, Inf. Gesch. und Artillerie. Ich darf es nicht schreiben;[**] aber jetzt könnt Ihr Euch ein Bild von unserer Komp. machen. Vielleicht bin ich im April bei euch [...].

Habe heute einen Brief an die Firma, an Tante Grete und einen an euch geschrieben. Einer folgt noch an Inge und ein anderer an Irmschen. Für heute genug. Du schreibst sehr fleißig.

Wolfgang.

---

[*] Die *Deutsche Allgemeine Zeitung* wurde 1861 zunächst unter dem Namen *Norddeutsche Allgemeine Zeitung* von Dr. August Braß (1818–1876) gegründet. Sie galt als offiziöses Regierungsblatt (Kanzlerblatt). 1918 wurde sie zur *Deutschen Allgemeinen Zeitung*. Während der Nazizeit stand sie unter strenger Kontrolle des von Goebbels geleiteten Reichsministeriums für Volksaufklärung und Propaganda. 1945 stellte sie ihr Erscheinen ein.

[**] Die Zusammensetzung der deutschen Armee durfte nicht beschrieben werden, aus Angst, die Post könnte in die Hände des Feindes fallen.

75

Von einer Front zur nächsten

Die Auflösung der deutschen Armeen an der Ostfront geht unaufhalt-
sam weiter. Auch in Italien ist die Wehrmacht durch die alliierte Of-
fensive unter Druck geraten. Viele Soldaten werden von der zurück-
weichenden Ostfront in den Westen verlegt. Nicht nur nach Italien, son-
dern ebenso nach Frankreich und ins Reich, um ein Vordringen der Al-
liierten über die deutschen Grenzen zu verhindern. Einer von ihnen ist
der Leutnant Gerhard K. Der 1914 in Berlin geborene Junggeselle ist vor
dem Krieg als Justizbeamter tätig gewesen. Seit August 1939 hat er in
Belgien, Frankreich, Polen, in der Ukraine, in Weißrussland und im
Norden Russlands gekämpft und wird nun Richtung Westen in
Marsch gesetzt. Er gerät in sowjetische Kriegsgefangenschaft, überlebt
die Gefangenschaft und kehrt nach Deutschland zurück.

Unterwegs, den 2.3.1944

Liebe Mutter!

Das ist nun schon der 5. Tag unserer Reise von Rußland
nach Frankreich. Wir sind von Brest-Litowsk* über Warschau,

---

* Brest-Litowsk, heute Brest, Stadt in Weißrussland am Westlichen Bug, wo
am 3. März 1918 der separate Friedensvertrag zwischen dem Deutschen
Reich und Sowjetrussland unterschrieben wurde.

Posen, Neubentschen* ins Altreich gekommen und fahren jetzt, nachdem wir die Lausitz** durchquert haben, durch Mitteldeutschland. Eben haben wir Halle (Saale) berührt. Den weiteren Verlauf unserer Fahrt wissen wir übrigens auch noch nicht. Ich nehme an, daß wir in 3 Tagen am Ziel sind. Auch das ist noch nicht bekannt.

Ich bewohne zusammen mit meinen beiden Unteroffizieren einen halben Güterwagen, während die andere Hälfte den Leuten von der Schreibstube des Stabes und FW. Schölten gehört. Wir haben es dabei zweifellos am besten vom ganzen Transport, denn der Kommandeur muß seine Waggonseite mit noch 4 Offizieren teilen, den Wagen im übrigen mit den russischen Burschen***, während wir nur Deutsche sind. So ein Transport ist in einem Waggon angenehmer als in einem Personenwagen, denn da kann man nie so gut schlafen wie hier auf dem dicken Strohlager. Trotz des unfreundlichen Wetters, das wir in Deutschland antreffen – heute sind wir in einen tollen Schneesturm geraten – ist es in unserem Wagen dank eines kleinen eisernen Ofens recht angenehm warm. Auch die ganze Nacht heizen wir durch, wobei jeder 1 $^{1}/_{2}$ Stunde Feuerwache hat.

---

* Neu Bentschen heißt heute Zbaszynek und gehört zu Polen.

** Die Lausitz ist eine Region in Deutschland und Polen. Sie umfasst den Süden Brandenburgs und den Osten des Freistaats Sachsen sowie Teile der polnischen Woiwodschaften Niederschlesien und Lebus. Sie gliedert sich von Nord nach Süd in Niederlausitz (mit dem Spreewald), Oberlausitz und Lausitzer Gebirge. Die Lausitzer Neiße bildet die Grenze zwischen dem deutschen und den polnischen Teil der Lausitz. In der Lausitz lebt die slawische Minderheit der Sorben.

*** Auf ihrem Rückzug aus dem Osten nahmen die Deutschen auch eine große Anzahl von Kollaborateuren und Volksdeutschen mit.

Von dem Eindruck, den Deutschland auf die Russen gemacht, kann ich noch nicht allzu viel sagen. Sehr viele sind ganz stur und interessieren sich überhaupt für nichts, andere behaupten einfach, das gäbe es in Rußland auch alles oder es gefalle ihnen in Russland besser – bei Angehörigen irgendwelcher Steppenvölker nicht weiter verwunderlich andere wieder, darunter unser altbewährter Fahrer Demtschuk sieht alles sehr genau, die vielen gepflegten Asphaltstraßen, die sauberen Häuser, die durchweg aus Stein gebaut sind, unsere intensive landwirtschaftliche Bodenausnutzung, auch fragt er nach allem, was ihm neu oder unklar ist.

Es ist schade, daß ich Euch nicht von unterwegs sprechen kann, aber die Aufenthalte des Zuges sind so unbestimmt und auch vorher gar nicht recht bekannt, daß sich das kaum wird bewerkstelligen lassen. Na, ich bin neugierig, wie lange ich Frankreich noch genießen darf, d. h. wenn man dabei jetzt von genießen sprechen kann.

Ich habe diese Zeilen im fahrenden Zuge geschrieben; daher auch mit Maschine.

Alles Gute und recht viele liebe Grüße

Dein Gerhard

76

Die normannische Bocage

Am 6. Juni 1944, dem D-Day, landen alliierte Truppen an den Stränden der Normandie. Ziel der »Operation Overlord« ist die Errichtung einer weiteren Front, um auch von Westen her auf Reichsgebiet vorzudringen. Die Amerikaner kämpfen sich auf einem Küstenabschnitt bei Saint-Laurent sur Mer vor, den sie Omaha Beach nennen, und auf einem Strandstreifen der Halbinsel Cotentin, dem sogenannten Utah Beach, während die Truppen des Commonwealth die deutschen Stellungen an dem Küstenabschnitt zwischen Longues sur Mer und La Rivière, dem Gold Beach, überwinden und ins Hinterland vorrücken sollen.

Wolfgang A. (siehe seinen Brief von 1. März 1944) ist im Westen Frankreichs stationiert und nimmt an der sogenannten »Heckenschlacht« teil. Sie hat ihren Namen von der normannischen Bocage – einer Landschaft, die geprägt ist von Wallhecken aus keltischer Zeit. Diese oft drei Meter hohen Naturwälle erschweren den alliierten Invasionstruppen den Vormarsch und sind ein Grund für die hohen Verluste auf beiden Seiten. Auch der siebzehnjährige Wolfgang A. gehört zu den Opfern.

Im Westen, den 6.6.1944

Liebe Eltern!

Schnell ein paar Zeilen. Wir wurden heute Nacht geweckt, und es wurde uns gesagt, daß Alarmstufe 2 sei. Ob es nur eine Übung ist, wissen wir nicht. Jedenfalls haben wir alles verpackt und haben auch genug Munition empfangen. Ich nehme an, es wird ernst, zumal es den ganzen Morgen über brummte und man von ferne die Detonationen hört. Wir liegen jetzt in der Ortsverteidigung verteilt und haben das Gelände und den Himmel zu beobachten. Unsere Unterkünfte sind vollkommen leer. Das Wetter ist heute sehr schlecht denn der Himmel ist ganz und gar mit Wolken bedeckt, und es hat ab und zu auch schon geregnet. Bin gespannt, ob es nur eine Übung ist. Nehme doch sehr stark an, daß es jetzt losgeht, zumal der Tommy die französischen Küstenstädte in der letzten Zeit des öfteren bombardiert hat. Hoffentlich bekomme ich heute Post. Ich muß jetzt schließen, denn die Zeit ist knapp. Wenn ich Post bekomme, beantworte ich den Brief auch gleich noch.

Für heute genug
Es grüßt euch herzlichst
Euer Wolfgang

Hoffentlich geht es jetzt los, denn dann fällt die Entscheidung im Westen.
Gruß, Wolfgang.

Liebe Eltern!

Also der Tommy ist da. Ob er vorankommt, ist eine zweite
Frage. Jedenfalls ist er so gelandet, daß er die Bretagne ab-
schneiden kann. Wir liegen außerhalb des Ortes in unseren
Stellungen. Haben uns in die Ende eingegraben und mit
Zeltbahnen überdacht und den Raum mit Stroh ausgefüllt.
Haben heute eine [?] gemehlt. Jetzt wird gesäubert. Wir sind
noch rund 50 km vom Kampf ab. Der Engländer ist auf einer
Breite von 250 km gelandet und zwar bei Dieppe, Cherbourg,
St. Malo, St. Nazaire und Le Havre.* Mir geht es gut, was ich
auch von euch hoffe. Die Post wird jetzt bestimmt lange
unterwegs sein. Vorläufig bitte kein Geld schicken, denn es
geht bestimmt verloren. Wir bekommen, soviel ich gehört
habe Frontzulage. Werde so oft wie möglich schön [?]. Bin
auf den Verlauf der Kämpfe gespannt. Für heute genug. Es
grüßt euch aufs herzlichste,
    Euer Wolfgang

Macht euch keine Sorgen; denn es wird schon gut gehen.
Lieber dies; als in Rußland kämpfen. Es ist sehr ruhig; man
könnte das Gefühl haben; der Tommy ist zurückgegangen.

---

* Die Armeen der Alliierten waren am 6. Juni 1944 zwischen Le Havre und
  Cherbourg gelandet. Saint-Nazaire wurde erst befreit, nachdem die deutsche Besatzung sich am 11. Mai 1945 ergeben hatte; die deutschen Streitkräfte hatten die Stadt zur Festung ausgebaut.

Liebe Eltern!

Schnell ein paar Zeilen. Sind bereits 14 Tage unterwegs und befinden uns in der Normandie; in der reichsten Gegend Frankreichs. Es geht nach Cherbourg.* In drei Tagen sind wir da. Die Städte und Dörfer sind verlassen. In einem einzigen Haus fanden wir 50[?] Butter, [...] und 50 Eier sowie Mehl, Ölsardinen Apfelwein, Rotwein und Schnaps. Wir backen uns heute Eierkuchen und leben wie die Made in Speck. Bloß wie lange noch. Macht euch keine Sorgen; denn mir passiert nichts. Hoffentlich ist bei uns zu Hause noch alles in bester Ordnung. Habe seit dem 28. Mai keine Post mehr. Den ganzen Tag über brummt es. Leider nur Engländer und Amerikaner; die [?] in Bewegung [?] Truppen suchen. Deutsche Jäger sind nicht zu sehen. Die Geschütze brüllen den ganzen Tag ununterbrochen. Heute sind die Amerikaner in 10 Meter Höhe über uns hinweg geflogen.** Es ist ein Wunder; daß sie uns nicht entdeckt haben. Die Franzosen, die noch hier sind, es sind nicht viele, vielleicht 10 %, die haben die Nasen voll. Wenn die englischen Jäger kommen, stellen sie sich auf freie Plätze und winken mit einem weißen Tuch, damit sie nicht schießen. Was sagst du zu der neuen Waffe? Es sind vermut-

---

* Die Befreiung Cherbourgs war das vorrangige Ziel der amerikanischen Kontingente, die am Utah Beach gelandet waren. Der Seehafen der Stadt war von strategischer Bedeutung für die alliierten Truppen. Die Stadt wurde am 27. Juni 1944 nach erbitterten Straßenkämpfen befreit.

** Die Luftwaffe der Alliierten unterstützte die Operationen mit mehr als 7500 Flugzeugen.

lich fern gelenkte Raketen die riesig groß sind. Kameraden, die von der Küste kommen erzählen, daß ganz Süd und Südost England brennt.* Ich glaube der Krieg ist ins letzte Stadium getreten. Wir müssen ihn rausschmeißen und dann hinüber und wir haben gewonnen. Hoffen wir das Beste. Für heute genug. Ein anderes Mal mehr.

Es grüßt euch herzlichst,
Euer Wolfgang

Seid vielmals geküßt. Hoffentlich habt ihr meine Post und das Päckchen Gummeland erhalten. Ich habe Irmchen heute auch geschrieben.

---

* Mit der neuen Waffe ist die V-Waffe gemeint, ferngelenkte Raketen, wie sie am 16. Juni auf England abgefeuert wurden. Bis zum September 1944 wurden knapp 9000 dieser Waffen abgefeuert, knapp ein Drittel versank, 4000 wurden abgefangen, und 2491 detonierten im Großraum London. Die propagandistische Wirkung diese Waffe im Inland war größer als ihre reale bei den Feinden.

77

Die Résistance

Parallel zu den in der Normandie gelandeten alliierten Streit-
kräften vervielfacht die französische Résistance die Attentate und
Angriffe auf die deutschen Besatzer. Heinz R. (siehe seinen Brief
vom 16. November 1942) wird 1943 aus dem Kaukasus nach
Frankreich geschickt. Bei einem Angriff von Résistancekämpfern
wird er verwundet. Nach sechs Jahren Krieg, die ihn durch ganz
Europa geführt haben, gerät er in amerikanische Kriegsgefangen-
schaft, aus der er 1945 entlassen wird.

6. Juli 1944

Meine geliebte Ursula!

Eben wurde mir erzählt, daß der Mann, der auf mich geschossen hat, mit der übrigen Bande geschnappt ist. Der Täter ist bereits erschossen worden.[*] Ohne ein Gefühl des Hasses stelle ich fest, daß damit nur ein gemeines Verbrechen
seine Strafe gefunden hat. Du wirst genau so denken. Da es
mich freut, daß es unseren Organen gelungen ist, diese Wild-

---

[*] Ca. 3000 französische Widerstandskämpfer wurden während des Zweiten
Weltkriegs von den deutschen Besatzern zum Tode verurteilt und erschossen.

westräuber unschädlich zu machen, schreibe ich es Dir sofort.

Das ist ja ein recht feuchtfröhlicher Abend geworden – feucht durch einen Mousseux und fröhlich durch Deine vielen lieben Briefe, die mich so sehr erquickt haben, für die ich Dir, mein Lieb, ganz besonders herzlich danke. Ich bekam sie gegen Abend, als ich gerade aufstehen wollte. Jetzt steht nämlich ein Großvaterstuhl in meinem Zimmer und ich darf heute eine Viertelstunde aufstehen. Mir war recht komisch und ich war froh, als ich wieder im Bett lag. Morgen wird's ja nun wohl schon besser damit sein. Der Arzt sagte heute: »Es heilt fast zu schnell!« Also die Fortschritte sind wirklich sehr groß. Heute früh hat er an der Schläfe noch mal einen Schnitt getan und die schon verheilte Wunde geöffnet. Das war sehr gut. Da sind die Schmerzen geringer geworden. Im übrigen bemühe ich mich zu lesen, soweit das geht. Mit einem Auge ist man doch ein halber Mensch und ich bin froh, wenn ich wieder auf beiden sehen kann. Das soll ganz wiederkommen; ich hab es mir erklären lassen, das leuchtet mir auch ein. Am Bauch ist nur noch ein kleiner Leukoplastverband. Das ist also am allerschnellsten geheilt. Nun werde ich sicher schon bald aus dem Lazarett entlassen. Ich denke, daß ich dann zu Hauptmann Thommes zurückkehren werde. Jedenfalls hat durch den Überfall mein Kradfahren ein jähes Ende genommen. Heute verlieh mir Major Blohm das Verwundetenabzeichen. Also mal wieder ein Dekorationsstück mehr in der Sammlung!

Mein Lieb, ich bin ein herzloser Ehemann, daß ich Dir gerade jetzt immer so kurz schreibe. Ich weiß es. Doch das Schreiben ist recht beschwerlich, der Kopf wohl auch oft benommen oder stets, so daß ich zum Schreiben keinen rechten Mut habe. Wenn ich allerdings wie heute so viel liebe Post von Dir erhalte, dann genieße ich die Freuden eines »Familienlagers« oder der »Vaterstunde«, oder wie man sonst diesen schönen, leider seltenen Zustand nennen soll.

Eigentlich geht es mir jetzt schon wieder recht gut. Ich sitze stundenlang im Bett, sogar der bewußte Schieber wurde heute erfolgreich betätigt. Wenn man das Wohlbefinden nach + und − messen könnte, würde ich heute sagen, daß ich schon wieder auf dem + Punkte angelangt bin. Im übrigen »bilde« ich mich jetzt ungeheuer an einer dicken Schwarte »Die Frauen um Goethe«. Dabei ist nur interessant, wie ein gewiß sehr biederer Gelehrter solch einen Dichter zu seinem Abgott machen kann, sei es nun, wenn er die Liebe zu Frau v. Stein anspricht oder das gewiß doch etwas sonderbare Verhältnis zu Goethes »Bettschatz«, wie Goethes Mutter die Vulpius wohlwollend nannte.

Doch, meine liebe Ursula, ich wollte ja nicht von Goethe schreiben, sondern Dir danken für all Deine Liebe, die aus Deinen Briefen spricht, das ich leider mit ähnlichen Worten, obgleich gleichen Gefühlen, nicht entgegnen kann.

Arbeite nicht zu viel! Konfirmandenstunden sind wichtiger als gebohnerte Küchen! Morgen schreibe ich mehr!

1000 innige Grüße der lieben Frau und unserer Tochter von Deinem Heinz

78

Die Leiden des jungen W.

Im Juli 1944 ist Werner O. noch in Italien stationiert (siehe seinen Brief vom 22. Januar 1944). Zu diesem Zeitpunkt haben die alliierten Streitkräfte einen mühsamen Sieg am Monte Cassino errungen und Rom erreicht. Die Härte der Kämpfe, die physische und moralische Erschöpfung, die Monate ohne Urlaub und die Verlegungen von einer Front zur nächsten machen die Wehrmachtssoldaten für Epidemien und Infektionen anfällig. Werner O. bekommt Malaria und wird in ein Militärkrankenhaus eingeliefert. Dennoch überlebt er den Krieg und kehrt nach Hause zurück.

O.U. am 12.7.44

Liebe Eltern!

Nachdem ich zwei Tage in Italien war, bekam ich am 10. wieder leichtes Fieber. Ich ging sofort zum Arzt und wurde am anderen Tag mit Malaria-Verdacht ins Lazarett eingeliefert. Ein gemachter Malariaabstrich war positiv. So liege ich dann zur Zeit wieder im Lazarett, noch ehe ich meine Einheit erreicht hatte. Da ich jedoch gleich zum Arzt gegangen bin, ist es diesmal nicht schlimm geworden. Das Fieber kam nur bis auf 38°. Ich glaube, daß ich auch jetzt kein Fieber mehr bekomme.

Mit herzlichen Grüßen,
Werner.

Liebe Eltern!

Ich liege zur Zeit immer noch im selben Lazarett. Es geht mir gut, denn ich habe nur am ersten Tag einmal Fieber gehabt. Ich bin jetzt über eine Woche Fieber frei und der Kontrollabstrich war auch negativ. Ich rechne damit, in einigen Tagen entlassen zu werden. Meine Batterie liegt 15 km vom Lazarett entfernt, so daß ich dann schnell dort sein werde.

Zur Zeit vertreibe ich mir den Tag mit Skat* spielen. Am Nachmittag gehen wir oft in die Stadt aus, am Abend können wir ein Soldatenkino besuchen. Dies ist mein augenblicklicher Tageslauf. Selbstverständlich muß ich dann auch noch immer mein Fieber messen.

Herzliche Grüße
Werner

---

* Skat war damals ein sehr beliebtes Kartenspiel bei den deutschen Soldaten.

Liebe Eltern, liebe Gloddes,

Ich liege immer noch im Lazarett. Zwar ist meine Malaria nun längst erledigt, aber gleichseitig mit der Malaria kam auch wieder das Furunkel. Seit einer Woche nun machte mir ein bösartiges Furunkel, das ausgerechnet noch direkt um [den] After lag, sehr zu schaffen. Gestern bin ich nun geschnitten worden, sodaß die Sache überstanden ist. Zur Zeit liege ich allerdings dick verbunden im Bett und kann mich daher wenig rühren. Meine ungelenkige Schrift mußt ihr daher entschuldigen, da ich im Liegen schreiben muß. Wahrscheinlich liege ich noch 2–3 Wochen bis zur Ableitung hier. Ich bitte euch daher, mir sofort mal Nachricht hier an mein Lazarett zu geben, wie es euch geht, da ich vorläufig doch noch nicht zu meiner Einheit komme [...].

Herzliche Grüße,
Werner.

79

Attentat auf den Führer

Am 20. Juli überlebt Hitler ein Attentat, bei dem der General-
stabsoffizier Claus Schenk Graf von Stauffenberg ihn im Führer-
hauptquartier Wolfsschanze mit einer Bombe zu töten versucht.
Der Anschlag ist Teil der »Operation Walküre«, mit der eine
Gruppe hochrangiger Wehrmachtsoffiziere einen Umsturz in
Deutschland herbeiführen will – nicht zuletzt, um Friedensver-
handlungen mit den Alliierten zu führen. Der Plan scheitert.
Zwar explodiert die Bombe, doch Hitler wird nur leicht verletzt.
Die Hauptakteure werden noch am gleichen Abend erschossen,
etwa zweihundert weitere Verschwörer nach einem Schauprozess
vor dem Volksgerichtshof hingerichtet. Tausende geraten ins Vi-
sier der Gestapo, und über die Familien der Beteiligten wird Sip-
penhaft verhängt.

Über den Soldaten Horst B., der sich in dem folgenden Brief
kurz zu dem Attentat äußert, ist so gut wie nichts bekannt. Die
vier Briefe, die von ihm erhalten blieben, geben keine Auskünfte
zu seiner Person und zu seiner Stationierung.

O.U. d. 23.7.44

Liebe Mutter!

Heute wieder einen kurzen Sonntagsgruß. Es ist noch früh
am Tage, aber die beste Zeit zum schreiben. Mittags sind hier
nur 40 Grad im Schatten. Das macht aber fast gar nichts,
denn der Mensch ist ja ein Gewohnheitstier. Den Sonntags-
braten für heute habe ich auch besorgt. Es gibt Gulasch mit
Kartoffelklöße. 4 Pfd. Fleisch für 4 Mann wird ja reichen,
oder bist Du da anderer Meinung. Ich glaube nicht, daß es zu
wenig ist. Na dann guten Appetit. Sonst gibt es hier nichts
neues. Mein Befinden ist noch sehr gut. Ich hoffe von Dir
dasselbe. Vielleicht wäre es möglich, daß Du mir jede Woche
eine Zeitung schicken kannst. Denn hier bekommen wir so
etwas nicht*. Man lebt wie auf dem Mond. Das Attentat auf
unsern Führer haben wir auch nur zufällig zu erfahren bekommen. Es war einer der aus dem Lazarett kam, der hat uns
das erzählt. Gottseidank, daß dem Täter das Attentat nicht
geglückt ist. Nun will ich schließen, in der Hoffnung, daß
Dich diese paar Zeilen bei bester Gesundheit erreichen werden. Ich wünsche Dir nun einen guten Postempfang und
noch einen angenehmen Sonntag.

Horst

---

* Die Kommunikationssysteme der deutschen Armee waren sehr stark
  vom Verlauf der militärischen Operationen abhängig. Außerdem ver-
  mied man, Nachrichten weiterzuleiten, die defätistische Einstellungen
  innerhalb der Truppe auslösen konnten.

Viele Grüße an Fam. Hahn nebst Anhang. Sowie Fam. Handke, auch an unsere beiden Trabanten, die sollen auch mal was von sich hören lassen. Aber einen besonderen Gruß an unseren Manfred. Ich wünsche ihm gute Besserung.

Horst

80

Für Deutschland, für Europa

Günther W. wird 1906 in Berlin geboren. Er ist verheiratet, Familienvater und Schauspieler. 1940 wird er zur Wehrmacht eingezogen. Aufgrund seiner Eloquenz wird er beim Militärbefehlshaber beziehungsweise bei der Dolmetscherabteilung West in Frankreich eingesetzt. Anschließend kommt er als Unteroffizier zum Sicherungs-Regiment 6. Als er Ende Juli 1944 den folgenden Brief an seine Frau schreibt, toben im Westen Frankreichs immer noch die Kämpfe zwischen der Wehrmacht und den alliierten Truppen.

Drei Tage, nachdem er diesen Brief geschrieben hat, fällt Günther W. in Frankreich.

24.7.44

Meine liebe Miafrau!

Leider bin ich wieder recht lange Zeit ohne Nachricht von Dir, und auch der Sonntag ging diesmal ohne Post von Dir leer aus. So weiß ich nicht einmal, ob Du inzwischen nach Berlin gefahren oder zurück bist, und richte meine Zeilen an Dich auf alle Fälle nach Markersdorf*, von wo sie Dir ja auf jeden Fall nachgeschickt werden, wie ich annehme.

---

* Sächsische Gemeinde im Landkreis Görlitz nahe der polnischen Grenze.

Meine Beinverletzung ist inzwischen gottlob wesentlich besser geworden, sodaß ich wieder ziemlich unbehindert laufen kann, wenn sie auch noch nicht ganz verheilt ist. Mein langjähriger Kamerad Kirschenmann, der kleine Hamburger, von welchem ich Dir des öfteren erzählte hat mit einigen andern jüngeren Uffz. u. Mannschaften infolge Kommandowechsel unsere Einheit verlassen, um im Rahmen unserer Spezialtätigkeit an anderer Stelle in Frankreich (vermutlich gegen Terroristen) eingesetzt zu werden. So ist nun einmal das Soldatenleben. Nichts ist beständig. Es gibt immer wieder einen unvermeidlichen Wechsel. Und wenn es sich um jemand handelt, mit dem man bald 3 Jahre lang in ziemlich enger Gemeinschaft einen Lebensabschnitt zusammen verlebt hat, so hinterläßt eine solche Trennung im Augenblick eine schmerzliche Lücke. Die Schatten der Vereinsamung quälen einen dann, bis neue Gesichter und neue Eindrücke sich wieder bestimmend in das Alltagsleben des Dienstes u. seiner Tagesforderungen drängen. –

Im Übrigen geht mein Leben hier vorerst seinen gewohnten dienstlichen Gang. Die Nachricht von dem Führerattentat hat natürlich auch bei uns wie eine Bombe eingeschlagen. Man mag zum Nationalsozialismus stehen, wie man will – das ist Sache der persönlichen inneren Überzeugung – aber, daß in einem Augenblick, wo ein Volk seine letzten Kräfte konzentriert, um eine Entscheidung herbeizuführen, sich Männer finden, die gerade in diesem für die Gesamtheit kritischsten Augenblick das Staatsoberhaupt beseitigen zu müssen glauben, ist ein Verbrechen an der Nation: ein wahrer Dolchstoß in den Rücken! Der Fall des Führers, wenn der Anschlag geglückt wäre, hätte zweifellos ein politisch u. militärisch nachhaltiges, wenn nicht katastrophales Schicksal für ganz Deutschland und unsere europäische Sache zur Folge gehabt. Aber ich glaube, daß man als Deutscher der Vorsehung dankbar sein muß, daß dieser Mordanschlag nicht glückte. – Ich bin überzeugt, daß wir nicht umsonst stillhalten, wenn auch vorerst noch die Viermotorigen sich über unseren Städten austoben, daß wir nicht umsonst den mit kostbaren Blutopfern im Osten erkämpften Raum Schritt für Schritt preisgeben. Wir haben noch Trümpfe! Und sie werden im gegebenen Moment ihrer größten Wirkungsmöglichkeit ausgespielt werden! Da kann man ganz sicher sein. Und hoffentlich entscheiden sie dann endgültig das blutige langwierige Spiel zugunsten eines glücklichen von der Welt ersehnten Friedens!

Ich lege Dir einen Zeitungsausschnitt aus der Pariser Zeitung bei über ein »kleines« Schicksal am Rand der Invasionsfront. Frankreich ist politisch und geistig zerrissen und darum doppelt elend. Wir sollten daraus lernen, in Deutschland uns wenigstens, solange unsere Nation im europäischen Lebenskampf angespannt ist, jede innere Gegensätzlichkeit vom Leibe zu halten.

Ich war dieser Tage mit einem 25jährigen Südfranzosen (merkwürdigerweise blond u. blauäugig) zusammen, welcher bei der französischen Legion[*] im Osten gekämpft hat und jetzt

---

[*] Es handelt sich um die LVF, die Légion des volontaires français contre le bolchévisme (Französische Freiwilligenlegion gegen den Bolschewismus). Gegründet von der deutschen Wehrmacht im besetzten Frankreich am 8. Juli 1941, rekrutierte diese Einheit Franzosen, die innerhalb der Wehrmacht gegen den Bolschewismus kämpfen wollten. Allerdings gelang es nicht, mehr als 3000 Freiwillige anzuwerben. Einsatzschwerpunkt war Weißrussland.

von Deutschland aus seinen Urlaub hier in Frankreich verlebt. Wie sieht nun der Urlaub für diesen jungen Franzosen, welcher mit uns für sein Land und ein neues Europa kämpft, aus? In seiner Heimatstadt Toulouse in Südfrankreich kann er seinen Urlaub wegen der Verkehrsschwierigkeiten nicht verbringen, wenn nicht sogar sein Leben dort durch Terroristen gefährdet ist, weil er ja eine »deutsche« Uniform trägt. Ein Teil seiner Verwandtschaft, welche politisch anders eingestellt ist, will nichts von ihm wissen. – In Paris hat er einen Onkel, der ein Restaurant besitzt; also eine seßhafte Angelegenheit für einen Urlauber. Aber der Onkel ist Gaullist. Als er ihn in der deutschen Uniform sieht, schmeißt er ihn raus ... So sind die beiden Gesichter Frankreichs heute. Auf der einen Seite persönlicher Einsatz unter Umständen mit Opferung des eigenen Lebens für die Sache Deutschlands u. Europas. (Es soll in der Normandie Franzosen u. Französinnen gegeben haben, die auf die Engländer u. Amerikaner geschossen haben. Zumindest sind dort die »Befreier« noch weniger beliebt, wenn nicht gar verhaßter, als die Deutschen es vorher waren.) Auf der anderen Seite: verbitterter, gehässiger Kleinkrieg im Dunkeln von Menschen, die aus der Geschichte nichts gelernt haben, und in ihrer Revancheeinstellung u. antideutscher (anti-»boches«) Gesinnung stur verharren, denen alle Mittel recht sind, Gangstermethoden, Bombenattentate, Morde, Nahrungsmittelgefährdung der eigenen Volksgenossen usw.

Diese beiden Welten u. ihre Exponenten muß man erleben, und nur aus dem Kontakt bzw. der kämpferischen Auseinandersetzung mit ihnen kann man das heutige Frankreich und unsere politische und soldatische Aufgabe auch für uns als Deutsche im europäischen Zusammenhang verstehen. Um diesen europäischen Lebenszusammenhang geht es. Für ihn [sind] alle diese ungeheuren Opfer und Anstrengungen. Sollen sie nach 5 Jahren Kampf umsonst gebracht worden sein? Das kann kein anständiger Deutscher wollen! Wenn es ums Grundsätzliche geht, muß man hart u. klar sein. Und so müssen wir eben auch diese für uns im Volks- wie im Einzelschicksal vielleicht härteste Periode des Kriegsgeschehens durchstehen.

Man wird immer weniger egozentrisch, je älter man wird und je mehr man solche Zeiten miterlebt, wie sie uns nun einmal bestimmt sind, dadurch daß man erkennt, wie wenig selbständig im Grunde unser kleines Einzelschicksal ist und wie sehr es mit den überpersönlichen Belangen, welche sich in den Bewegungen der Gruppen- und Völkerschicksale niederschlagen, verknüpft ist. Und trotzdem muß man auch im kleinen Einzelschicksal steten Kurs halten, wenn man eines Tages wieder glücklich im Heimathafen und Hafen des »Heims« landen will. So ist die Kompaßnadel meines Herzens trotz aller Zickzackkurse des Krieges und seiner Erlebnisse u. Schicksalswechsel auf Dich eingerichtet, liebste Haselfrau u. meine Wölfe, ganz gleich ob ich mich nun nach rechts, links, oben oder unten auf der Landkarte weiterbewege. Ich wünschte nur, ich könnte endlich wieder an Land steigen und bei Dir »längs gehen«, um es seemännisch auszudrücken. Ach, ja ... liebste Miafrau, drücken wir die Daumen für bald ...!

Doch nun Schluß für Heute. Ich küsse u. umarme Dich von ganzem Herzen ebenso die Strolche mit gleichzeitigen besten Grüßen auch an die Muttel u. alle gemeinsamen

Bekannten u. Verwandten in der Hoffnung auf recht baldige gute Nachricht von Dir

immer Dein
Günther

P.S. Wegen aller materiellen Veränderungen wie evtl Umzugsfragen, um unsere Sachen zu retten usw. lasse ich Dir vollkommen freie Hand, liebste Haselfrau.

Was kann ich von hier aus dazu raten oder richtig entscheiden? Du hast zu allem, was Du dazu unternimmst, für die Dauer meiner Abwesenheit u. unserer Trennung hundertprozentige Vollmacht, denn ich habe volles Herzvertrauen zu Dir. Handle so, wie Du es für Dich und für die Wölfe für gut befindest. Dann wird es schon richtig sein!

Wie steht es mit der Einschulungsfrage für Peter u. Inge? Hat sich dazu schon etwas entschieden?

81

Der Deserteur

Über das Leben von Wolfgang M. vor dem Krieg ist kaum etwas bekannt. Er ist Soldat in der Luftwaffe. Seine Frau wohnt in Ludwigshafen. Nach Kämpfen in Belgien und Holland fällt der Obergefreite vermutlich im August 1944, kurz nachdem er den folgenden Brief geschrieben hat.

27.7.44

Meine liebe Maus!

Bekam gestern Deinen lb. Brief Nr. 65 u. will ihn Dir heute Abend beantworten. Ich war gestern Abend u. die ganze Nacht unterwegs. War Zeuge beim Kriegsgericht gegen einen Mann meiner Batterie, der dann zum Tode verurteilt wurde. Beim Abtransport Nachts gelang es ihm dann zu fliehen u. wir suchten die ganze Nacht. Ja, solche Ereignisse passieren auch!

Du gabst die Sache mit dem Studienurlaub nach Berlin weiter, jetzt glaube ich aber, daß das Gesuch von mir aus über die Batterie gehen muß. Und dann ist es dazu zu früh, das wird bei uns bekanntgegeben, ich denke Mitte August. Weißt Du jedoch etwas näheres darüber?

Mit Herrn Geck ist's nicht schlimm, es soll eben nicht sein! Du lebst vielleicht so doch besser!

Meine Erkältung ist vorbei, ist also alles in Butter, halte nur den Daumen, daß ich weiterhin so Glück habe!

Nun muß ich abschließen, es wird zu dunkel.

Für heute wie immer einen herzlichen Kuß

Dein Wolf.

82

Generationen von Soldaten

Karl K. (siehe seinen Brief vom 16. Mai 1942) zieht sich eine tropische Krankheit zu, die unter dem Namen »Kretafieber« bekannt ist, und verlässt die Insel Ende 1942. Er wird nach Deutschland zurückversetzt und zum Schutz des Opelwerks in Rüsselsheim abgestellt. In diesem Industriekomplex werden die Bomber der Luftwaffe montiert. Zahlreiche Ostarbeiter werden in diesen Fabriken beschäftigt. Karl K. gerät in amerikanische Kriegsgefangenschaft und wird im Lager Ochsenfurt interniert. Seiner Frau Hilde gelingt es, ihn im Oktober 1945 dort herauszuholen.

01.08.44

Liebes!

Heute vor dreißig Jahren sah ich den ersten Feldgrauen, einen Totenkopfhusaren, im Schein der Abendsonne auf dem Stettiner Bahnhof in Berlin. Als wir dann zu Haus ankamen, zeigte Vater Muttel seinen gelben Gestellungsbefehl. Und obwohl ich's nicht ganz begriff, ist mir auch dieser gelbe Zettel im Gedächtnis haften geblieben[*]. –

---

[*] Der Vater von Karl K. hatte am 1. August 1914 seinen Gestellungsbefehl erhalten und am Ersten Weltkrieg teilgenommen.

Trotz der augenscheinlich katastrophalen Lage im Osten bin ich doch noch hoffnungsfroh. Denn ich kann mir nicht vorstellen oder will's nicht glauben, daß in der obersten Führung nur Torfköppe sitzen und nicht wenigstens *ein* Mann vorhanden ist, der nicht mit einer solchen Entwicklung gerechnet hat.

Immerhin ist vieles anders gekommen, wie man gedacht hat. Denk' doch nur an den Brief von Ekke Blücher oder an die großen Erwartungen, die man an die Entwicklung der Invasion geknüpft hat. Es sieht doch jetzt beinahe so aus, als ob die deutsche Widerstandskraft dort etwas erlahmt, also dieselbe Wendung einzutreten droht wie seinerzeit in *El Alamein**. Denn damals gelang den Tommy auch erst nach wochenlangen Ringen ein Durchbruch –

Viel mehr Sorge bereitet mir freilich Deine Kieferngeschichte. Meistens kommt solch' eine Sache von einem wurzelerkrankten Zahn, und ich möchte nur mal wissen, ob Ihr in dieser Richtung aufgepaßt habt? Und im übrigen ist solch' eine Vereiterung nicht leicht zu nehmen.

Wir haben jetzt zwar Nächte lang Ruhe gehabt, die Rüsselsheimer** wandern freilich immer noch nachts in die Kasematten der Festung oder auch in zwei Hochbunker von Opel. Denn diese Häuser sind wirklich sicher, vor allem in

---

* El Alamein in Ägypten war der Schauplatz zweier Schlachten, in denen britische Streitkräfte und Truppen der Achsenmächte gegeneinander kämpften. Es ging darum, den deutschen Vormarsch zu stoppen, durch den Großbritannien seine dominierende Rolle in Ägypten, das nominell unabhängig war, gefährdet sah.

** Die Bombenangriffe auf die Stadt verursachten schwere Schäden und forderten über vierhundert Todesopfer.

den unteren Stockwerken. Die Treppen sind außen angebracht; falls wirklich die 3 m dicke oberste Decke durchschlagen wird, sind dann die tieferen Stockwerke noch unberührt. Neulich hat der eine Bunker zwei dicke Brocken auf sein Haupt bekommen, aber man sieht kaum etwas davon!

Da die Werke nachts noch nicht arbeiten können, dürfen zur Zeit die Rüsselsheimer in die Bunker, und nicht wenige verbringen die ganze Nacht dort!

Benutzt Du die Sollux-Lampe bei Kampmanns, um Dein wehes Köppi in Ordnung zu bringen?

Heute wollte ich nach Horn schreiben, bin aber wieder nicht dazu gekommen. Denn jetzt ist es schon wieder bald 21.30 Uhr, und ich habe noch gar nichts für meine ureigensten Sachen tun können.

Nur ein Paar Strümpfe habe ich unserer Jüngsten zum Stopfen gegeben, einer 19jährigen Helferin, die wir etwas »bewahren«.

Nun recht gute Besserung und schreib mir auch, in welcher Verfassung Hilla abgefahren ist.

Was machen unsere Schulkinder? Haben sie nun einen Ranzen?

Herzlichst! Euer Vati.

83

Vernunft und Gefühl

Ernst G. kehrt nach seiner Teilnahme am Frankreichfeldzug und nach Kampfeinsätzen im Osten wieder zurück auf französisches Gebiet, um mit vielen anderen im Süden die deutschen Truppen zu verstärken. Dort wird nämlich eine Invasion alliierter Truppen vom Mittelmeer her befürchtet. In der Tat finden am 15. August 1944 die Landung und die Einnahme der wichtigsten Häfen statt. Zwei Tage später räumt die Wehrmacht den 1942 besetzten Süden.

Für Ernst G. jedoch ist offenbar anderes wichtiger: Was der Krieg bisweilen für die persönlichen Beziehungen bedeutet (siehe auch seinen Brief vom 18. November 1940). Überdies hat er das Glück, einer Gefangennahme bei dieser Operation zu entgehen, und kann unmittelbar nach Kriegsende zu seiner Frau und den beiden Kindern zurückkehren.

Im Süden Frankreichs, den 12. und 13.8.44

Mein gutes Frauchen!

Ich bin eben von einem abendlichen Spaziergang zurückgekommen. Drei Stunden sind wir zu zweit im Busch herumgestromert und wir haben den wilden Kaninchen zugeschaut. Ich hab mir die Dingerchen erst mal betrachtet. Sie sind ja arg klein, aber, weißt Du, zum Frühstück würden sie doch schon reichen. Morgen früh um 6.00 Uhr werde ich wieder losgehen. Ich will doch mal sehen, ob ich so ein paar Kerlchen nicht mitbringen kann. Ich lege Dir ein Bild bei. Ich liege da an einem Hang und beobachte den Kampf unserer Infanterie mit den Maquis [französische Widerstandsbewegung]. 700 Meter sind es von diesem Platz noch bis dahin. Dort hab ich auch den Inhalt der Münchner Kiste gefunden. Von den Aufnahmen selbst wußte ich nichts, bis gestern.

Liebste Frau, in Deinem Brief vom 11.7.44, da schreibst Du so verschiedenes von unserem innigen Verhältnis. Ja, Irene, Du hast schon recht. Es gibt Menschen, die gar nicht wissen, warum sie verheiratet sind. Man könnte manchmal annehmen, weißt Du, ich hab ja auch Gelegenheit genug hier, daß man annehmen könnte, die wissen gar nichts von Gefühlen. Die machen so einen gleichgültigen Eindruck und, ich kann mir nicht helfen, ich muß daraus schließen, daß sie auch in ihrem Innern sehr leer sind, nicht viel Gefühl haben. Ist es das Geld, oder auch der Wohlstand, was ist daran schuld? Von einer wirklichen Herzensliebe kann ja dann niemals gesprochen werden. Es kann ja sein, daß diese beiden Menschen später doch noch zusammenfinden läßt, aber der Grund der Heirat ist meiner Ansicht nach doch weit verfehlt. Wie weit das bei uns beiden zutrifft, liebste Frau, das wissen wir nur zu gut. Ich danke dem Herrgott, daß ich zu Anfang unserer Bekanntschaft nicht locker gelassen habe, obwohl ich verschiedentlich wirklich nicht mehr weiter wußte. Oft war ich am Ende und wußte nicht mehr, was ich tun sollte. Beinah hätte es mich ins Äußerste getrieben. Auf jeden Fall bewundere ich heute noch meine Sturheit, die ich damals zeigte.

Ich sagte mir eben, wenn Du nicht willst, na dann eben erst recht. Und Deine Hartnäckigkeit war das Feuer für mich und ich werde Dir dafür immer dankbar sein. Dafür habe ich Dich heute mit Deinem ganzen Herzen und mit Deiner ganzen Seele, all Dein Tun und Dein Schaffen ist nur für mich und unsere Kinder. Dein Denken gehört mir und der Zukunft unserer Familie. Wie tief muß doch die Liebe sein, die Du, liebe Frau, mir immer entgegengebracht hast bis auf den heutigen Tag. Denn aus jedem Wort und aus jeder Zeile kann ich doch lesen, wie lieb Du mich hast. Ja, das alles kann man als Wortschmeichelei oder als Schmus auslegen. Das sind aber dann solche, die das Leben auf dieser Basis verwirkt haben. Auch hat der Krieg viel Schuld daran. Die Menschheit wird leichtsinnig. Betrachten wir mal eine Frau, die auch im Krieg geheiratet hat und sich freut, endlich so weit zu sein. Sie hat nun den Mann, den sie suchte und hat damit auch das, was sie braucht. Plötzlich muß er fort und kommt nur noch selten nach Haus. Die Frau ist eben jung und sie hat Feuer im Leib. Du weißt, was ich sagen will. Sie hat erfahren, wie gut und wie schön es ist und der Mann kommt immer seltener. Und was ist, wenn sich die Frau nicht zähmen kann. Sie sucht sich heimlich das, was sie braucht und das sind heute die häufigsten Gründe, weshalb Ehen auseinandergehen. Was braucht man da noch zu schreiben von Liebe und Zusammengehörigkeit? Die Ehrfurcht vor sich selbst, vor der Frau ist doch dann zum Teufel. Und was hat man dann noch vom Leben. Ja, mein Liebes, es gibt Menschen, die das, was uns so heilig ist, in den Schmutz treten. Und das Leben der liebenden Herzen gar nicht kennen. Werden wir beneidet, mein Schatz? Aber die anderen, die sind mitleidbedürftig.

Kaltschnäuzigkeit in der Liebe gibt es selten, mein Schatz. Und wenn der Mann solche Briefe schreibt, dann hat er nicht nur die eine Frau, dann steckt auch eine andere dahinter, oder er hat sie aus irgendeinem Grunde zur Frau nehmen müssen. Sei denn, wie es ist. Wir sind in diesen Dingen noch fremd und werden es auch für unser Leben lang bleiben. Sollen sie sich selbst Gedanken machen, wie sie dem abhelfen können. Ich suche auf jeden Fall Mittel und Wege, um unsere Liebe noch fester und noch inniger zu leben, als sie es schon ist. Und das ist wiederum auch nicht leicht. Ich lebe allein nur noch für Dich, Irene, und für die Kleinen und ich bin froh und glücklich, daß ich das kann und daß ich das darf. Und möge der Krieg dauern, so lang er will. Unsere Liebe bindet er nur noch fester. Je seltener ich in Urlaub komme, desto mehr werde ich Dich und die Kinder, die Heimat lieben und schätzen lernen. Das Fundament wird nur noch härter. Und Du, liebste Frau, Du wirst unsere Liebe in Deinem Schatzkästlein aufbewahren. Du wirst sie bewahren und Du wirst sie pflegen und allen anderen fremden Einflüssen den Zutritt verwehren. Denk an unsere Herzen, liebste Irene. Sie sind ein Herz und eine Seele. Sie schlagen zusammen denselben Takt. Sie leben zusammen, auch wenn sie getrennt sind. Sie schauen sich an zu jeder Stunde. Sie fragen Dich und mich und jetzt, Irene, kennst Du meine Frage, die ich jetzt sehr gern stellen möchte? Denk doch mal an unsere Kinder. Wenn Du sie anschaust, dann weißt Du es. Unsere Herzen leben von der Treue und wo die nicht ist, da ist auch kein Leben und auch keine Glücklichkeit, keine Liebe. Wir beide wissen, was wir seit unserer Hochzeit gefunden haben. Die Tore unserer Ehe haben sich weit geöffnet. Wir haben aber auch viel gefunden. Mögen Dein Herz und Deine Seele auch weiterhin so rein bleiben und möge Dein Quell der Liebe niemals versiegen. Es ist doch meine Nahrung, gehört zu meinem täglichen Brot. Nimm all meinen Segen, liebste Frau, schlafe ruhig und selig weiter. Ich küsse Dein Gesicht und ich lege meinen Kopf an Deine Brust und schlafe mit Dir in den Sonntag.

Dein so glücklicher Ernst

84

Auf das Schlimmste gefasst

*Gerd von A.-S. (siehe seinen Brief vom 18. Januar 1944) kämpft an
zahlreichen Fronten (Holland, Frankreich, Ostpreußen, Baltikum,
Russland). Er dient in der Luftabwehr. Am 31. Oktober 1944 stirbt
er im Alter von sechsundzwanzig Jahren an Verletzungen, die er
im Kampf davongetragen hat.*

Im Felde, 18.8.44

Liebe Eltern!

Gestern erhielt ich euren Brief vom 8. August. Vielleicht
kommt der Brief Nr.16 noch an. Es ist aber schön, daß alle
anderen Briefe da sind. Denn man muss ja immer in Betracht
ziehen, daß auch viel durch Feindeinwirkung verlorengehen
kann.

Manchmal denke ich darüber nach (ich komme damit auf
deinen Brief, liebe Mama) was es ist, das einen immer wieder
antreibt, seine Pflicht zu tun, ohne Rücksicht auf sich selbst
zu nehmen. Es liegt dieses wohl tief in dem einzelnen Menschen begraben, ohne daß er es weiß und es zu Bewußtsein
kommt, bis eine Lage dieses Innerste hervorstehen läßt. Dabei geschieht dies noch unbewußt, oft ohne seine Gefühle
daraufhin bezwingen zu müssen. Das unerbittliche unseres

Lebens hier bei uns hat uns allmählich zur ständigen Bereitschaft, auch das Letzte zu tun, erzogen. Da ist aber etwas, was du liebe Mutti nie verstehen wirst.

Ich glaube, daß die Zeit dieses Krieges endlich seinen Höhepunkt gefunden hat und daß es nicht mehr lange dauern wird. Was wäre das für ein Tag, wenn die Waffen ruhen können!

Wir merken hier deutlich eine Entlastung durch die Gegenangriffe an der heimatlichen Grenze.

Wie kann man Waltraut nur ändern? Da müssen wir doch etwas gegen tun, sonst geht sie uns später unbedingt verloren mit ihren eigenartigen Anlagen, euch zu quälen. Denn das sehe ich mir nicht an und Rolf bestimmt auch nicht.

Ja, es tut wirklich wohl, Pläne über diesen Krieg hinaus zu schmieden. Jeder Gedanke an eine schöne Zukunft ist eine Erholung.

Es ist ja gut, daß meine Kiste endlich eingetroffen ist. Schade, daß ich sie nicht im Urlaub hatte. Ich wollte doch mal an meine alten Sachen, die ich jahrelang nicht vorgeholt hatte. Auch gerade an die Tagebücher meiner Potsdamer Zeit (...).

Mir geht es sonst sehr gut und ich freue mich immer, wenn ein Tag gut vorbeigegangen ist.

Lasst es Euch gut gehen und innigst von mir grüßen und küssen!

Euer Gerd!

85

Die Lichter des Himmels

Hanskarl S. erhält 1943 seinen Gestellungsbefehl; er ist damals
achtzehn. Er absolviert seinen Reichsarbeitsdienst und wird an-
schließend der Infanterie-Divisions-Nachrichten-Abteilung 20
und später der Pionier-Brigade 70 zugeteilt. Er ist Funker und
ist in der Ukraine und in Polen stationiert. Als sich seine Einhei-
ten wie alle Wehrmachtstruppen immer mehr vor der Roten Ar-
mee zurückziehen müssen, schreibt er den folgenden Brief an
seine Familie. Seit der großen Winteroffensive der Sowjets im
Januar 1945 an der Weichsel gilt der Osnabrücker als vermisst.

Im Osten, 20.8.44

Liebe Eltern!

Jetzt müßt Ihr wieder einmal so lange auf Post warten. Es ist
so schade, daß nicht regelmäßig etwas fortgeschickt werden
kann. 3 Briefe liegen nun schon wieder versandbereit. –
    Wir haben einen Stellungswechsel in eine kleine Stadt ge-
macht. Sie ist durch Bomben, Artilleriefeuer und Brand sehr
mitgenommen. Es war auch ein sehr heißer Kampf, bis die
Russen endlich aus der Stadt herausgedrängt waren. 4 Panzer
haben unsere Sturmgeschütze abgeschossen. Die Treffer liegen alle hinten, ein Zeichen, daß sie beim Rückzug erwischt

worden sind. Gestern lagen wir in einem Dorf. Zur Hälfte war es schon abgebrannt, und die letzten noch stehenden Häuser dienten als Deckung für die Wagen. Bei jedem Einsatz der Tiefflieger aber fing ein Haus bestimmt Feuer und zündete auf einige andere dann über. Die Strohkaten und Holzhäuser brennen wie Zunder weg. Man konnte sich richtig ausrechnen, wann die nächsten Häuser an der Reihe waren. Dann brach die Nacht bald an, und es wurde ruhiger. –

Ich schlafe jede Nacht draußen. Es wird schon neblig. Es schadet aber nicht. Durch die dicken Decken dringt keine Kälte, und im Sonnenschein ist alles bald wieder trocken. Es ist auch so schön, vorm Einschlafen noch einmal in die Sterne zu schauen. Es wird einem dann so feierlich zu Mute. Man denkt unwillkürlich an die Heimat, und gestern habe ich an Norgaardholz* gedacht. Dort war es abends an der See auch so schön kühl nach der Hitze des Tages. Und wenn wir dann am Strand spazieren gingen, bis die Sonne ganz verschwunden war und die ersten Sterne auftauchten, dann hatte ich das gleiche Gefühl wie gestern abend: ich war so wohlig müde und hatte doch noch keine Lust, mich schlafen zu legen, weil der Abend zu schön dafür war. – In dieser Beziehung läßt der Osten auch romantische Stimmungen aufkommen, am Tage wirkt er aber so fremd. Genau so ist diese kleine Stadt. Ihr könnt es Euch vielleicht schlecht vorstellen, wenn ich es Euch beschreibe. –

Eine deutsche Stadt kündet sich dem von auswärts kommenden durch Siedlungshäuser und Schrebergärten, später

---

* Luftkurort an der Ostseeküste in der Nähe von Steinberg in Schleswig-Holstein.

durch weit auseinandergebaute Einfamilienhäuser an. Jede Stadt ist dann noch mit Bäumen und Grünflächen geschmückt. Hier aber sieht man von Ferne schon 3stöckige Wohnhäuser, gelb oder weiß, die beim Näherkommen auch nicht an Schönheit gewinnen. Auf den Landstraßen kann der Staub wenigstens wegwehen. In der Stadt aber nicht. Man sinkt manchmal in den Pulverstaub richtig ein. – Und die Häuser sind alle gleich, ob sie aus Lehm, Stein oder Holz bestehen. Sie haben die gleiche dreckige Farbe, die gleich dreckigen Höfe und die Menschen sehen am Sonntag nur sauberer aus. Um hier eine Wandlung zu schaffen, müßten völlig andersgeartete Menschen das Land bewohnen. – So plötzlich, wie die Grenzen zwischen Stadt und Land, sind sie wohl sonst nirgendwo. Ich kann es wohl verstehen, daß die Besiedelung des Ostens so schwer ist. In Posen und Westpreußen, wo ein gewisser Teil der Bevölkerung rein deutsch ist, geht es noch. Aber im Generalgouvernement kann für Deutschland, so lange es dort nicht mit eigenen Bauern arbeitet, nur Ausbeutungsland sein[*]. Das haben wir bisher ja auch getan. Es ist nur schade, daß durch den Vorstoß des Russen die Ernte für uns verloren ging. Es stand alles so wundervoll auf dem Halm und nun ist das Erntewetter auch so gut. Augenblicklich geht bei uns Deutschen ja alles schief. –

Es ist so manches komisch auf der Welt. Ihr sorgt Euch um mich, weil ich in der Gefahr bin. Und mir macht diese Gefahr

---

[*] Der Generalplan Ost sah vor, Teile des Generalgouvernements ebenso wie andere Gebiete im Osten zu rein deutschen Kolonien zu machen. Deutsche Bauern sollten dort angesiedelt werden und das Land bewirtschaften, und die slawische Bevölkerung, die nicht deportiert würde, bekäme quasi den Status von Sklaven.

gar nichts aus. Nun braucht Ihr nicht glauben, daß ich leichtsinnig bin. Das ist [mir] schon gleich nach den ersten Schlachtfliegerangriffen und Artillerieschüssen vergangen. Ich weiß aber jetzt genau, der Schuß geht woanders hin, weil er eben so pfeift, und der Schuß geht in die Nähe, weil er so pfeift. Das zu unterscheiden lernt man schneller als man glaubt. Und weil ich nun schon etwas Erfahrung habe, regt mich ein bißchen Geschieße gar nicht mehr auf. Man muß aber die Gewißheit haben, daß ausreichende Deckung vorhanden ist. Sonst ist es auch schlecht bestellt. Da nun aber gesicherte Fronten sind, können in Ruhe gesicherte Deckungslöcher ausgehoben werden. Es ist sonderbar, daß ein Mensch in der Erde sich am sichersten fühlt.

18.00. Ich habe wundervoll auf dem Sofa in der Apothekerswohnung geschlafen. Es ist ein ganz anderes Gefühl, wenn man schön weich schläft. Ungewohnt ist es aber auch. Die Artillerieduelle brechen nicht ab. Hoffentlich geht dem Russen bald die Luft aus.

Ich grüße Euch herzlich
Euer an Herz u. Leib gesunder
Hanskarl.

86

Scharmützel

Der 1924 in Berlin-Neukölln geborene Lutz R. ist Junggeselle. Er erhält seinen Gestellungsbefehl im Februar 1923 und dient als Soldat im Grenadier-Regiment 273. Er kämpft an der nordrussischen Front und später an der Westfront in den Vogesen und wird im Februar 1946 entlassen. Aus Frankreich schreibt er den folgenden Brief an seine Eltern. Gegen Kriegsende gerät er in amerikanische Kriegsgefangenschaft.

Westen, den 30.9.44

Liebe Eltern!

Heute ist der Tag, an dem ich den höchsten Grad der Gemeinheit erreicht habe, ich bin Gefreiter geworden. Obwohl ich eigentlich nur den Winkel suchte, wo man die »Klamotten« hinwerfen kann, hat man mir doch erst diesen gegeben.[*] Ich bitte nun dieses in der Anschrift zu berücksichtigen. Im Wehrmachtsbericht wird es kaum erwähnt werden. Die Anrede Herr Gefreiter werde ich mir vorbehalten.

---

[*] Aufgrund der schweren Verluste, die die Wehrmacht zunehmend erlitt, wurden die Soldaten rascher befördert.

Weil ich vorhin gerade etwas vom Wehrmachtsbericht schrieb, fällt mir noch etwas ein. Im heutigen OKW-Bericht wurde unser Regiment (1120) erwähnt, dazu auch unser Rgt.-Kdr. Wie Ihr wohl wisst, werden meistens die Truppenteile erwähnt, die die meisten Ausfälle haben. Ich kann sagen, bei uns ist das der Fall. Unsere Kompanie ist vorn noch 9 Mann stark, ich glaube das sagt alles, zumal unsere Kompanie bei weitem die stärkste ist. Bei der Abwehr treten diese Verluste nicht ein, nur bei den Gegenangriffen. Der letzte Gegenangriff von uns zeigte auch ein Beispiel von der Raffiniertheit der Amerikaner. Am frühen Morgen wurde ein Spähtrupp gemacht, ob ein bestimmter Waldrand vom Feind besetzt ist, der Spähtrupp stieß über den Waldrand hinaus und stieß auf keinen Gegner. Am Morgen startete nun der Gegenangriff. Kurz vor dem Waldrand wurde auf unsere Leute plötzlich von 15 m ein wildes Feuer eröffnet. Ihr könnt Euch natürlich denken, daß darauf alles was noch am Leben war kehrt machte. Da auch ein Fluß zu überwinden war, wurde das Maß des Unglücks noch voll. Der Waldrand war also, als der Spähtrupp dort war, doch besetzt. Der Feind wußte genau, was die Leute dort wollten und verhielt sich deshalb mäuschenstill. Der Angriff konnte auch nicht stark genug geführt werden, da kein M.G. dabei war, weil alle im Verlauf der vorherigen Kampfhandlungen verloren gegangen waren. Daher muß man den ungeheuren Heldenmut der Angreifer anerkennen. Nun aber genug von Krieg.

Außer mir sind noch einige Unteroffiziere zum Feldwebel befördert worden, daher feiern wir diese Angelegenheit etwas feucht. Weiterer Bericht folgt da die Feier noch nicht beendet.

Da wir uns laufend Schweine organisieren, fehlt es an guter Verpflegung überhaupt nicht mehr. Morgens gehört etwas Gebratenes schon zur Tagesordnung. Heute war es sogar ein »klosettdeckelgroßes« Kotelett, wenn es auch nicht gerade so groß war, so entsprach es doch einer Wochenration in der Heimat. Ich kann mit gutem Gewissen sagen, daß ich bisher mindestens einige Pfund zugenommen habe. In dieser Beziehung ist hier also für jeden Soldaten gesorgt.

Nun, Schluß für heute. Seid nun herzlich gegrüßt und geküßt von

Euerm Lutz

87

Himmler spricht

Hans-Reinhold T. ist Unteroffizier im Panzer-Regiment 29. Als er diesen Brief schreibt, ist die Rote Armee auf dem Vormarsch durch Polen, stößt im Herbst 1944 jedoch in Ostpreußen auf heftigen Widerstand. Hans-Reinhold T. überlebt den Krieg und kehrt nach vielen Monaten in sowjetischer Kriegsgefangenschaft nach Deutschland zurück.

Zinten*, den 18.10.44

. Mein liebes, liebes Hannerle!

Hab' vielen herzlichen Dank für Deine lieben Briefe v. 13. + 15. X. beide haben mich wieder so unsagbar glücklich gemacht. Du hast wieder so nett geschrieben, daß ich in mir eine seltene freudige Brandung [...] fühlte. Eine Brandung, die alle schönen Stunden unseres bisherigen Zusammenseins klar und deutlich in Erinnerung rief. Es scheint wie ein physikalisches Naturgesetz seinen Gegenpol gefunden zu haben; denn die Zeichen Deiner wahren Liebe wirken in der Wiedergeburt der erlebten Erinnerung aufs Neue in mir – gerade so,

---

*   Heute Kornewo, eine Siedlung im Verwaltungsgebiet Kaliningrad, dem russischen Teil des ehemaligen Ostpreußen.

als wenn ich jetzt bei Dir wäre. Da kann man einfach nicht sagen: »Mein Liebling weißt Du noch?« Wie könnte man überhaupt an ein Vergessen dieser Stunden denken.

Meine liebe Jo, wenn Du nun zu Hause allein bist und Dir noch einmal alles vor Dir aufbaust und Deine Sehnsucht Dich um mich bangen läßt, so bitte ich Dich, genau so zuversichtlich und furchtlos zu sein, wie ich.

Vor einer Stunde hat Reichsminister Himmler im Radio vor der ersten Volkskompanie gesprochen und uns nochmal auf die blutige Gefahr aufmerksam gemacht, die uns drohen könnte, wenn wir in diesem gigantischen Ringen den Mut sinken lassen wollten und nicht alle unsere Kräfte dem Feind entgegenstemmen würden. Hier kann es mal über Nacht losgehen, ob ich da nun in einem Panzerwagen sitze oder als infantr. Gruppenführer meine Pflicht tue, ist völlig belanglos, entscheidend ist allein die Zuversicht zu unserer guten Sache.

Doch ich will Dich nicht mit all diesen Tatsachen erschrecken, sondern wir wollen stets treu und lieb zueinander stehen. – Auch das geht vorüber, und die Sonne bricht wieder durch das Dunkel, die uns noch viele Freuden in unserem jungen Leben bringen wird. – Da bin ich ganz gewiß!

Wie geht es Dir, mein liebes, kleines Hannerle? Du wirst sicher den kleinen Hubert gerade zu Bett gebracht haben und vielleicht an mich schreiben?

Nun will ich Dir auch den Geburtstag meiner alten Dame schreiben, sie hatte am 9.9. Geburtstag. Unsere ganze Familie hat im September Geburtstag. Mein seliger alter Herr hatte am 22. Sept. seinen Ehrentag.

Mein Liebling, heute will ich Dir nun die langgewünschte Locke beilegen und Dir bei dieser Gelegenheit sagen, warum ich nicht schon eher Deinen Wunsch erfüllt habe. Sieh hier auf meine Stube, wo ich mit anderen Kameraden zusammen bin, die es einfach lächerlich finden würden, wenn ich mir eine Locke abschneiden würde, ich bin überzeugt sie würden mich auslachen, weil sie vielleicht den tiefen Sinn dieser Handlung nicht begreifen. Jetzt bin ich nun allein und brauche diese Befürchtung nicht zu haben. Möge Dir diese kleine Locke immer wieder den nötigen Mut geben und alle unsere Wünsche bald in Erfüllung gehen zu lassen.

Mein Herzchen, für heute will ich schließen. Bleib gesund und munter sei tausendmal gegrüßt und geküßt

von Deinem Hannes

88

Weihnachten in Australien

Ungefähr 1600 Kriegsgefangene der Achsenmächte werden in Australien gefangen gehalten. Es handelt sich zumeist um Soldaten, die in Nordafrika gekämpft haben, oder um Mitglieder der Kriegsmarine. Die meisten Offiziere sind wie der Schreiber des folgenden Briefs in Dhurringile interniert. Geboren 1916 in Birnbaum in Oberfranken, wird Wilhelm G., im Zivilleben Lehrer, bei der Luftwaffe zum Piloten ausgebildet. Als Oberleutnant Angehöriger des Lehr-Geschwaders 1, wird er an der nordafrikanischen Küste abgeschossen und gerät in Kriegsgefangenschaft. Den Rest des Krieges verbringt er in Australien. Ob er später heimkehrt oder in Australien bleibt, ist nicht bekannt.

Dhurringile, 26. Dezember 1944

Liebe Eltern und Brüder!

Obwohl der erhoffte »Weihnachtsbrief«, von dem ich kürzlich schrieb, doch nicht mehr angekommen ist, habe ich doch verhältnismäßig nette Festtage. Das Paket vom Juli erhielt ich, wie schon mitgeteilt, gerade zur rechten Zeit um die festliche Stimmung etwas anzuregen. Im übrigen war wie in früheren Jahren alles getan worden, um ein richtiges Weihnachten zu gestalten. Zum ersten Male hatten wir sogar zwei echte Christbäume nämlich Fichten. Auf unserer Stube, wo wir nach einer kurzen gemeinschaftlichen Feier im kleinen Kreise den heiligen Abend verbrachten, haben wir zwar nur ein kleines künstliches Gebilde auf dem Kaminsims stehen, das aber einem wirklichen Tannenbäumchen fast zum Verwechseln ähnlich sieht und uns ausgezeichnet gefällt. Es stammt, wie eine Reihe anderer kleiner Geschenke, vom Deutschen Roten Kreuz. Natürlich waren die Tage trotz allen guten Willens nicht so schön wie in früheren Jahren daheim bei Euch. Das kann niemand erwarten. Bei Euch, liebe Eltern, wird es wahrscheinlich ziemlich einsam gewesen sein. Die rechte Stimmung und Freude wird auch gefehlt haben. An solchen Tagen wird auch die Erinnerung an unseren lieben Adalbert ganz besonders schmerzlich. – Vielleicht hat Euch Erna mit den Kindern über die Feiertage besucht? Sie hat mir schon längere Zeit nicht mehr geschrieben, hoffentlich geht es ihr wieder etwas besser. Meine Brüder werden wahrscheinlich wenig von Weihnachten gespürt haben. Ich denke oft an sie, wenn ich von den schweren Kämpfen an den Fronten lese. Ich hoffe, daß es ihnen und Euch, liebe Eltern, gut geht. Dem neuen Jahr gehe ich mit Hoffnung und Zuversicht entgegen. – Tausend liebe Grüsse!

Euer Wilhelm

89

Neujahr 1945

Das neue Jahr steht unter keinem guten Stern für die Wehrmacht. Auch wenn ein paar Offensiven, vor allem in den Ardennen, den Vormarsch der Alliierten kurzfristig aufhalten können, hat die Rote Armee im Osten bereits Budapest besetzt. Die deutsche Armee, erschöpft durch die ständigen Verlegungen von Einheiten von einer Front an die nächste, ist geschwächt und leidet unter ernsten Versorgungsproblemen.

Nachdem er in Nordrussland, insbesondere bei Leningrad, gekämpft hat, zieht Adolf D, 1909 in Hannover geboren, sich mit seiner Einheit, der Panzerjäger-Abteilung 196, in den Südosten des »Großdeutschen Reiches« zurück – vermutlich in die Tschechoslowakei. Er gerät in amerikanische Kriegsgefangenschaft, aus der er jedoch bereits im Mai 1945 entlassen wird.

Absendestelle: Hfw. A.D. auf dem Transport.
1te Meldung
Ort: im Packwagen
Dat.: 1.1.45
Zeit: 18 Uhr, beendet 21 Uhr

An meine liebe Marieluise!

Der erste Brief im neuen Jahr soll für Dich sein. Er wird auf dem Transport zu einem neuen Kriegsschauplatz im Osten geschrieben. Wir haben ganz kurz Deutschland berührt, sind dann aber nach dem Südosten abgebogen. Die Fahrt war erträglich. Da Mangel an Mannschaftswagen war, kam ich mit meinen 18 Mann in den Packwagen. Ein bißchen eng zum Schlafen, aber sonst ganz angenehm. Der Ofen heizt gut, im Postabt. ist die Verpflegung gut gekühlt untergebracht. Da man durch die Fenster vor Dreck u. Verdunkelungsanstrich nichts sehen kann, wird die meiste Zeit geschlafen. Zuerst ging die Fahrt sehr flott, jetzt müssen wir oft lange warten auf den Stationen.

Am Sylvester-Abend hörten wir Dr. Goebbels seine Ansprache.[*] Sie war wieder zuversichtlicher als die letzten. Ein tschechischer Zugführer machte dann sehr interessante Ausführungen über die Stimmung in dem Protektorat[**]. Sie ist deutschfreundlicher als wir gedacht hatten. Nur eben die höheren Schichten sind wie immer die Stärkeren. Seine Ausfüh-

---

[*]   In seiner Silvesteransprache versprach Joseph Goebbels den Deutschen den »Endsieg«.
[**]   Gemeint ist das Protektorat Böhmen und Mähren.

rungen über die Schuhfabrik Batia u. seine Gründer waren sehr wissenswert u. so ging die Zeit im Fluge dahin. Ich konnte vom Zahlmeister noch 3 Flaschen Schnaps besorgen, so daß wir nicht ganz trocken ins Neue Jahr rutschen brauchten. Um 10 Uhr legte sich alles schlafen. Das Radio lief weiter. Ich erwachte vom Glockengeläute u. weckte alle. Wir haben einander zugetrunken. Jeder wünschte dem anderen recht viel Kriegsglück, zumal es in einen neuen Einsatz geht. Solch eine Sylvesterfeier habe ich auch noch nicht mitgemacht. Alles war um das Radio geschart u. wartete auf die Rede des Führers. Meine Gedanken wanderten einige Jahre zurück. Wie waren die Minuten so ganz anders. Da konnte ich mein Lieb in die Arme nehmen u. herzhaft küssen u. lieben. Wir zwei waren für uns, konnten uns unsere Glückwünsche u. Wünsche sagen. Zwei Menschen waren voller Liebe u. Glück. Wie anders waren die Kriegssylvester draußen in den Bunkern. Unter Kameraden in froher Stimmung. Dieses Mal waren alle ernst. Harte Gesichter, die angespannt auf die Worte des Führers warteten. Die Flasche Nordhäuser wurde nicht einmal leer. Als die Rede zu Ende war, legte sich jeder wieder schlafen in dem Bewußtsein, daß er in Kürze wieder seinen Beitrag für die Größe u. das Bestehen Deutschlands geben müßte. Es war eine heilig ernste Stimmung nach den Worten des Führers. Sie waren auf fruchtbaren Boden gefallen. Wir kämpfen für unsere Lieben daheim war die Parole. Und ich glaube, jeder ist mit seinen Gedanken daheim gewesen, ehe er eingeschlafen ist. Ich habe noch lange wach gelegen u. an Dich u. die Kinder gedacht. Viele schöne Stunden kamen wieder ins Gedächtnis zurück u. rollten nochmals beinahe lebenswahr an mir vorüber. Meine liebe Marlies, es waren doch schon viele schöne Tage, wofür wir dankbar sein müssen. Den großen Verlust, den uns die feindlichen Bomber bereitet haben, werden wir bald überwunden haben; wenn der Krieg siegreich für Deutschland beendet ist. Wenn ich Euch erhalten bleibe, werden wir gemeinsam aufbauen, vielleicht ein noch schöneres Heim als zuvor. Bleiben wir beide gesund, wird das Glück bald wieder bei uns sein. Sollte ich nicht zurückkehren, so trauere nicht um mich. Ich habe dann mein Leben für Dich u. die Kinder gegeben, damit sie in einer besseren Zeit aufwachsen u. Du mit ihnen einer besseren u. schöneren Zukunft entgegen gehst. Du wirst Euer Heim dann ebenfalls so einrichten, als wäre ich noch bei Euch. Ich habe Dich u. die Kinder sehr lieb u. möchte, daß Ihr notfalls auch ohne mich gut u. zufrieden weiterleben könnt. Doch vielleicht ist [mir] das Kriegsglück weiterhin hold u. ich kann am Schluß des Krieges zu Euch zurückkehren u. weiter für Euch sorgen u. mit Dir Glück u. Leid für hoffentlich noch recht lange Zeit teilen. Dann können wir auch beide noch recht viel Freude an unseren Kindern haben. Dieses waren meine Gedanken, die mich für eine weitliegende Zeit bewegten.

Das naheliegende ist der Urlaub, der mir evtl. gewährt werden soll, um Dir Deine augenblicklichen Sorgen zu nehmen. Hoffentlich wird es was u. hoffentlich bist Du dann bereits wieder einigermaßen gesundheitlich auf der Höhe, damit wir nach so langer Trennung auch etwas voneinander haben. Etwas wird es ja noch dauern, aber wer weiß wie lange meine u. Deine Post unterwegs sein werden. Ich werde natürlich versuchen, einen Brief einem Urlauber mitzugeben, damit Du noch rechtzeitig in Zahnbehandlung gehen kannst, falls es ohne diese nicht abgehen sollte. Vielleicht ist Dein Gesicht wieder abgeschwollen u. die Entzündung zurückgegangen. Meine Absicht ist, um die Mitte bis Ende Januar zu fahren. Ich muß bzw. werde mich nach dem Einsatz richten. Es hat nun so lange gedauert; dann wird es auch noch diese paar Wochen dauern können. Das Kriegsschädenamt muß eben auch warten. Außerdem sollte ich mich auch etwas nach Deinen Daten richten, die Du mir wohl in einem Deiner nächsten Briefe mitteilen wirst. Ich schreibe über den Urlaub in den letzten Briefen oft das Gleiche, da ich nicht weiß, welches meiner Schreiben Dich am ersten erreichen wird. Wenn ich man erst bei Dir u. den Kindern wäre. Du kannst Dir denken, daß ich grade jetzt ungeduldig auf Post von Dir warte u. nun wird es durch die Verlegung grade lange dauern, u. außerdem sind wir jetzt räumlich wieder weiter entfernt. Man muß überhaupt abwarten, wie viel Tage die Post normal brauchen wird.

Nun, meine liebe Marlies, will ich meinen Brief beenden mit dem Wunsche, daß unsere Erwartungen, die wir in das Jahr 1945 gelegt haben, auch in Erfüllung gehen. Der erste Wunsch auf Urlaub wird hoffentlich bald erfüllt werden. Wir können dann endlich all die vielen brieflich gesandten Küsse von 16 Monaten in die Wirklichkeit umsetzen. Ich glaube, wir kommen da mit 20 Tagen gar nicht aus. Grüße die lieben Kinder u. sei Du herzlich gegrüßt u. innigst geküßt von Deinem Dich heißliebenden

Atte

90

Ängste

Ludwig K. hat seiner Tante von seiner Verwirrung über die Kameraderie geschrieben, die in seiner Truppe herrscht (siehe seinen Brief vom 14. März 1943). In der Folge nimmt er an der Niederschlagung des Warschauer Aufstands teil, bevor er in Pommern* stationiert wird. Dort schreibt er einen Brief an seine Mutter, um ihr seine Ängste angesichts eines ungewissen Schicksals mitzuteilen. Er ist zu diesem Zeitpunkt Kadett. Kurz nachdem er diesen Brief geschrieben hat, gerät er in sowjetische Kriegsgefangenschaft. 1946 wird er entlassen und kehrt nach Deutschland zurück.

---

* Ursprünglich ein slawisches Herzogtum, wurde Pommern im Westfälischen Frieden von 1648, der den Dreißigjährigen Krieg beendete, zwischen dem Kurfürstentum Brandenburg und Schweden aufgeteilt. 1815 fiel es auf dem Wiener Kongress, der Europa nach der Napoleonischen Ära neu ordnete, ganz an den Brandenburger, der inzwischen König von Preußen war. Seit dem Ende des Zweiten Weltkriegs gehört der östliche Teil der ehemals preußischen Provinz mit den Städten Stettin und Danzig zu Polen, während der westliche Teil seit der deutschen Wiedervereinigung das Bundesland Mecklenburg-Vorpommern bildet.

Liebe Mutter,

Dieser Brief ist insbesondere für Dich bestimmt; denn man kann ja nicht jedem seine innersten Gefühle aussprechen. Aber mich drängt es, das einem lieben Herzen auszusprechen, was mir das Herz fast zersprengt.

Wir sind nun Infanteristen – das heißt wir leben mit 8 Mann in einem Bunker mit 6 Lagerstätten und einem Raum von $1\,^1/_2$ mal 2 Meter, ohne Türe, ohne Licht, ohne Ofen bei 15–20 Grad Kälte und Schneesturm. Dann haben wir im Laufe der Tage uns eine Tür nageln können und einen Ofen organisiert; jetzt können wir wählen zwischen Rauchvergiftung und Dunkelheit oder Licht und Kälte. Dabei sitzen wir nur mit dem Nötigsten, ohne Waschzeug und Bequemlichkeiten. Tagsüber schaufeln wir in eisiger Kälte die Gräben schneefrei, nachts stehen wir bei noch größerer Kälte 3, 4 Stunden Wache, während der Graben wieder voll schneit. Essen ist wenig und kalt. Und dann kommen nichts als kleine Ärgernisse dazu, die so gut zu vermeiden gewesen wären. Man darf das alles nicht bedenken! Hierher sind wir erst in Tag und Nachtmarsch die 40 km mit Gepäck marschiert.

Aber was ist das alles gegen die Seelennot. Es ist nicht die Angst vor der Todesgefahr, sondern nur das Erbeben vor dem großen, drohenden Ungewissen. Wenn man wüßte, man fällt, wir würden damit fertig werden und uns darauf vorbereiten, Aber gerade die Möglichkeit, wieder heraus zukommen und in Jüterbog* den Lehrgang in Ruhe zu beenden, gefangen, verwundet in russische Hände zu fallen, die schönste Lebenszeit so dahinzuvegetieren und die große Herzensnot, was bringt das Morgen für unser Volk, wann wird endlich wieder Friede, wie werden wir später unser Leben aufbauen können? Wie weit verwüstet der Russe und der Krieg noch unser liebes, deutsches Land. Wohin führt das alles!!

Bald möchte man wünschen, alles muß möglichst bald in einer großen Katastrophe enden, man müßte krank werden, um im Lazarett in Mitteldeutschland das Ende zu erleben oder man wäre in amerikanischer Gefangenschaft. Kaum wagt man aber so etwas zu denken, da stößt man es wieder weit von sich und schämt sich seiner selbst. Aber daraus siehst Du, wie zerrissen, zerwühlt meine Seele ist. Und ich finde keine Ruhe – bis ich mich im Graben hinkniete und betete, heißer und inniger als je. Beten dürfen, das ist noch unsere einzige Erlösung: Herr, Dein Wille – geschehe! Jesus, Dir leb ich**, Dir sterb ich, Dein bin ich im Leben und im Tode. Es muß ja alles gut sein und werden, denn Du bist Herr über Leben und Tod. Wenn man nur in Träumen Erleichterung finden könnte!

Mutter! Wann ist diese Zeit zu Ende! Aber wir wollen stark bleiben. Herzlichen Gruß

Dein Ludwig

91

Pulverfass Balkan

Im Herbst 1944 startet die Rote Armee, unterstützt durch Titos Partisanen, eine Offensive auf Belgrad. Diese Operation läutet für die Wehrmacht das Ende auf dem Balkan ein und zwingt sie zum Rückzug aus Mazedonien, Bosnien und Slowenien. Eine Verteidigungslinie wird an der Front bei Srem errichtet. Die unablässigen Angriffe, die jetzt noch durch die 2. bulgarische Armee verstärkt werden – Rumänien hat nach einem Staatsstreich die Seiten gewechselt –, sind sehr verlustreich für die Deutschen. Der Durchbruch am 12. April 1945 beendet den Befreiungsfeldzug auf dem Balkan.

Heinrich E. wird 1910 geboren. Er ist verheiratet, hat vor dem Krieg in einer Bank gearbeitet und gehört dem Sicherheitsbataillon 935 an.

Den 16. Januar 1945

Herzliebe Frau!

Noch immer bin ich ohne Nachricht von Dir. Heute ist zwar wieder Post eingetroffen, aber für mich war leider nichts dabei. Wir liegen jetzt 45 km hinter Sarajewo* und sollen sehr

---

* Von 1818 bis 1941 gehörte Sarajewo zum Königreich Jugoslawien, danach zum faschistischen Vasallenstaat Kroatien. Heute ist es Hauptstadt von Bosnien und Herzegowina.

wahrscheinlich zur Bahnstreckensicherung eingesetzt werden. Im Augenblick habe ich ein fabelhaftes Quartier in einem Bauerhause und bin gerade frisch gewaschen und rasiert, habe die Schuhe geputzt, die Kleidung gesäubert, Strümpfe gestopft usw. Das Zimmer, in dem ich liege, hat Doppelfenster und es steht ein Ofen drin. Das Geschwür an meiner Hand ist auch bald heil und körperlich fühle ich mich soweit wohl.

Liebes Mutzelchen, ich will dir mal schildern, wie unser Marsch bis hierher verlaufen ist. Am 20. Okt. wurden wir ja in Larissa verladen und fuhren mit dem Zug bis Gudova[*] an der griechischen Grenze. Von dort begann der Fußmarsch über Strumiza[**], Skip, Veles, Skopje immer unterbrochen durch Einsätze (Brücken-Straßensicherung) usw. Ganz am Anfang habe ich durch starken Regen fast die Hälfte meiner Zigaretten, mein Schreibpapier (Kuverts usw.) eingebüsst. Da Zeug war klatschnass und unbrauchbar geworden. Dann hieß es »Marscherleichterung«, und wir mussten alle entbehrlichen Ausrüstungsgegenstände vernichten. Ich bin nur noch im Besitz von drei Hemden, zwei Unterhosen, drei Paar Strümpfen und sonstigen Kleinigkeiten. An privaten Sachen habe ich kaum noch etwas, nur das Nähetui, Tabak und Zigaretten. Meine Zigarren sind alle geworden, auch habe ich keins von den Trikots mehr, weil sie total verschlissen waren. Doch nun weiter zu unserem Rückmarsch: Bis Skopje istt es so einigermaßen gut gegangen. Das Gebiet (Strumitzatal)

---

[*]   Es handelt sich vermutlich um Gevgelija, eine Stadt in der Region Bojmija im Südosten Mazedoniens unweit der griechischen Grenze.
[**] Strumica in Mazedoniens nahe der Grenze zu Bulgarien und Griechenland.

war ziemlich flach und das Wetter gut. Auch hatten wir da noch genügend Verpflegung. Wohl gab es damals noch viele Fliegerangriffe und man konnte viele zerstörte Fahrzeuge am Wegesrand sehen. Von Skopje aus konnten wir nun nicht mehr Richtung Belgrad, sondern mussten nordwestlich nach Sarajewo. Zunächst ging es noch der Belgrader Strecke entlang über Mitrovica, Pristina nach Raska*. Alles Namen, die in den Wehrmachtsberichten und sonstigen Berichten genannt wurden. Hier hatten wir schon schwierige Bergstrassen zu überwinden und vor allen Dingen schlechte Witterung, und wir marschierten in Regen und Schlamm, sehr oft bei Tag und Nacht, ohne Quartier zu machen. Bis kurz vor Weihnachten haben wir sowieso größtenteils noch im Freien geschlafen. Von Raska aus marschierten wir dann direkt westlich nach Novi Pazar** und kamen bei Wischegrad*** an die kroatische Grenz. Auf dieser Strecke hatten wir die schlimmsten Strapazen mitzumachen, die Verpflegung wurde knapper und vor allen Dingen kamen Schnee und Frost dazu.

Weihnachten und Sylvester waren wir auf der Landstrasse. Du mußt dir vorstellen, daß wir nur Pferdefuhrwerke haben und vor allen Dingen nur griechische Karren und Pferde. Auf den steilen Passstraßen mußte nun jedes Mal die Kompanie heran, und mit Ziehen und Rücken brachten wir Wagen und Pferde über die Berge herüber. Es war eine tolle Schinderei, und dazu kam dann noch, daß wir öfters den ganzen Tag

---

*   Diese drei Städte liegen im Kosovo.
**   Stadt im Südwesten Serbiens, nur wenige Kilometer von der Grenze zum Kosovo entfernt.
*** Višegrad, Kleinstadt im östlichen Bosnien und Herzegowina.

nichts zu essen kriegten, weil die Küche während der Fahrt nicht kochen konnte. Sehr unangenehm waren die Wartezeiten auf der Landstrasse. Trat auf diesen engen Strassen eine Verstopfung ein, das war ein Fluchen und ein Schimpfen und einer kotzte den anderen an. Man kam sich vor wie ein Zigeuner, so ein Landstrassenleben war man [nicht?]gewöhnt.

Liebes Liebelein, das ist so in großen Zügen unser Marsch bis Sarajewo gewesen. Also von Wischegrad ging es über Rogalice* nach S. Die bosnische Hauptstadt ist fast unzerstört, sehr groß (ca. 80 000 Einwohner) und sehr modern. Leider waren wir nur zwei Tage dort, bei sehr schlechtem Wetter.

---

*   Rogalj, Stadt in Bosnien und Herzegowina.

92

Letzte Verwundungen

Dies ist der letzte Brief von Gottfried S. Nach dem Abitur wird er im November 1941 zur Wehrmacht eingezogen und mit verschiedenen Einheiten, darunter der 73. Infanterie-Division, in die Ukraine, nach Russland und nach Rumänien geschickt. Im Januar 1945 erliegt er in einem Lazarett seinen schweren Verletzungen.

Auch zwei seiner Brüder kämpfen im Krieg: Konrad Johannes kehrt nach mehreren Jahren in einem Kriegsgefangenenlager in Großbritannien 1948 nach Deutschland zurück; Bernhard Jacobus stirbt 1945 neunzehnjährig in Gefangenschaft.

Thorn[*], 18.1.1945

Liebe Mutter + Ihr Lieben alle!

Wie ihr sicher schon wißt, liege ich hier in Thorn im Kriegslazarett. Meine Verwundungen sind 3–4 M.P. Lungendurchschüsse und der rechte Arm ist ganz zerschmettert, bleibt aber sicher mir erhalten. Ihr könnt Euch denken, daß ich viel Schmerzen zu ertragen habe. Vom Lazarett aus wurde ein Telegramm abgeschickt,

---

[*]   Thorn, eine Gründung des Deutschen Ordens und spätere Hansestadt, kam 1793 an Preußen. Heute gehört Toruń zu Polen.

daß mich eines meiner Lieben hier besuchen kann, und [ich] hoffe, daß Euch dasselbe inzwischen erreicht hat. Ich ließe es an Julia adressieren, da für Dich liebe Mutter der Weg zu beschwerlich ist. Selbstverständlich wäre die Freude sehr groß, wenn von Euch Lieben recht bald eines erschiene und mich besuchte. Ich habe öfters hohes Fieber und damit verbunden viel Durst. Hoffentlich geht es Euch Lieben allen gut und Ihr seid gesund und munter. Bernhard hat mir auf Neujahr geschrieben. Schreibt bitte, wo die anderen Brüder stehen und wie es ihnen geht. Diesen Brief schreibt Ihnen eine Freiburgerin, die auch ihren Sohn schwer verwundet hier liegen hat. Ich habe diese beschwerliche Reise bereits zum zweiten Mal gemacht. Wie ich durch die Schwester erfuhr, daß hier ein Landsmann liegt, habe ich selbstverständlich bei Ihrem Sohn gleich Besuch gemacht und schaue alle Tage mal nach ihm. Viele Grüße und ein baldiges frohes Wiedersehen Euer

Gottfried

Frdl. Gruß unbekannterweise Frau Maria Finkel [?]

93

Der Zusammenbruch

Laut seinen Kameraden wird der Unteroffizier Heinrich E. (siehe seinen Brief vom 16. Januar 1945) bei einem Angriff jugoslawischer Partisanen am Oberschenkel verletzt. Da es keine Möglichkeit gibt, ihn zu transportieren, wird er an Ort und Stelle zurückgelassen. Es ist nicht bekannt, ob er in Gefangenschaft gerät oder ob er an seiner Verletzung stirbt. Ende Februar 1945 verliert sich jede Spur von ihm.

Samstag, den 27.1.1945, morgen 3 Uhr

Herzliebe Frau!

Und wieder muss ich meinen Brief damit beginnen, daß ich noch immer ohne Nachricht von Dir bin. Diese Ungewissheit über dein Schicksal ist schwer zu ertragen. Du kannst dir wohl vorstellen, daß ich mir die größten Sorgen mache, denn seit 4 Monaten bin ich jetzt ohne jedes Lebenszeichen von dir. Ich hoffe, daß du alle meine bisherigen Briefe erhalten hast. Liebes Mutzelein, in was für einer schweren Zeit leben wir doch! Wenn man die augenblicklichen Wehrmachtsberichte liest, dann kann einem nur Angst und Bange werden. So schlecht hat es für uns noch nie gestanden. Wie soll das alles noch mal enden? Ich hatte angenommen, die Amerikaner wären aus dem Raume von Aachen vertrieben, aber das ist ja nicht der Fall und Köln ist doch bestimmt so bedroht wie z. B. Breslau[*].

Wo magst du dich aufhalten? Ob du noch gesund und wohlauf bist? Steht unser Heim noch? Wie wird es in der Heimat aussehen? Ob unser Leben überhaupt noch mal normal wird? Das Jahr 1945 wird für uns noch schwerer als 1944 sein. Es muß uns unbedingt das Kriegsende bringen. Liebes Mausepänzchen, du hast aus meinen vorigen Briefen ersehen, daß wir momentan festliegen und zur Bahnstreckenüberwachung eingesetzt sind. An sich hätte man jetzt Zeit, sich von den Strapazen des Rückmarsches zu erholen. Der Dienst ist nicht schwer und zu ertragen, aber wir haben fast alle irgend etwas am Balge. Viele haben, wie ich auch, mit Geschwüren zu tun, ca. 6 Mann sind schon ins Lazarett gekommen und eine Reihe Kameraden liegen noch mit leichteren Fieberkrankheiten hier. Ich habe jetzt 10 Furunkel am Körper und werde außerdem noch von Durchfall geplagt, mit der Blase ist es ganz schlimm, und ich muß nachts alle 1–2 Stunden aufstehen, um auszutreten. Die Furunkel machen mir zu schaffen, und ich kann kaum schlafen. Aber auch das wird ja vorübergehen.

Mit unserer Verpflegung sieht es nicht besonders aus, und man hat nichts bzw. nicht das, was der Körper braucht, um wieder richtig zu Kräften zu kommen. Es ist nur gut, daß wir hier auf dem Lande sind, denn gegen Tabak und sonstige Sachen kann man bei den Bauern Brot usw. eintauschen. Wir befinden uns hier in einer ausgesprochen mohammedanischen Gegend, wo die verheirateten Frauen alle noch verschleiert herumlaufen, dagegen die unverheirateten nicht.

[*] Das heutige Wrocław in Polen.

Die Männer tragen den roten Fes, und alles hat mohamme-
danische Tracht an, also auch die Frauen sind mit weiten Plu-
derhosen bekleidet. In die Wohnungen der Familien selbst
kommt man nicht hinein. Die Häuser sind alle so gebaut,
daß von außen eine Treppe hochgeht zu den Zimmern, in
denen wir einquartiert sind.

Der strenge Frost hat seit gestern nachgelassen, und diese
Nacht ist sogar Tauwetter eingetreten. Ich habe von 1 bis 6
Uhr Dienst und benutze die Gelegenheit, um dir zu schreiben, denn tagsüber ist man tatsächlich immer voll und ganz
beschäftigt, da ist so viel zu waschen und zu flicken, außer
dem üblichen Dienst, daß einem keine Zeit mehr bleibt. Zudem ist es so um 5 Uhr schon dunkel und mit Licht sind wir
sehr schlecht versorgt. Meist lege ich mich abends um 6 oder
6 $^1/_2$ Uhr schon hin, je nachdem, wie ich gerade Dienst habe.

Ich hause jetzt schon in der 3. Unterkunft, denn durch
Veränderungen innerhalb unserer Kompanie mußten wir immer enger zusammenrücken. Ich selbst bin nicht auf einem
direkten Stützpunkt, sondern befinde mich beim Kompanie-
Gefechtsstand, d. h. hier sind also der Chef, der Spieß,
Schreibstube usw. Wir sind der Stadt am nächsten (ca. 1 $^1/_2$
km), während die Kameraden bis zu 6 km von uns entfernt
liegen. Normalerweise stehen wir morgens um 7 Uhr auf und
treten um 8 Uhr an. Von 8–11 Uhr ist dann Ausbildungs-
dienst et. von 11–2 Uhr Mittagspause, um 2 Uhr nachmittags
Arbeitsdienst, um 5 Uhr ist Schluß und es ist sowieso dunkel.

Liebes Liebelein, wann werde ich wohl endlich Nachricht von
dir erhalten? Die Post läuft doch bis hierher gar nicht so lange!
Schicke mir bitte in einem Brief ein kleines Stück Kamm mit,

Dein Heino

94

Die Fahne

*Johannes H. wird 1902 in Berlin geboren. Er ist evangelisch, ver-
heiratet und Vater von zwei Kindern. Nach dem Jurastudium
arbeitet er als Gebrauchsgrafiker und Kunstmaler. Mitglied der
NSDAP, wird er im Mai 1939 zur Wehrmacht eingezogen. Er
dient in mehreren Infanterie- und Panzerregimentern. Bei
Kriegsende bleibt dem Oberleutnant aufgrund seines Gesund-
heitszustands die Kriegsgefangenschaft erspart. Seine Familie
lebt in Ulm und verliert den Großteil ihres Hab und Gutes bei
Bombenangriffen.*

Gef.Stand, den 10.2.45

Meine liebe Käthe!

Heute erhielt ich Deinen ersten Brief seit dem Verlassen von
Warta, datiert vom 20.1.45 Zunächst möchte ich Dr. Renfranz
Adresse haben, um ihm zu danken. Über das, was wir verloren haben, will ich nicht mehr reden und Dir auch keine Vorwürfe machen über das, was Du anders hättest machen sollen. Hinterher ist man immer klüger. Der Verlust der Bilder
schmerzt mich am meisten. Mir ist direkt übel vor Kummer.
Das gleiche gilt vom Pelz, von dem Du wohl lange hättest
leben können. Wir sind also arme Leute dank des Versagens

der Bonzen, die es, obwohl es möglich war, verhinderten, das Wertvollste rechtzeitig abzutransportieren. Aber ich bin so glücklich, daß Du und die Kinder am Leben sind. Nun beginnt der Kampf gegen Hunger, Not und Obdachlosigkeit. Ich werde Dir mit Rat helfen und die Sippe wird es mit Tat tun, solange Lautenberg* noch steht. Ich möchte jetzt kämpfen mit Karabiner und Panzerfaust, aber ich darf nicht – noch nicht. Aber die Stunde wird kommen und beim letzten Gang werde ich dabei sein und mit abrechnen mit diesen Mördern, Räubern und Frauenschändern. Es bleibt nur die Wahl: Tod oder Sibirien. Wenn man beten könnte, müßte man beten: Gott laß uns nur niemals einen Augenblick feige sein.

Und nun Schwamm über alles. Laß fahren dahin – das Reich muß uns noch bleiben. Du hast in diesen Tagen Deinen Glauben an Gott und die Segnungen Deiner Kirche. Ich habe weder Glauben noch Hoffnungen, aber die unbeugsame Entschlossenheit, weiter zur Fahne zu stehen, und halte meinen Eid kompromißlos. Diese Einstellung ist das Produkt meiner Erziehung, einer Erziehung, die ich schon vor dem 30. Januar 1933 genossen habe. Woher mir die Kraft dazu kommt, darüber zerbreche ich mir nicht den Kopf. Sollte die Kraft in der Stunde der Bewährung sich nicht zeigen, so habe ich mich selbst betrogen. Leicht wird mir diese Haltung nicht. Es ist ein ständiger Kampf gegen den Egoismus und die angeborene Weichheit, erschwert durch das, was ich sehen muß an Verzagtheit, Unvermögen vieler Männer in meiner

* Stadtteil von Ulm. Die Stadt wurde ab Dezember 1944 von den Bombenangriffen der Alliierten stark zerstört. Ungefähr 25000 Einwohner standen ohne Dach über dem Kopf da.

näheren Umgebung, aber hochgerissen wird mein Mut immer wieder durch die vielen Beispiele hervorragender Tapferkeit, von denen man vernimmt.

Ich werde Dir wieder ein <u>schönes</u> Heim aufbauen, vielleicht schöner als das alte, wenn auch nicht mehr so kostbar. Wir werden einfach leben müssen, aber die Schönheit, Wohnlichkeit und die Freude wird bei uns sein, auch wenn wir nur noch eine Wohnküche besitzen werden.

Ich habe dafür schon meine neuen Pläne. Ich brauche nur etwas Werkzeug, Farbe und Pinsel und ein paar Rohmöbel. Man kann auch auf Stroh glücklich werden! Wenn wir nur die Freiheit behalten!

Und nun zurück zu den Alltagssorgen: Hast Du die Safeschlüssel wenigstens mitgebracht bezw. hat sie Mutter? Wo sind die Safeausweise von Dir und mir?

Ich ließ sämtliche Berliner Sparkassenbücher sperren und werde die Zusammenschreibung und Ausstellung eines neuen Sparbuches <u>selbst</u> beantragen.

Die Schieratzer Sparkassenbücher hast Du gerettet. Hebe zunächst die Kinderkonten ab, führe darüber Buch. Mein Sparbuch lasse <u>umschreiben</u> auf Lautenberger Sparkasse. Die Kindersparbücher lasse eingehen durch <u>abheben</u>.

Hast Du das Vermögensverzeichnis noch? Falls ja, ergänze es sofort. Falls nein, beginne die Aufstellung eines neuen, wie ich Dir bereits schrieb. Geschätzten Schaden von mir aus 50 000 RM <u>Friedenswert</u> einschließlich aller Aufwendungen für Warta. Anerkennung der Schadenssumme behalte ich mir selbst vor.

Das Wichtigste ist, sofortiges Aufgreifen der Unterversicherung bei Onkel Diedrichs Mieterin. Alle Hebel in Bewegung setzen.

Schreibe mir sofort, was Du brauchst, angefangen von Zahnbürste bis zum Pyjama usw. Alle Kleinigkeiten vor allem auch.

Mache Inventar über die Sachen, die bereits in Lautenberg waren.

Ich schreib Dir sehr viel, wohl alle 2–3 Tage. Die Post wird schon nachkommen.

Herzliche Grüße u. Küsse

Dein Hans

Kopf hoch!

95

Wem die Stunde schlägt

Im März/April 1945 rücken die alliierten Truppen weiter auf dem Territorium des Reiches vor. Am 30. März besetzt die Rote Armee Danzig. Gottfried F. befindet sich an der Ostfront, als er die folgenden Zeilen an seine Schwester schreibt. Er überlebt den Krieg, gerät jedoch in sowjetische Kriegsgefangenschaft. Im Dezember 1945 stirbt er in Tiflis im heutigen Georgien. Dies ist sein letzter Brief.

An der Ostfront, den 1.4.1945

Liebste Hanni und Kinder!

Also muß ich mich wohl damit abfinden, daß ich alles verloren habe, was ein Mensch nur verlieren kann. Ich danke Dir herzlichst für Deine lieben Zeilen, nur Du bist jetzt die Einzige, an die wir drei Brüder, mit unsern angelegten Sorgen denken können, wenn das Toben der Materialschlachten zur Hölle wird. Du mußt mir glauben liebe Schwester, das ich von dem Zeitpunkt an, wo es mir zur Gewißheit wird, das ich Eltern und Familie verloren habe, mein eignes Leben mir soviel wert ist, wie der Dreck an meinen Klamotten.

Am 11.1. fuhr ich morgens um 5 Uhr von daheim fort, und habe seitdem nichts mehr erfahren. Am 15.1. war ich bei

Neidenburg* eingesetzt, dann in Westpreußen, Pommern, Niederschlesien, und Niederlausitz bei Guben.

Nach diesen Kämpfen kam ich zum Führerbegleitbatallion**, wo ich bis jetzt die Ehre habe, trotz meiner letzten Verwundung, als Elitesoldat zu kämpfen. Heute soll wohl Ostersonntag sein, deshalb will uns der Iwan nicht in Ruhe lassen, trotzdem es regnet, hat er am Vormittag zweimal angegriffen. Jedesmal blieb er liegen und hat uns dann aus Wut die ganze schöne Stellung zertrommelt, an der wir uns die ganze Nacht geplagt haben. Es wird Dich nicht interessieren, liebe Hanni, warum ich Dir solche Kleinigkeiten schreibe, aber schau ich muß mich dauernd mit dem in Gedanken beschäftigen, was ich greifen und anfassen kann, denn wenn ich anfange nachzudenken, werde ich ganz gewiß wehsinnig. Es brennt mir in den Fingern, Dir davon zu schreiben, liebe Schwester, wie es wohl meinem kleinen Huscherchen ergangen ist, oder was wohl unsere Mutter macht, die ihr ganzes Leben nichts weiter als Arbeit und Sorge gekannt hat und jetzt vielleicht als Dank dafür irgendwo unter entsetzlichsten Umständen gestorben ist. Oder wie wird Vater sich umgeguckt haben, der den Krieg in dieser Form sich nicht einmal in seinen Träumen zur Darstellung billigen konnte, und der immer meinte wir übertreiben. Hoffentlich ist es ihm nicht schwer gefallen, als ihn der russische Panzer überrollte. Ja liebe Hanni, solche Bilder stürmen auf mich ein, und ich muß dann ganz schnell

---

*   Heute Nidzica, Stadt in der polnischen Woiwodschaft Ermland-Masuren.

** Das Führer-Begleit-Bataillon war ein Bataillon der Wehrmacht, dessen Hauptaufgabe die Sicherung des Führerhauptquartiers und der Personenschutz Hitlers war. Daneben wurde es auch als Kampftruppe an der Front eingesetzt.

etwas tun, sonst springe ich aus dem Deckungsloch und fange etwas sehr Unüberlegtes an. Die Zentral-Auskunftsstelle für Rückgesuchte aus dem Osten denkt wohl gar nicht daran, mir sowohl wie Gustav etwas über Ostpreußen zu berichten. Leider mußte auch Jutta mit den Kleinen bis auf die letzte Minute dableiben.

Mein einziger Trost bist Du noch liebe Hanni, weil ich Dir schreiben kann und somit doch ab und zu auf Post zu hoffen habe, was in den letzten 3 Monaten nicht der Fall war. Liebe Schwester, Deine Adresse ist jetzt bei meiner Einheit eingetragen. Und somit erhältst Du die Nachricht, wenn es soweit ist, das mir nichts mehr weh tut. Ich glaube, es wird mir nicht schwer fallen. Verzeih bitte, daß ich so schlecht geschrieben habe, aber ich besitze leider keinen Schreibtisch. Jetzt bleibt alle recht gesund. Denkt mal an mich und laßt Euch recht herzlich grüßen von

Eurem Fritz

96

Irrmärsche

Alfred S. schreibt den folgenden Brief an seine Freundin am 8. März 1945. Einen Tag zuvor hat die Wehrmacht die Kapitulation in Reims unterzeichnet, doch im Osten gehen die Kämpfe weiter. Stalin besteht darauf, dass die Kapitulationserklärung noch einmal im von der sowjetischen Armee eroberten und besetzten Berlin unterzeichnet wird. Die Unterzeichnung findet statt in der Nacht vom 8. auf den 9. Mai und markiert das Ende der Kämpfe des Zweiten Weltkriegs in Europa.

Über Alfred S., der seinen Dienst in einem SS-Polizei-Artillerieregiment versah, ist so gut wie nichts bekannt, außer dass sein letzter Einsatzort im Raum um Halbe in Brandenburg war. Er ist sehr wahrscheinlich, dass er in sowjetische Kriegsgefangenschaft geriet. Der folgende Brief ist die letzte Spur von ihm.

8.5.45

Liebe Cläre!

Nachdem wir nun 10 Tage unterwegs sind, sind wir immer noch nicht am richtigen Ort und es hat den Anschein als ob wir auch gar nicht dahin kommen, wo wir zuständig sind. Aber mir ist alles egal und es wird schon werden, wenn bis dahin nicht der Krieg zu Ende ist. Den Russen kann ich schon sehn, d. h. mit meinem Glas, das ich mir mitgenommen habe, und die MG.s und Geschütze ballern auch ganz gut. Bis jetzt waren wir ja immer unterwegs es ist ein Hundeleben, denn unsere Unterkünfte sind mehr als polizeiwidrig.

Wir sind hier auf einem verlaßenen Gutshof und schlafen unter dem Dach, auf dem Stroh, waschen fällt flach, da es mit dem Wasser auch solch eine Sache für sich ist. Es ist wohl ein Ziehbrunnen vorhanden aber das Wasser ist zu tief. Ich muß mich beeilen, denn ein Kamerad fährt [die] paar km. zum Dorf und will den Brief mitnehmen. Sonst geht's mir gut die Verpflegung war heute einigermaßen trotzdem haben wir immer Hunger und Zigaretten gibt's auch kaum. Was soll ich Dir aber vorstöhnen, es geht Euch in Bln. ja gar nicht besser. Meine Feldpost Nr. ist 47018 A Du kannst ja mal einen Versuchsbrief loslassen, aber so wie ich gehört habe, haben die Kamerad[en] seid Januar noch keine Post erhalten. So, nun schönen Gruß und bleibe gesund bis zum Wiedersehen ein Küßchen

Alfred

97

Was wird bleiben?

Die letzten Kriegsmonate stürzen Deutschland in ein regelrechtes Chaos. Hunderttausende Zivilisten sind auf der Flucht vor den Bombenangriffen und dem Vormarsch der Sowjetarmee. Wolfgang K. befindet sich in einem amerikanischen Kriegsgefangenenlager, als er im Dezember 1945 den folgenden Brief schreibt. Seit Monaten hat er jede Spur von seiner Frau verloren wie zahlreiche deutsche Soldaten, die nicht wissen, wie sie ihre Angehörigen finden sollen, deren neue Aufenthaltsorte sie nicht kennen. Es ist nicht bekannt, ob es Wolfgang K. gelungen ist, seine Frau wiederzufinden; jedenfalls kehrt er 1946 dreiundzwanzigjährig aus der Kriegsgefangenschaft heim.

den 16.12.45

Meine geliebte, kleine Frau,
mein Dodilein! –

Endlich, endlich habe ich die erste Nachricht von zu Hause. Am 12.12. bekam ich nach ³/₄ Jahren die erste Nachricht von meiner Mutter, Siegfried und Ditta und weiß nun wenigstens Bescheid, wie es zu Hause aussieht. Aber glücklich kann ich doch nicht sein, denn noch immer fehlt mir jede Nachricht von Dir. Aber da mir Mutti nun Deine Hamburger Adresse geschrieben hat, kann ich dorthin schreiben und eine Hoffnung mehr, endlich wieder in Verbindung mit Dir zu kommen. Sag mal, mein Schlumpel, wie kann es denn nur sein, daß ich noch keinerlei Nachricht von Dir habe? Seit Juni schreibe ich Dir schon auf allen möglichen und unmöglichen Wegen und suchte Adressen, damit auch Du mir schreiben konntest. Aber alles vergeblich! Dodilein, hast Du überhaupt schon eine einzige Zeile von mir? Meine ganze Post [ging] natürlich noch nach Babelsberg*, denn jetzt weiß ich ja erst, daß Du in Hamburg bist. Mutti hat die erste Nachricht von mir am 6.9. bekommen, und seitdem immer an mich geschrieben, nur ist die ganze Post jetzt erst angekommen. Sie wußte [es?] anscheinend nicht, denn Mutti hat sie von Opa Buchmann. Ihm habe ich auch geschrieben, denn ich wollte doch irgendwo etwas von Dir erfahren. Antwort habe ich noch von niemanden. Weißt Du, wem ich alles geschrieben habe, um von Dir etwas zu erfahren? Opa Buchmann, Gallo's, Ritters, Rote Kreuz-Ufastadt**, Oberbürgermeister usw. Wie ich schon schrieb, konnte mir noch niemand Antwort schreiben. Aber nun weiß ich wenigstens, wo Du sein könntest. Mein Lieb, bitte, bitte, schreib mir gleich. Ich wünsche mir zu Weihnachten nur, daß ich einige Zeilen von Dir habe. Ob mein Wunsch in Erfüllung geht? –

Herzelchen, wenn ich nun wüßte, daß Du noch keine Post von mir hast, dann müßte ich Dir das ganze verflossene Jahr schildern. Oder kann ich Dir nicht erzählen? Wie ist es, Dodilein, kannst Du mich nicht besuchen? Ach, wenn ich

---

* Der größte Stadtteil Potsdams.
** In Babelsberg befanden sich die Filmstudios der UFA.

Dich nur erst wieder bei mir haben könnte! Aber ich will nicht zu anspruchsvoll sein, zuerst mal einen Brief von Dir! –

Tausend Fragen hätte ich nun noch an Dich. Ja, seit $^3/_4$ Jahren weiß ich nun nichts mehr von Dir. Mein Schlumpel, wie geht es vor allen Dingen Mutti, Vati und Janne? Wollt Ihr dort in Hamburg bleiben? Was macht die Babelsberger Wohnung und unser Zimmer, in dem wir so viele glückliche Stunden verlebten? Ja, meine kleine Frau, wie haben wir uns doch alles so anders vorgestellt, aber, Dodilein, wir werden uns nicht unterkriegen lassen. – Herzl, das Schreiben fällt mir heute etwas schwer; denn diesen Brief wirst Du sicher bekommen, und ich weiß doch gar nicht, wie es Dir geht, in welchen Verhältnissen Du dort lebst usw. Meine kleine, liebste Frau, wenn ich den ersten Brief, das erste Lebenszeichen von Dir habe, dann ist für mich Glückstag. Und dann soll unser Briefwechsel wieder in Schwung kommen. Ich kann ja vorläufig noch nichts unternehmen, denn ich bin ja noch immer Kriegsgefangener, wenn wir uns auch ziemlich frei bewegen können. Nachdem wir vom 8.–29.11. im Gefangenenlager eine furchtbare Zeit verlebt haben, sind wir nun wieder als Arbeitsbataillon im Einsatz für den Amerikaner. Uns geht es ganz gut dabei, nur daß wir noch nicht entlassen sind und uns einige Beschränkungen gefallen lassen müßten. –

Mein Herzl, nun schreib mir bitte gleich, damit ich endlich eine Nachricht von Dir habe. Die Adresse, die ich als Absender angebe, ist die von meinen letzten Quartiersleuten. Dort komme ich ab und zu noch hin und mit der Doktorsfamilie stehe ich in dauernder Verbindung, sodaß mir die Post immer schnell dorthin nachgeschickt wird, wo ich mich gerade befinde.

Wenn es geht, will ich auch das Weihnachtsfest dort verbringen. Aber das sind noch Wunschträume, obwohl Weihnachten dicht vor der Tür steht. Dort in Trossenfurt werde ich übrigens immer sehr nett und herzlich aufgenommen, und solltest Du mal Gelegenheit haben, hier runter zu kommen, dann würden wir uns dort treffen. Es ist sogar ein Zimmerchen für uns vorbereitet. Aber das alles liegt wohl noch in weiter Ferne. –

Daß mein Vati gestorben ist, weißt Du wohl schon. Nun braucht er wenigstens diese Zeit nicht mehr zu erleben und für Mutti müssen halt die drei Kinder sorgen. Durch die langen Kriegsjahre ist man ja doch etwas von daheim entfremdet, und so traf mich die Nachricht nicht allzu schwer. Weißt Du noch, was er mir an meinem, nein, unserem Verlobungstage sagte? »Vergiss nie, daß Du ein Kurth bist!«, und die Erfüllung dieses Satzes soll mein schönstes Ziel sein. –

Mein Liebstes, dieser Brief wird Dich vielleicht gerade zum Heiligen Abend erreichen. Und so wünsche ich Dir, Mutti, Vati und Janne ein recht, recht frohes Weihnachtsfest. Es wird vielleicht das ärmste, was wir je erlebt haben, aber trotzdem wollen wir den Kopf hoch halten. Dodi, mein Gedanken waren und sind immer bei Dir, und am Heiligen Abend ganz besonders.

Um mich brauchst Du Dir gar keine Sorgen zu machen, ich bin gesund und habe zu essen. Und das ist die Hauptsache. Und ich möchte Dich recht herzlich bitten, mein Lieb, schreib' mir ganz genau und ungeschminkt wie es Dir geht und wo ich Dir helfen muß. Herzl, habt Ihr ein Radio dort? Braucht Ihr eins? Ich habe nämlich noch eins in Hamburg stehen! –

So, meine liebste, kleine Frau meinen Wunsch kennst Du: ein Lebenszeichen von Dir.

Bleib mir gesund und behalt mich lieb. Mit vielen, lieben Grüssen und zärtlichen Küssen bleibe ich ewig

Dein Wölfchen.

Viele herzliche Grüße auch an Mutti, Vati und Janne!

Wolf

Bibliografie

Aly, Götz, *Hitlers Volksstaat. Raub, Rassenkrieg und nationaler Sozialismus*, Frankfurt/M.: S. Fischer 2005.

Ayçoberry, Pierre, *La société allemande sous le IIIe Reich, 1933–1945*, Paris: Seuil 1998 (Coll. *Points Histoire*)

Baechler, Christian, *Guerre et extermination à l'Est. Hitler et la conquête de l'espace vital. 1933–1945*, Paris: Tallandier 2012

Bartov, Omer, *Hitlers Wehrmacht. Soldaten, Fanatismus und die Brutalisierung des Krieges*, Reinbek bei Hamburg: Rowohlt 1995

Beevor, Antony, *Stalingrad. The Fateful Siege. 1942–1943.* London: Viking Press 1998; dt.: *Stalingrad*, aus dem Englischen von Klaus Kochmann, München: C. Bertelsmann 1998, 2. Aufl. München: Pantheon 2010

ders., *Berlin. The Downfall 1945*, London: Penguin Books 2002; dt.: *Berlin 1945. Das Ende*, aus dem Englischen von Frank Wolf, München: C. Bertelsmann 2002, 2. Aufl. München: Pantheon 2012

Böhler, Jochen, *Auftakt zum Vernichtungskrieg. Die Wehrmacht in Polen 1939*, Frankfurt/M.: S. Fischer 2006

Browning, Christopher R., *Ordinary Men. Reserve Police Bataillon 101 and the Final Solution in Poland*, New York: HarperCollins 1993; dt.: *Ganz normale Männer. Das Reserve-Polizeibataillon 101 und die »Endlösung« in Polen*, übersetzt von Jürgen Peter Krause, Reinbek bei Hamburg: Rowohlt 1993, Neuausgabe 1999 mit einem Nachwort, übersetzt von Thomas Bertram, Reinbek bei Hamburg: Rowohlt-Taschenbuch-Verlag 1999

ders., *The Origins of the Final Solution. The Evolution of Nazi Jewish Policy. September 1939 – March 1942,* with contributions by Jürgen Matthäus, Lincoln: University of Nebraska Press 2004; dt.: *Die Entfesselung der »Endlösung«. Nationalsozialistische Judenpolitik 1939–1945,* aus dem Amerikanischen von Klaus-Dieter Schmidt, mit einem Beitrag von Jürgen Matthäus, Berlin: Propyläen 2003

Buchbender, Ortwin/Sterz, Reinhold (Hgg.), *Das andere Gesicht des Krieges. Deutsche Feldpostbriefe 1939–1945,* München: C.H. Beck 1983

Burrin, Philippe, *Hitler et les Juifs. Genèse d'un génocide,* Paris: Seuil 1989; 1995 (Coll. *Points Histoire*)

Didczuneit, Veit/Ebert, Jens/Jander, Thomas (Hgg.), *Schreiben im Krieg – Schreiben vom Krieg. Feldpost im Zeitalter der Weltkriege,* Essen: Klartext Verlag 2011

Dreyfus, François-George, *Le IIIe Reich,* Paris: Le Livre de Poche, Références 1997

Ebert, Jens (Hg.), *Feldpostbriefe aus Stalingrad. November 1942 bis Januar 1943,* Göttingen: Wallstein 2003; München: dtv 2006

Erickson, John/Dilks, David (Hgg.), *Barbarossa. The Axis and the Allies,* Edinburgh: Edinburgh University Press 1995

Evans, Richard J., *The Third Reich Trilogy. 1. The Coming of the Third Reich. 2. The Third Reich in Power. 3. The Third Reich in War. How the Nazis Led Germany from Conquest to Desaster,* London: Allen Lane 2003, 2005, 2008; dt.: *Das Dritte Reich. 1. Aufstieg. 2. Diktatur. 3. Krieg,* übersetzt von Holger Fliessbach (1), Udo Rennert (2), Martin Pfeiffer (3),

München: Deutsche Verlagsanstalt, 2004, 2006, 2009; München: dtv 2005, 2010

Förster, Jürgen, *Die Wehrmacht im NS-Staat. Eine strukturgeschichtliche Analyse*, München: Oldenbourg 2007, durchgesehene Auflage 2009

Friedländer, Saul, *Nazi Germany and the Jews. The Years of Persecution, 1933–1939*, New York: Harper Collins 1997; *The Years of Extermination, 1939–1945*, New York: Harper Collins 2007; dt.: *Das Dritte Reich und die Juden. Die Jahre der Verfolgung 1933–1939*, übersetzt von Martin Pfeiffer, München: C.H. Beck 1998, *Die Jahre der Vernichtung 1939–1945*, übersetzt von Martin Pfeiffer, München: C.H. Beck 2006, einbändige Sonderausgabe München: C.H. Beck 2007; München: dtv 2008

Goldhagen, Daniel Jonah, *Hitler's Willing Executioners. Ordinary Germans and the Holocaust*, New York: Alfred A. Knopf 1996; dt.: *Hitlers willige Vollstrecker. Ganz gewöhnliche Deutsche und der Holocaust*, aus dem Amerikanischen von Klaus Kochmann, Berlin: Siedler 1996

Günen, Berna, *Erwin Rommel. La Guerre sans haine, les carnets de Rommel*, Paris: Nouveau Monde Éditions 2013

Hilberg, Raul, *The Destruction of the European Jews*, Chicago: Quadrangle Books 1961; revised edition (3 vols.) New York: Holmes and Meier 1985; dt.: *Die Vernichtung der europäischen Juden*, herausgegeben von Ulf Wolter, aus dem Englischen von Christian Seeger, Berlin: Olle & Wolter 1982; durchgesehene und erweiterte Ausgabe (3 Bände) Frankfurt/M.: S. Fischer 1990; 10. durchgesehene und erweiterte Auflage 1999

ders., *Perpetrators, Victims, Bystanders. The Jewish Catastrophe 1933–1945*, New York: Aaron Asher Books 1992; dt.: *Täter,*

Opfer, Zuschauer. Die Vernichtung der Juden 1933–1945, aus dem Amerikanischen von Hans Günter Holl, Frankfurt/M.: S. Fischer 1992; Frankfurt/M.: S. Fischer Taschenbuchverlag 1996

Husson, Édouard, *Une culpabilité ordinaire? Hitler, les Allemands et la Shoah. Les enjeux de la controverse Goldhagen,* Paris: François-Xavier de Guibert 1997

Jäckel, Eberhard, *Hitlers Weltanschauung. Entwurf einer Herrschaft,* Tübingen: Wunderlich 1969; Stuttgart: Deutsche Verlags-Anstalt 1981

Kershaw, Ian, *Hitler 1889–1936. Hubris,* London: Allen Lane 1998; *Hitler 1936–1945. Nemesis,* London: Allen Lane 2000; dt.: *Hitler 1989–1936,* aus dem Englischen von Jürgen Peter Krause und Jörg Rademacher, Stuttgart: Deutsche Verlags-Anstalt 1998; *Hitler 1936–1945,* aus dem Englischen von Klaus Kochmann, Stuttgart: Deutsche Verlags-Anstalt 2000; überarbeitete einbändige Ausgabe München: Pantheon 2009

ders., *The End. Hitler's Germany 1944–45,* London: Allen Lane 2011; dt.: *Das Ende. Kampf bis in den Untergang. NS-Deutschland 1944/45,* aus dem Englischen von Klaus Binder, Bernd Leineweber und Martin Pfeiffer, München: Deutsche Verlagsanstalt 2011

Longerich, Peter, *»Davon haben wir nichts gewusst!« Die Deutschen und die Judenverfolgung,* München: Siedler 2006

Masson, Philippe, *Histoire de l'armée allemande. 1939–1945,* Paris: Perrin 1994; dt.: *Die deutsche Armee. Geschichte der Wehrmacht 1935–1945,* aus dem Französischen von August Graf Kageneck, Vorwort und Anmerkungen von J.A. Graf Kielmansegg, München: Herbig 1996

ders., *Hitler chef de guerre,* Paris: Perrin 2005

Mosse, George L., *Fallen Soldiers. Reshaping the Memory of World Wars,* Oxford: Oxford University Press 1990

Müller, Rolf-Dieter, *Die Wehrmacht. Mythos und Realität,* München: Oldenbourg 1999

Müller, Rolf Dieter/Ueberschär, Gerd R., *Hitler's War in the East, 1941–1945. A Critical Assessment,* New York: Berghahn Books 1997; dt.: *Hitlers Krieg im Osten 1941–1945. Ein Forschungsbericht,* Darmstadt: Wissenschaftliche Buchgesellschaft 2000

Müller, Sven Oliver, *Deutsche Soldaten und ihre Feinde. Nationalismus an Front und Heimatfront im Zweiten Weltkrieg,* Frankfurt/M.: S. Fischer 2007

Neitzel, Sönke/Welzer, Harald, *Soldaten. Protokolle vom Kämpfen, Töten und Sterben,* Frankfurt/M.: S. Fischer 2011

Ripley, Tim, *The Wehrmacht. The German Army in World War II, 1939–1945 (The Great Armies),* Chicago, Fitzroy Dearborn Publishers 2003

Römer, Felix, *Der Kommissarbefehl. Wehrmacht und NS-Verbrechen an der Ostfront 1941/42,* Paderborn: Ferdinand Schöningh 2008

ders., *Kameraden. Die Wehrmacht von innen,* München: Piper 2012

Rondeau, Benoît, *Afrikakorps, l'armée de Rommel,* Paris: Tallandier 2013

Schumann, Frank (Hg.), *Was tun wir hier? Soldatenpost und Heimatbriefe aus zwei Weltkriegen,* Berlin: Verlag Neues Leben 2013

Snyder, Timothy, *Bloodlands. Europe between Hitler and Stalin,* New York: Vintage Books 2010; dt.: *Bloodlands. Europa zwischen Hitler und Stalin,* aus dem Englischen von Martin

Richter, München: C.H. Beck 2011; München: dtv 2013

Sprenger, Gerhard (Hg.), Stehmann, Siegbert, *Die Bitternis verschweigen wir. Feldpostbriefe 1940–1945*, Hannover: Lutherisches Verlagshaus 1992

Tessin, Georg, *Deutsche Verbände und Truppen 1918–1939*, Osnabrück: Biblio Verlag 1974

Wette, Wolfram, *Die Wehrmacht. Feindbilder, Vernichtungskrieg, Legenden*, Frankfurt/M.: S. Fischer 2002

Danksagungen

Mein besonderer Dank gilt Nicolas Gras-Payen und den Éditions Perrin für ihr Vertrauen und ihre Geduld bei der Entstehung dieses Buches.

Es ist mir ein Bedürfnis, Timothy Snyder für seine Hilfs-
bereitschaft und seinen wertvollen Rat zu danken. Seine
Bücher sind eine unversiegbare Quelle bei meinen Recher-
chen.

Ein herzlicher Dank gilt dem Team des Museums für
Kommunikation in Berlin für seinen Rat und seine Hilfsbe-
reitschaft.

Ich möchte die Gelegenheit nutzen, um den Personen zu
danken, die mich schon seit Jahren in der Welt der Recherche
und der Archive unterstützt haben, insbesondere Professor
Édouard Husson, meinem Doktorvater, der meine Interessen
stets geleitet und unterstützt hat.

Ein Riesendank an Patrick Desbois, der mir die Gelegenheit gegeben hat, in seinem Team zu arbeiten. Er hat es verstanden, mich mit seiner Leidenschaft für die Forschung an-
zustecken und mich die Bedeutung der Feldforschung begreifen zu lassen. Ich danke auch all meinen Kollegen von
Yahad-In Unum. Unsere täglichen Gespräche haben meine
Reflexionen über den Krieg im Osten bereichert. Es ist mir
ein ausdrückliches Bedürfnis zu unterstreichen, wie sehr sie
mit ihrem Engagement und ihrer unermüdlichen Arbeit zu
einem genaueren Verständnis der Massenmorde beitragen,
die in Osteuropa begangen worden sind.

Mein Dank geht auch an die Forscher, die meine Schritte in den Archiven gelenkt haben. Um nur einige zu nennen: Andrej Angrick, Aleksandr Kruglov, Martin Dean, Felix Römer, Andrej Umansky, Martin Holler, Tanja Penter, Ovidiu Creanga, Dieter Pohl, Mikhaïl Tyaglyy, Jean-Paul Bled, Marc Masurovsky, Emil Kerenji, François Delpla, Danielle Rozenberg, Nathalie Moine und alle anderen, die im Archiv des United States Holocaust Memorial Museum in Washington arbeiten. Ein riesiges Danke an Paul Shapiro und Suzanne Brown-Fleming für den wunderbaren Empfang, den sie mir jedes Mal bereiten.

Dieses Buch würde es nicht geben ohne die fantastische Unterstützung durch meine Familie: meine Eltern, meine Schwester Charlotte und meine Großeltern, deren Erzählungen mein Interesse für die Geschichte geweckt haben. Danke für eure Ermutigung und eure Liebe.

Und schließlich möchte ich herzlich meinen Freunden für ihre Geduld und ihre Begeisterung danken: Anna, François, Geoffroy, Thierry, Akim, Benjamin, Ania, Alexandre, Pascale, Marc-Antoine, Néron, Mélodie, Chloé, Botra, Adrien, um nur sie zu nennen.

Editorische Notiz

Um die Authentizität der Briefe zu wahren, wurden fehler-
hafte Schreibweisen weitgehend belassen. Grobe oder sinn-
entstellende Verstöße gegen die – damaligen – grammatikali-
schen und orthographischen Regeln wurden von den deutschen Herausgebern in den Briefen korrigiert. Nicht oder
schwer lesbare Stellen oder Wort- bzw. Silbenzufügungen
wurden mit [ ] kenntlich gemacht.

Inhalt